学前融合教育系列
浙江省"十三五"师范教育创新工程项目"融合性特色幼儿教师培养"研究成果

学前融合教育

顾群 主编

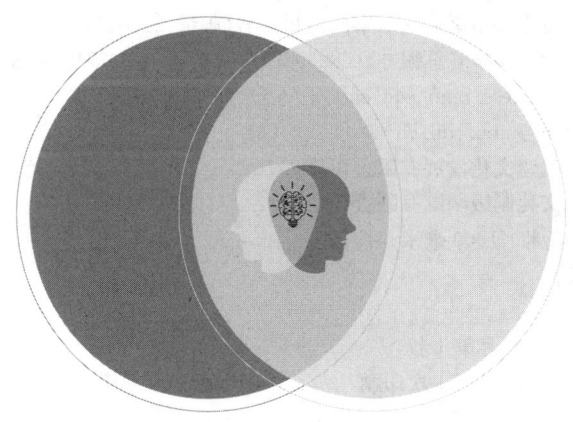

南京师范大学出版社

图书在版编目(CIP)数据

学前融合教育 / 顾群主编. — 南京：南京师范大学出版社，2024.11
(学前融合教育系列)
ISBN 978-7-5651-6154-4

Ⅰ.①学… Ⅱ.①顾… Ⅲ.①学前儿童－儿童教育－特殊教育－研究 Ⅳ.①G76

中国国家版本馆 CIP 数据核字(2024)第 032476 号

丛 书 名	学前融合教育系列
书　名	学前融合教育
主　编	顾　群
丛书策划	彭　茜
责任编辑	马璐璐
出版发行	南京师范大学出版社
地　址	江苏省南京市玄武区后宰门西村 9 号(邮编：210016)
电　话	(025)83598919(总编办)　83598319(营销部)　83371351(邮购部)
网　址	http://press.njnu.edu.cn
电子信箱	nspzbb@njnu.edu.cn
照　排	南京凯建文化发展有限公司
印　刷	镇江文苑制版印刷有限责任公司
开　本	710 毫米×1000 毫米　1/16
印　张	15.5
字　数	254 千
版　次	2024 年 11 月第 1 版
印　次	2024 年 11 月第 1 次印刷
书　号	ISBN 978-7-5651-6154-4
定　价	62.00 元
出版人	张　鹏

南京师大版图书若有印装问题请与销售商调换
版权所有　侵权必究

自　序

自1978年英国政府提交的《沃诺克报告》首次提出"特殊教育需要"的概念，到1994年联合国教科文组织在《萨拉曼卡宣言》中首次提出"融合教育"概念至今，融合教育在世界各国的实践中不断发展着。我国融合教育起步较晚，融合教育在我国也被译为"全纳教育"。近些年，人们越来越意识到其重要性。2014年我国颁布的《特殊教育提升计划（2014—2016年）》的总目标是"全面推进全纳教育，使每一个残疾孩子都能接受合适的教育"，重点任务之一是"积极发展残疾儿童学前教育"。

学前融合教育在我国也叫早期融合教育，是指让有特殊教育需要的学前儿童进入普通幼儿园，与普通儿童共同接受保育和教育的教育形式。这种教育形式的确立具有深远的意义。首先，学前融合教育是一种践行人人平等理念的手段。学前融合教育的实施者，必须是尊重人权理念的人，能充分认识到所有儿童都有权利一起学习，对于有特殊需要的儿童（以下简称"特需儿童"），不能以任何理由加以隔离，儿童需要与他人一起相处、学习和玩耍，按照自己的发展轨迹进步。其次，学前（6岁前）阶段是儿童身心健康发展重要的奠基期，特别是对儿童在集体中发展理解他人、相互协作、帮助弱小等社会化能力至关重要。据不完全统计，各类特需儿童的总数占儿童总数的20%左右。实践和研究表明，对于轻度障碍儿童而言，如果幼儿园教师有知识和能力对他们进行身心发展上的支持，他们是可以转变为接近或成为普通儿童的。当前，学前融合教育的重要性和必要性人人皆知，但是开展学前融合教育的关键在于懂得它并有能力实施的师资队伍。

作为嘉兴大学学前教育专业的负责人，笔者从事特殊需要儿童心理和康复研究与实践20多年，特别是2015年带领团队申报了浙江省师范教育创新工程项目"融合性特色幼儿教师培养"，历经近10年的探索、研究和实践，建立了学前融合教育师资培养的教育模式。具体来说，在师资培养过程中，旨在使师范生从践行师德到学会教学等教师内涵养成方面得到全面提升。我们主要通过课堂理论教学与在实践基地和特殊需要儿童长期零距离接触,以及利用见习、实习、研习和课余时间的融合教育志愿服务等,构建出从理论认知到实景体验,再到动手实操的职前融合教育师资培养模式。在这种模式的培养下,90%左右的近8届毕业生,在幼儿园教师岗位既能从事普通儿童的保育教育工作,又能从事融合教育教师的工作。毕业生就业质量大大提升,且受到用人单位的一致好评。本教材就是"融合性特色幼儿教师培养"这一项目的研究成果。教材的出版旨在让我国有学前儿童师资培养的大学,都能关注特需儿童的融合教育,能在学前教育专业开设"学前融合教育"课程,为我国教育公平的实现培养知能兼备的幼儿教师。为了便于学习者充分理解理论知识,特别是学前融合教育实践中的一些操作和方法,本教材增加了部分实操课件,供学习者学习和借鉴。

在此,要特别感谢青岛"幸福之家"幼儿园的创办人刘树芹园长在本教材编写过程中所提供的鲜活素材。对刘树芹园长以及青岛"幸福之家"幼儿园的老师们长期以来克服千难险阻,为我国特需儿童早期融合教育事业做出的卓越贡献表示敬佩!特别要感谢杭州文汇学校严丽萍校长和谢小芳主任,为本教材提供该校学前融合教育的素材。还要衷心感谢我创办的平湖市爱益人才培育中心(融合教育研究中心)的全体教师,在长期的融合教育实践中不断学习、探索和研究,为本教材提供了大量的有学习价值的课件。

本教材供各大学的特殊教育、学前教育等专业和有特殊教育需要的儿童家长以及从事融合教育的教师学习、借鉴。本教材也是浙江省"十三五"师范教育创新工程项目"融合性特色幼儿教师培养"的研究成果。

顾群

嘉兴大学

2023年12月1日

目 录

自 序 ······ 001

第一章 学前融合教育概述 ······ 001
第一节 融合教育及其发展概要 ······ 002
第二节 学前融合教育的内涵、必要性与可行性 ······ 028
第三节 学前融合教育模式 ······ 038
第四节 学前融合教育的支持系统概要 ······ 043

第二章 学前融合教育团队与教师 ······ 049
第一节 学前融合教育团队及其合作 ······ 051
第二节 学前融合教育教师 ······ 056

第三章 学前融合教育课程与设计 ······ 071
第一节 学前教育课程概述 ······ 073
第二节 学前融合教育课程 ······ 076
第三节 融合教育课程调整 ······ 083
第四节 融合教育课程设计范式 ······ 091
第五节 学前融合教育课程设计样例 ······ 104

第四章 学前融合教育实施 ······ 121
第一节 学前融合教育实施的原则 ······ 122
第二节 学前融合教育实施中的支持策略 ······ 124
第三节 学前融合教育实施主要模式介绍 ······ 135
第四节 学前融合教育实施中注意的问题 ······ 147

第五章　学前融合教育管理 —— 151
第一节　学前融合教育管理概述 —— 152
第二节　学前融合教育的管理主体 —— 168
第三节　融合教育幼儿园的组织管理与制度 —— 176
第四节　融合教育的班级管理 —— 186

第六章　学前融合教育与特殊需要儿童评估 —— 213
第一节　学前融合教育评估概述 —— 214
第二节　特殊需要儿童评估概述 —— 231

第一章

学前融合教育概述

教学目标

1. 师德养成目标

通过本章内容的教学,使学生了解融合教育兴起的缘由、掌握学前融合教育的内涵、充分理解学前融合教育的必要性;使学生深刻认识到本课程学习的理论和实践价值,从而立志为学前特需儿童的融合教育而努力学习。

2. 知识目标与能力目标

(1) 知识目标:通过教学,使学生了解融合教育及其发展历程;理解学前融合教育的内涵、必要性与可行性;基本掌握学前融合教育的模式;熟悉学前融合教育的支持系统。

(2) 能力目标:通过教学,使学生初步学会分析学前融合教育的模式与支持系统的建构。

3. 情感目标与意志目标

(1) 情感目标:通过教学,使学生理解学前融合教育对全体儿童健康发展的意义,生成教师职业平凡而伟大的情感信念。

(2) 意志目标:通过教学,使学生更好地理解"融合"的意义并形成习惯性的助他行为。

教学重点与难点

1. 教学重点:学前融合教育的内涵、必要性与可行性
2. 教学难点:学前融合教育的模式与支持系统

> **拓展阅读**
>
> **第 48 届国际教育大会"全纳教育：未来之路"**
>
> 国际教育大会(International Conference of Education, ICE)由 1925 年在日内瓦成立的国际教育局主办，从 1934 年起每 4 年举办一次，是全球教育领域最重要的国际会议。
>
> 2008 年，第 48 届国际教育大会在日内瓦国际会议中心开幕。大会的主题是"全纳教育：未来之路"。来自世界 100 多个国家的教育部长、联合国机构主要负责人、非政府组织以及 1 500 多名代表与会。时任国务委员刘延东率中国代表团出席会议并在开幕式当天作主旨发言。
>
> 据联合国教科文组织的统计，全球有 7 700 万儿童因种种原因无法接受教育。此外，全球约 6.5 亿人因身体或智力残疾而无法享受到公平合理的教育机会。在一些发展中国家，残疾儿童入学率为 1‰至 5‰。"全纳教育"的理念是改善现存教育体制中存在的受教育机会不平等现象，从长远角度进行反思，以期进行切实的变革，制定并实行新的政策。
>
> 大会举办了多场与教育相关的研讨会，给积极从事教育研究和对教育事业有突出贡献的人士颁发夸美纽斯奖章。联合国教科文组织在会议期间发表了"2009 年全民教育全球检测报告"。
>
> 注：我国把"全纳教育"翻译为"融合教育"。

第一节　融合教育及其发展概要

关于融合教育，仁者见仁、智者见智。虽然目前还没有一个统一的定义，但多数学者认为它是一个对所有学生有益的教学模式。因此，当前许多国家都将融合教育作为其特殊教育发展的理想或终极目标，同时也作为相关政策制定的理论依据。即使在最为贫穷、资源缺乏的国家，融合教育也是让处境不利儿童享有受教育机会的政治宣示或者现实举措。①

一、融合教育的定义

融合教育(Inclusive education)的思想自斯坦巴克夫妇明确提出后,成为特殊教育领域讨论的焦点。1994年召开的世界特殊需要教育大会,通过了《萨拉曼卡宣言》,其中对于融合教育的内涵是这样阐释的:"每一个儿童都有独一无二的个人特点、兴趣、能力和学习需要;教育系统的设计和教育方案的实施应充分考虑到这些特点与需要的广泛差异性;有特殊教育需要的儿童必须有机会进入普通学校,这些学校应该在以儿童为中心的教育活动中满足他们的需要。"

然而,人们对于融合教育是什么仍然存在着不同的观点,"融合教育对于那些对融合教育有着不同期待的人来说,含义不尽相同"②。

乌德沃里-索尔纳(Udvani-Soler)把融合教育定义为一种支持所有学生并对全部学生都有帮助的教育;福斯(Fushs)等人认为融合教育是为残障学生提供一种不同的学习方式;托尼·布斯(Tony Booth)的观点是,融合的核心价值在于促进全体儿童的全面参与;安斯科(Ainscow)认为融合常常被简单地理解为把学生从特殊学校转移到普通学校之中,以为只要他们在那儿,他们就被融合了。相反,有学者认为融合并不是状态的简单改变,而是一个永不结束的过程,它依赖于主流环境中教学和组织结构的持续发展。③

美国政府相继颁布了《全体残疾儿童教育法》(Education law for all disabled children)、《残疾人教育法》(Education law for disabled person)等多部法律,逐步使学前特需儿童从形式上与普通儿童在同一教室上课过渡为真正相互融合与共同学习。以下是美国各个学会对融合教育的看法:④

(1) 监督与课程发展协会(Association for Supervision and Curriculum

---

① 邓猛,颜廷睿.融合教育理论反思与本土化探索[M].北京:北京大学出版社,2015:49.
② Fuchs, D., Fuchs, L. S. Inclusive Schools Movement and the Radicalization of Special Education Reform [J]. Exceptional Children, 1994, 60(4): 294–309.
③ Felicity Armstrong, Derrick Armstrong, Len Barton. Inclusive Education: Policy, Contexts and Comparative Perspectives[M]. London:Routledge, 2000:117.
④ 吴淑美.融合教育理论与实践[M].北京:华夏出版社,2018: 5–6.

Development）强调去除标签及隔离的安置。

（2）国际教育学会（National Association for State Boards of Education）强调,须同时训练普通班教师及特殊教育班教师才能使其了解融合教育。

（3）学习障碍学会、特殊教育学会等希望除了融合教育外仍有其他形式的安置模式。

直到 2005 年,联合国教科文组织出版了《融合教育指南》,其中描述了一个全面广泛的定义:"融合教育是通过增加学习、文化与社区的参与,减少教育系统的排斥,关注并满足所有学习者多样化需求的过程。融合教育以覆盖所有适龄儿童为共识,以常规系统负责教育所有儿童为信念,它涉及教育内容、教育途径、教育结构与教育战略的变革与调整。"

2008 年,联合国教科文组织在日内瓦召开的第 48 届国际教育大会上指出:融合教育是指通过增加学习、文化和社区参与,努力使所有人受到同样的教育,特别是帮助那些由于身体、智力、经济、环境等因素可能被边缘化和被排斥的儿童受到同样的教育。这些易被边缘化和被排斥的群体至少包括:残疾儿童、艾滋病儿童、少数民族儿童、难民、国内迁移儿童、贫困/饥饿儿童,或是来自其他弱势群体或者社会边缘群体的儿童。因此,国际组织的融合教育是指普通学校接受所有儿童,包括那些易被边缘化和被排斥的儿童,并通过恰当的课程设计、有效的教学策略、有序的内容安排、教学资源的合理利用,以保证全体儿童都能享受到高质量的教育。

拓展阅读

《萨拉曼卡宣言》

重申 1948 年《世界人权宣言》提出的人人享有受教育的权利,强调国际社会在 1990 年"世界全民教育大会"上做出的承诺,以确保所有人,不论其个体差异如何,都有受教育的权利。

重温以 1993 年《联合国残疾人机会均等标准规则》（United Nations Standard Rules on the Equalization of Opportunities for Persons with Disabilities）为最为完备的几项联合国宣言（以下简称《标准规则》）,该《标准规则》敦促各国确保残疾人教育成为教育系统的组成部分。

欣然注意到各国政府、倡导性团体、社区和家长团体以及残疾人组织日益增多的参与，以期寻求改善绝大多数仍未接受教育的特殊需要者的受教育机会；并认为有关政府、专门机构和政府间组织的高层代表积极参加本次"世界大会"就是这种参与的证明。

1. 我们代表 92 国政府和 25 个国际组织出席"世界特殊需要教育大会"，于 1994 年 6 月 7—10 日聚会西班牙萨拉曼卡，重申我们对"全民教育"的承诺，认识到在普通教育系统中向具有特殊教育需要的儿童、青年和成人提供教育的必要性和紧迫性，并特此签署《特殊需要教育行动纲领》（以下简称《行动纲领》）。《行动纲领》的条款和建议可对各国政府和各有关组织起指导作用。

2. 我们坚信并声明：

每个儿童都有受教育的基本权利，必须获得可达到的并保持可接受的学习水平之机会；

每个儿童都有其独特的特性、兴趣、能力和学习需要；

教育制度的设计和教育计划的实施应该考虑到这些特性和需要的广泛差异；

有特殊教育需要的儿童必须有机会进入普通学校，而这些学校应以一种能满足其特殊需要的儿童中心教育学思想接纳他们；

以全纳性为导向的普通学校是反对歧视态度，创造受人欢迎的社区，建立全纳性社会以及实现全民教育的最有效途径；

此外，普通学校应向绝大多数儿童提供一种有效的教育，提高整个教育系统的效率并最终提高其成本效益。

3. 我们呼吁各国政府并敦促它们：

在改善教育制度方面给予政策和预算的最优先考虑，以使教育制度能容纳所有儿童而不论其个体差异或个人困难如何；

以法律或方针的形式通过全纳性教育原则，在普通学校招收所有儿童，除非有不这样做的令人信服之理由；

建立示范性项目并鼓励同具有全纳性学校经验的国家进行交流；

建立分权的参与性机制，以规划、监测和评价用于有特殊教育需要的儿童和成人的教育设施；

鼓励并促进家长、社区和残疾人组织参与有关特殊教育需要设施的规划和决策过程；

在早期鉴别和干预的策略乃至职业的全纳性教育方面投入更大的努力；

确保在制度变革的情况下，职前和在职师范教育计划都涉及全纳性学校中特殊需要教育的内容。

4. 我们还呼吁国际社会，特别呼吁：

有国际合作项目的各国政府、各国际基金组织，特别是"世界全民教育大会"的发起者，即联合国教科文组织、联合国儿童基金会、联合国开发计划署和世界银行，赞同全纳性学校教育的方法并支持特殊需要教育的发展，以作为所有教育计划的组成部分；

联合国及其各专门机构，尤其是国际劳工组织、世界卫生组织、联合国教科文组织和儿童基金会，加强对技术合作的投入并强化它们之间的合作与联络，以便更有效地支持因特殊需要教育扩展的综合设施；

参与国家规划和提供服务的各非政府组织，加强与官方的国家机构的合作，并不断加强参与全纳性特殊教育需要之设施的规划、实施和评价；

作为联合国教育机构的联合国教科文组织，确保特殊需要教育在各种论坛中作为全民教育讨论的组成部分；动员各教学专业组织就特殊教育需要的规定，支持同加强师范教育相联系的各类事项；激励学术界加强研究和网络协作，建立区域性信息和文献中心，并作为此类活动的情报交流站，传播各国在贯彻执行本《宣言》中取得的具体结果和进展情况；通过在下一个"中期计划"(1996—2000年)内确立全纳性学校扩展计划和社区支持计划来筹集资金，以使展现新传播方法的试点项目的实施成为可能，并制定有关特殊需要教育之要求和规定的各种指标。

5. 最后，我们诚挚感谢组织这次大会的西班牙政府和联合国教科文组织，并敦促它们尽其努力使这一《宣言》及其《行动纲领》引起国际社会的关注，尤其要引起如"社会发展问题世界首脑会议"(哥本哈根，1995)和"世界妇女大会"(北京，1995)这类重要论坛的关注。

(1994年6月10日在西班牙萨拉曼卡市鼓掌通过)

二、融合教育的兴起及产生缘由

（一）融合教育的兴起

20世纪70年代以前,特需儿童由于自身生理及心理方面的状况而备受歧视。特殊教育总是和缺陷、残疾、障碍等术语有着紧密的联系。缺陷（Impairment）是指心理上、生理上或人体结构上某种组织或功能的异常或丧失。残疾（Disability）是指由于缺陷而缺乏作为正常人以正常方式从事某种正常活动的能力。障碍（Handicap）是指机会的丧失或受到限制,无法与其他人在同等基础上参与社会生活。缺陷与残疾表示一个人的器官功能损害及某些能力的降低或丧失。障碍则是残疾或失能与环境及支持系统间相互作用而形成的。残疾或失能限于个人,而障碍是与社会、周围环境相联系的。当残疾人遭受到文化、物质或社会方面的阻碍,不能利用其他人可以利用的各种社会系统时,就产生了障碍。[①] 当时,人们对他们的称谓多采用"残废""瞎子""聋子""哑巴""白痴""傻瓜""拐子"等歧视意义强烈的词汇。残疾儿童的出现被看成是"天意",是前世作孽的因果报应,他们被视为"废人",是家庭和社会的累赘（如图1-1所示）。随着社会的进步与特殊教育的发展,人们对特殊人群的认识有所改变,认为他们是需要救助、矫正、不能像正常人一样生活与劳动的群体。外界对他们的称谓也改为特需儿童（Exceptional Children）、异常儿童（Abnormal Children）等。可以看出,这些称谓还是否定了残疾人的潜能与价值,没有尊重其平等参与社会的权利。

20世纪70年代以后,欧美等西方发达国家掀起了一场以融合为导向的"回归主流""一体化"的特殊教育改革运动,伴随着对特殊教育的反思,医学主导的隔离教育模式遭到了前所未有的批判。1978年英国的沃诺克委员会在对英国特殊教育进行广泛调查的基础上,向英国政府提交了《沃诺克报告》,该报告首次提出了特殊需要教育（Special Needs Education）的概念。报告认为,学生在成长的不同阶段中可能会出现不同的学习困难,不仅包括轻微的、暂时性的困难,也包括因残疾等缺陷造成的严重的、永久性的困难,这

---

① 刘慧丽.特殊教育相关概念的演变与范畴[J].现代特殊教育,2015(9):79-80.

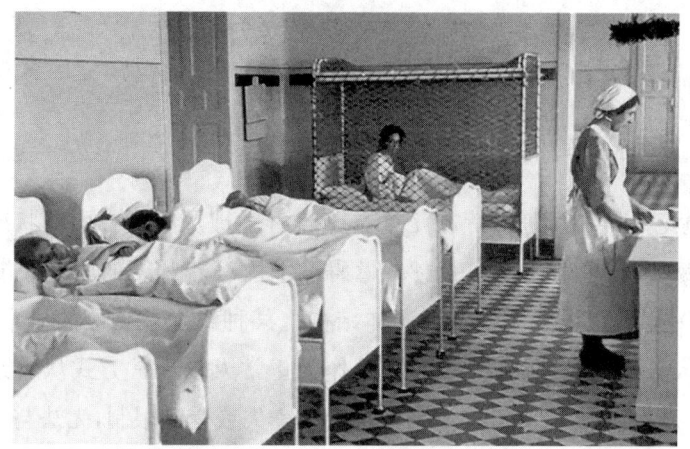

图 1-1 20 世纪 30 年代至 40 年代被隔离的特需儿童

些可能出现的困难都是学生的"特殊教育需要",或者称为"特殊需要"。报告强调,每个儿童都有自己的独特需要,特需儿童与普通儿童的特殊教育需要只是量上的区别,而不是本质的区别,用"残疾""缺陷"这些词汇指代特需儿童,不仅具有标签的歧视作用,也是对隔离他们的不平等行为的强化。因此,使用"特殊教育需要儿童"来指称残疾儿童或者特殊儿童,以学习困难的程度高低看待残疾儿童或者特殊儿童的学习难易问题,是特需儿童观和特殊教育观的一大进步。

拓展阅读

回归主流、一体化及融合教育概念之间是什么关系?

三者的相似之处在于均起源于美国 20 世纪 50 年代以来声势浩大的民权运动,以西方所谓追求个人自由、社会平等等价值为社会文化基础;都倡导"零拒绝";试图满足每个儿童的独特学习需要。然而,三者实际上有着明显的不同。从概念来分析:回归主流本质上仍然是以特需儿童应该在普通教室以外的隔离环境中受教育为前提的,它要求特需儿童必须达到某种预定的标准(鉴定结果)才能被普通教室接收,这意味着特需儿童必须通过努力去争取才能赢得在普通教室接受教育的权利;融合教育并不要求学生去赢得到普通教室受教育的权利,认为特需儿童本来就应该属于普通教室的一员,应该在普通教室里接受相关支持与服务。由此,可以看出两者的不同在于:回归主流可以看作特需儿童在普通教室的部分或全部学习时间的安置,而融合教育则是全部时间都安排在普通教室里。而一体化通常被用来泛指将特需儿童从隔离的教育环境向较少隔离的环境中转换、过渡的过程,因此回归主流和融合教育都可以被包含在一体化教育运动中。[①] 可见,回归主流是一种使特需儿童尽量在正常教育环境中受教育的哲学思潮,一体化强调的是一步一步向普通教室转换的过程,而融合教育则与特需儿童在正常环境接受教育的平等权利有更大的关联。

(二)融合教育的产生缘由

综上所述,融合教育的兴起主要源于人们对特需儿童观和特殊教育观的改变。是什么导致了人们观念的改变?

1. 文化、信仰的植入

融合教育的理念源于西方,追寻其原因,主要是西方特有的社会文化土壤中普世性价值观和基督教信仰在教育领域的具体化。

具体来说,从融合教育的兴起来看,其理论绝不仅仅涉及教育领域。如哲学和社会学中,普世价值的意思是一些数量有限的,所有人都应认同的观念的集合。普世价值观,顾名思义,就是普遍适用的价值观。它超越民族、种族、国界和信仰,是全人类共同拥有的价值观,是衡量是非善恶的最低尺度,或者说是人类道德的共同底线。普世价值观包括但不限于:民主、自由、法治、人权等等。国家有义务捍卫国民与生俱来的权利,如生存的权利、免于恐惧的权利、生育的权利、知情的权利、免于匮乏的权利、思想和表达自由的权利。

因此,融合教育自提出之日起,就成为人们挑战不公正与歧视的利器,就与各国社会的文明发展水平、人权保护以及社会公平与正义目标的实现紧密相关。这必然使得融合教育远远超出了教育的范围。对人类社会而言,融合教育本身并不是目的,它是达到目的的手段,即通过融合教育建构一个融合的社会。

---

① Ainscow, M., Farrell, P., Tweeddle, D. Developing Policies for Inclusive Education: A Study of the Role of Local Education Authorities[J]. International Journal of Inclusive Education, 2000, 4 (3): 211-229.

2. 运动的推动

（1）去机构化运动（Deinstitutionalized Movement）

20世纪40年代，意大利在其"民主的精神治疗法"（Democratic psychiatry）中提出了"一体化"（Integration）概念。丹麦则提出了"正常化"（Normalization）概念。1968年美国发表了一个专题记述，对"正常化"原则的理论与实践方法进行了介绍。① 这直接导致了美国去机构化运动的产生，并孕育了最少受限制环境原则、回归主流、融合教育等新的教育原则、观念与思想。②

当时西方在去机构化运动之前，许多年轻的残障人士不得不在机构中居住直到老去。"去机构化"的概念来源于精神医学，早在1989年，巴克拉克（Bachrach）将"去机构化"定义为"减少传统州立的大型精神科医院，而发展以社区为基础的照顾方式"。去机构化运动的目标就是把隔离于机构中的人们"解放"出来并安置在社区中。所以，去机构化运动是在正常化教育原则的指引下，将残疾人从大型的、较为封闭的残疾人医疗养护、康复或教育机构里转移到以社区为基础的、较小的、比较独立的生活环境。这一运动的主导者主要是残疾人士的家长、家庭和服务提供者。他们相信，如果残疾人能够被正常地对待，他们就可能"正常"地行动。他们就会逐渐地融入社会，进而逐步提高他们的自尊和自我认同。

拓展阅读

从国际范围上看，去机构化运动先后经历了从引发社会讨论到成为国家政策发展趋势的过程。以瑞典为例，1960年《儿童及少年福利法》中首次将"使所有残疾人融入社会"作为安置政策的目标，之后便陆续完成了由机构安置向社区安置的转型。在美国，从20世纪80年代初起，各州政府开始关闭大型隔离性的残疾人安置机构。也就是说，去机构化运动一方面要求将残障人士从机构中解放出来，另一方面也要求社区为残障人士提供所需服务，以便他们更好地适应社区生活。

---

① Winzer, M. A. The History of Special Education: from Isolation to Integration [M]. Washington: Gallaudet University Press, 1999: 312.
② 邓猛, 颜廷睿. 融合教育理论反思与本土化探索[M]. 北京: 北京大学出版社, 2015: 52.

在国内，各地方政府部门正在探索建设社区服务体系，发展居家托养服务和日间照料服务等。一些服务机构也将其服务场所放在社区当中，例如慧灵所开展的在社区中模拟家庭形式的托养服务。但是另一方面，我们也可以看到一些大型的托养机构、特教学校仍在建设当中，其中或许不乏客观需要，但也在提醒我们去思考西方这场去机构化运动的缘由，以及他们所得出的对于残障人士生活的理想型的假设。

(2) 民权运动(Civil Rights Movement)

民权运动发生在20世纪50年代至80年代之间，是一个广泛的、世界性的、在法律面前人人平等的政治运动。多数民权运动以非暴力抵抗为指导方针，采取抵制、静坐、游行、和平进军等方式进行民众抵抗，有时会伴随着骚乱甚至军事政变(见图1-2)。1964年因民权运动而通过的《民权法》(Civil Rights Acts of 1964)对美籍黑人以及其他少数民族的公民权提供了保护。民权运动对特殊教育的发展产生了深远的影响。如果说隔离就是不平等，那为什么要将特需儿童与正常儿童分开？因此，民权运动孕育了西方以个人自由、社会平等为价值目标的思想观念，也为有特殊需要的人士平等、有尊严地参与社会生活以及更加适合新时代的特殊教育理念的诞生提供了土壤。早在20世纪60年代，爱德·罗伯茨(Ed Roberts)在加利福尼亚大学领导的号召大学为残疾人提供相关服务的努力被视为残疾人权利运动的开端。1971年，由多个残疾人相关的小组联合发起的"残疾人在行动"组织在纽约成立。

图1-2　民权运动游行活动

接着,1973年美国国会修订的《职业康复法》规定了残疾人士享有与正常人平等的工作、生活、社会服务等权利。由于当时约翰逊(Johnson)总统领导下的行政当局决定推迟该法规的实行,反而引起了民间社会对残疾人权利的更加关注。直到1977年美国健康、教育与福利部华盛顿总部以及旧金山分部成员因法规推迟实行而静坐示威,最终促成这些条款的落实,直接推动了残疾人运动的发展。

(3) 游说和倡议运动

就融合教育的发展而言,许多游说性质的民间团体,如家长、专业人士以及残疾人等组成的社会团体发挥了巨大作用。这些游说团体通过各种形式的宣传,使大众了解并开始关注残疾人问题;通过对州与国会立法人员的游说,使残疾人的权利与福利通过系列立法得到了保障。有学者指出,家长团体自20世纪40年代就开始通过积极的游说、倡议活动影响立法进程。①

20世纪50年代,残疾人家长自发组织起来,影响社会舆论、公众和立法人员的态度。例如,智力落后儿童的家长在残疾人立法的过程中发挥了很重要的作用。家长们通过全国智力落后儿童家长协会(National Association for Retarded Children)组织开展倡议活动。② 而专业人员组织则主要倡议改进残疾人士的教育与服务质量。这些专业组织都通过了不同的章程来表达自己的立场。例如,重残人士协会(The Association for Persons with Severe Handicaps)坚定地对融合教育持支持的立场;学习障碍委员会(Council for Learning Disabilities)表达了对融合教育执行效果以及对轻度障碍儿童可能因为融合而得不到应有的支持与服务的担忧。许多重要的专业人士在倡导融合教育方面起了重要的作用。例如,斯坦巴克夫妇首先对现存的特殊教育与普通教育二者相互隔离、各自平行发展的双轨制教育体系(dual system)提出明确的批评并倡导融合教育,认为特殊教育与普通教育应该"重新组合、建构、融合为一个统一的教育体系以满足所有儿童的学习需要"③。

---

① Crockett, J. B. The Least Restrictive Environment: Its Origins and Interpretations in Special Education[M]. London: Lawrence Erlbaum, 1999: 18.
② 邓猛,颜廷睿. 融合教育理论反思与本土化探索[M]. 北京:北京大学出版社,2015: 54.
③ Stainback W. A Rationale for the Merger of Special and Regular Education [J]. Exceptional Children, 1984, 51(2): 102-111.

拓展阅读

1971年,《联合国心智不足者人权宣言》(United Nations Declaration on the Rights of Mentally Retarded Persons)第2款规定,教育服务是促进智残人士最大限度发展其潜能的必由之路。至此,越来越多的残疾人士成为维护自身权利的活动人士,与各种歧视残疾人、边缘残疾人的社会现象做斗争。

1970年,朱迪丝·休曼(Judith Human)因为肢体的残疾,未能通过纽约城公立学校教师资格考试。考试委员会认为,学生如果出现紧急状况,她身体的不方便会阻碍她迅速行动,因此她不能获得教师执照。最终,联邦法院推翻了考试委员会的决议。朱迪·休曼后来一边教书,一边在美国参议院下属的残疾人委员会实习,并参与了1975年公法条款的撰写。残疾人自身的努力与倡议在1986年的"全美残疾专论委员会"(National Council on Disability Monograph)通过的《走向独立》的报告中得到表述。这个报告呼吁颁布一个平等地保护残疾人士权利的民权法案。两年后,参议员洛厄尔·韦克(Lowell Walke)(他的儿子是个唐氏综合征儿童)向国会提出了相关的提案。美国国会据此在1990年通过了《美国残疾人法》(Americans with Disabilities Act)。

3. 立法的支持

在各种运动的推动下,人们的观念发生了变化,美国最高法院于1954年对堪萨斯州的布朗诉托皮卡教育局(Brown v. Board of Education of Topeka)一案做出了判决。根据美国宪法所规定的公民享有平等权利的精神,明确指出:现行的不同种族"分开但平等"(separate but equal)的教育是不平等的,它不仅带有明显的种族歧视色彩,而且剥夺了儿童学习不同文化的权利。因此,法律不仅应该保护儿童受教育的权利,而且应该保护他们受到同等条件的、平等的教育。1959年,丹麦议会颁布了《智力落后法案》,这一法律后来被称为"正常化法律",该法确立了丹麦残疾人政策与行动的基本准则。美国1973年通过的《职业康复法》与1975年通过的《教育所有残疾儿童法》对残疾人的生活与教育影响尤为深远。《职业康复法》第504条虽然只有一段话涉及残疾人的生活,但它改变了美国残疾人立法的方向。在此之前,美国与残疾

人相关的法律都是"允许"(permissive)性质的条文,约束力不强,但是从《职业康复法》第504条开始,与残疾人相关的法律真正具备"强制"(mandatory)性。① 该法规定:① 残疾人要在主流社会里接受职业训练;② 提倡及扩展工作机会给残疾人;③ 除去建筑及交通方面的障碍。

拓展阅读①

1893年,在华生诉剑桥市政府(Watson v. City of Cambridge)的案例中,法院支持学校委员会开除任何"故意或由于低能的原因"出现捣乱行为的学生的做法。这一案例也被1919年的威斯康星最高法院对贝迪诉教育委员会(Beattie v. Board of Education)的判决所采用:尽管肢体残疾学生对于学校没有任何的威胁、他们的学习能力也不错,但他们出现在普通学校会使教师和学生感到厌恶与沮丧,会占用教师过多的时间。因此,当身体残疾学生可能会对学校利益有损害时,不应该确保身体残疾的学生到公立学校上学的权利。

1972年,宾夕法尼亚弱智人士协会(Pennsylvania Association for Retarded Citizens)将宾夕法尼亚州政府告到法院,理由是州教育局没有为智力落后儿童提供教育。该案的胜诉确定了公立学校必须为智力落后学龄儿童提供免费的公立教育。同年,法庭对于米尔斯诉哥伦比亚区教育委员会(Mills v. Board of Education of District of Columbia)的判决为:应对所有残疾(从智力落后延伸到所有类型的残疾人群)儿童提供免费的公立教育,否则将违背美国第14次宪法修订案确定的平等保护的精神与按照法定程序进行的原则。这两个法庭案例的裁决事实上确定了"零拒绝"(zero-reject)的原则,通过法律的形式要求教育当局与行政官员为所有残疾儿童提供免费的、适当的公立教育。

---

① Meyen, Edward L. Exceptional children and youth[M]. Denver: Love Publishing Company, 1978:39.
② 邓猛,颜廷睿. 融合教育理论反思与本土化探索[M]. 北京:北京大学出版社,2015: 56-57.

三、融合教育发展现状概要

融合教育的发展与人类社会的政治、经济、文化和科学进步有着密不可分的联系。因此,发达国家与第三世界国家在融合教育的产生、发展的速度与现状等方面,差别很大。

(一)国外融合教育发展概要

1. 美国融合教育的发展

众所周知,融合教育兴起于美国20世纪50年代的去机构化运动、民权运动,等等。1968年,美国特殊教育专家邓恩(Dunn)发表了研究论文——《残疾儿童的特殊教育:它被证明了多少?》。在邓恩看来,特殊班级只是将弱势儿童从原来寄宿制学校的隔离环境转移到普通公立学校环境下的另一个隔离环境,并没有达到改革者的预期效果。这表明封闭或隔离式的特殊教育遭到了公开的质疑和挑战。自融合教育兴起后,美国所做的突出贡献是用法律手段保障融合教育的实施与落实。这也和美国诸多社会事件都依赖于立法和司法补偿有关。与大多数国家类似,最初美国残疾儿童的受教育权并未得到有效保障。残疾儿童的家长和支持者组织起来,倡导残疾儿童也应获得平等的教育机会,这些努力取得巨大的成功,联邦政府、州政府出台了一系列的法律政策来确保残疾儿童和家长的权利。[1]

1975年《所有残疾儿童教育法》明确规定:"最大限度地将3—21岁残疾学生安置在'最少受限制'教育环境,使其接受免费、适当的公立教育。"1986年《残疾儿童教育法(修正案)》在《所有残疾儿童教育法》的目标基础上,将残疾儿童的受益年龄向前延伸,扩大了服务群体,并增加了家庭服务场域,提出"促进残疾婴幼儿(0—2岁)发展,将其发育迟缓的潜在可能降到最低;提高家庭满足婴幼儿特殊需要的能力"。1990年《障碍者教育法案》(Individuals with Disabilities Education Act)不仅将保障残疾个体的受教育权和学习质量

---

[1] 傅王倩,王勉,肖非.美国融合教育中个别化教育计划的发展演变、实践模式与经验启示[J].外国教育研究,2018,45(6):102-115.

作为目标,而且关注从学校到社会适应的过渡衔接,表达出对残疾个体民生改善的重视。1997年《障碍者教育法案(修正案)》(Individuals with Disabilities Education Act Amendments)提出,"为每一位残疾学生提供高质量的教育"是其重要目标。2001年《不让一个孩子掉队法案》(No Child Left Behind Act)再次表明,残疾学生与普通学生拥有平等的受教育权,要提高其教育质量。2004年《障碍者教育促进法案》(Individuals with Disabilities Education Improvement Act)和2015年《每一个学生成功法案》(Every Student Succeeds Act)均对普通学校提高残疾学生的教育质量提出了明确要求,而且《每一个学生成功法案》强调要保障残疾学生平等的升学权与就业权,其人本价值目标进一步扩展。这些法律文本的法案名称中虽然没有"融合教育"一词,但其文本内容均含有融合教育相关条款,在其具体历史背景下,为融合教育发展提供了有力支持。[1]

美国作为一个多种族的多元文化国家,随着民权运动的开展,少数族裔学生教育公平和机会均等的权利逐步得到实现,其内涵的不断发展和演变,让特需儿童及其家庭看到获得更加平等的受教育权的希望。在这样的背景下,一直处于边缘化的残疾儿童的教育问题也得到了研究者的关注。与此同时,与融合教育相关的教师培养、课程与教材设计以及个别化教育计划(Individualized Education Program,IEP)的研制、修订与实践等,也保证了融合教育的不断改革和发展。美国融合教育将政策中所规定的"零拒绝"和"最少受限制"原则落到了实处,使越来越多的残疾学生能够在普通学校中学习,逐步提高了残疾学生的融合程度。在教育法律政策推动下,融合教育形成了"社会系统工程"。特殊教育基金中心(Center For Special Education Finance)报告显示:"平均来看,州政府提供45%经费,地方机构提供46%经费,而余下9%的经费由联邦政府基金提供。"

拓展阅读[2]

1975年到2010年,美国的教室变得越来越融合,特殊教育需要学生的未

---

[1] 郑伟,张茂聪,侯洁. 美国融合教育的政策特点与实施效果[J]. 比较教育研究,2019(7):99-106.
[2] 郑伟,张茂聪,侯洁. 美国融合教育的政策特点与实施效果[J]. 比较教育研究,2019(7):99-106.

来越来越光明,融合教育政策在保护特殊教育需要学生的教育权利、满足个性化学习需要和提高教育质量等方面发挥了重要作用。从美国教育部统计数据来看,1989年到2016年,6—21岁残疾儿童、青少年在普通教育环境中的安置率超过了93.99%,绝大多数残疾学生已经进入普通学校学习;从融合时间上看,80%及以上时间在普通教室的学生比例呈上升趋势,由1989年的31.7%发展到2016年的63.1%,而40%—79%时间在普通教室的学生比例由37.5%下降到18.3%,少于40%时间在普通教室的学生比例也呈下降趋势,由24.9%下降到13.4%。

表1-1 美国2006—2016年接受融合教育服务的
14—21岁残疾儿童、青少年毕业率与辍学率

年份	2006—2007年	2007—2008年	2008—2009年	2009—2010年	2010—2011年	2011—2012年	2012—2013年	2013—2014年	2014—2015年	2015—2016年
毕业率	56.0%	59.0%	60.6%	62.6%	63.6%	63.9%	65.1%	66.1%	69.9%	69.9%
辍学率	25.7%	24.6%	22.4%	21.1%	20.1%	20.5%	18.8%	18.5%	18.0%	17.5%

2. 英国融合教育的发展

英国特殊教育的发展同样经历了由隔离式到融合式的发展过程。早在17世纪,英国就出现了针对特殊人群的训练和教育。苏格兰分别于1906年和1913年通过了《缺陷儿童教育法》和《心理缺陷儿童教育法》,英格兰和威尔士也先后通过了《心理缺陷儿童教育法》《缺陷和癫痫儿童初等教育法》《儿童教育法》等。1913年,英国政府通过了《智力缺陷法》,但是该法案的出发点却是为了方便监管这些缺陷儿童,缺陷儿童接受不到适合他们身心发展的教育。直到1959年,在英国全国公民自由委员会的努力下,该法案才被《心理健康法》取代。1944年,英国议会通过了战后重要的教育法案,即《1944年教育法》,该法案对现代英国特殊教育发展有很大影响。

20世纪70年代中期,英国工党颁布了《1976年教育法》,第一次出现将残疾学生安置在普通学校的规定,但这一法律规定并没有真正实施。1974年,英国政府成立了沃诺克委员会,负责调查英国残疾儿童和青少年接受教育的

情况。经过数年努力,委员会于 1978 年提交了《沃诺克报告》。该报告不仅在英国特殊教育史上,甚至在世界特殊教育史上都起着重要作用。报告反对之前法律中按照特需儿童的"生理缺陷"进行分类的方式,提出了一个替代概念——特殊教育需要(Special Educational Needs)。报告中指出:儿童的特殊教育需要既包括那些由身体的、感觉的、心理的缺陷或情感上、行为上的失调所导致的对教育的地点、内容、时间或方法的特殊需要,也包括其他有某种困难的学生对教育的某种特殊需要,以上这些需要既可以是贯穿整个受教育时期的,也可以是短期的。

特殊教育需要概念的提出意义深远,第一个意义是这个概念扩大了特殊教育对象的范围,使得特需儿童与普通儿童之间的区别变得不再泾渭分明。也就是说,从某种意义上来讲,所有儿童都是特殊的,几乎每个儿童都会在成长和发展过程中遇到各种各样的困难,这些都需要某种形式的特殊教育。特殊教育需要的概念也为将已有特殊教育的方式带入普通教育之中提供了理论依据。《沃诺克报告》发布之后,有很多特殊学校转变成"资源中心",为主流学校服务,有的特殊学校解散,学生全部纳入普通班级。

《沃诺克报告》标志着英国融合教育实践正式拉开了序幕。随后的《1981 年教育法》将《沃诺克报告》的建议以立法形式固定下来,普通学校需要履行对特殊教育需要学生评估、鉴定和教育的义务。其中特殊教育需要协调员(Special Educational Needs Coordinators,SENCOs)在英国融合教育的实施中起着重要作用。1994 年以来,在英国制定的相关政策中,SENCOs 的职责范围不断扩展,并被赋予更多领导者和管理者的角色。然而,由于受到角色多样性、缺乏足够时间、缺少资格限定与培训、缺乏适当的地位与权力这些因素影响,很多时候 SENCOs 在实践中无法实现其职权。2006 年以后,英国政府通过立法等方式,从法律身份、资格限定、职业培训和职责范围方面对 SENCOs 角色进行重新定位。[①]

据统计,英国 2015 年约 1 301 445 名学龄儿童被认定为有特殊教育需要,有超过 250 万户家庭的孩子有公认的学习困难或身体残疾,如果再加上有破

---

① 景时,邓猛.英国的融合教育实践——以"特殊教育需要协调员"为视角[J].学习与实践,2013(6):127-133.

坏性儿童的家庭,英国可能有超过 1/3 的家庭需要应对融合教育的挑战。这就意味着有如此多的家庭被纳入融合教育体系。[①] 因此,英国政府非常注重对父母权利的关注,强调学校应向家长提供更多有关学校教育教学和管理的资料,并应更广泛地征询他们的意见。1978 年出版的《特殊教育需求》一书中写道,"沃诺克委员会在报告中提到,我们坚持认为特殊教育需要儿童的成功教育取决于其父母的充分参与"。2011 年的《支持和愿望:特殊教育需要儿童和残疾人的新举措》(Support and Aspirations: A New Approach to Special Educational Needs and Disability) 中,英国政府承诺将建立一个完全不同的体系来服务于英国的特需儿童,以便给父母更多的信心。2016 年英国教育部发布的《卓越的教育无处不在》鼓励家长加入学校管理委员会,他们的角色是支持孩子的学习并向学校提出更多改进要求,但不担任学校管理的具体职务。

3. 澳大利亚融合教育的发展

澳大利亚的融合教育几乎与美英两国同步。1973 年,在卡美尔报告《澳大利亚的学校》中,开始建议联邦政府推行一体化,为残疾儿童提供普通班的安置方式。1981 年,澳大利亚几乎每一个州都采取了一体化教育政策,残疾儿童在普通学校中接受教育逐渐成为现实。[②] 1992 年,澳大利亚联邦政府通过了《残疾人歧视法》(Disability Discrimination Act),这部法律为残疾人在各个领域内免于歧视提供了法律保障,教育被视为残疾人反歧视中的一个重点关注领域。该法案明确提出,如果因为残疾而被剥夺进入教育系统以及参与课程和活动的机会,是违反法律的。这部法律对融合教育的意义在于,它为残疾人进入普通教育系统提供了法律上的保障,并且确立了澳大利亚融合教育的发展方向,也为之后澳大利亚融合教育政策的进一步具体化奠定了法律基础。

2005 年澳大利亚联邦政府出台了《教育残疾标准(2005)》(The Disability Standards for Education 2005),它是《残疾人歧视法》的附属法案,其核心目的是确保残疾学生能够与普通学生一样获得平等的受教育机会,保障残疾人有效参与教育和训练,从而激发和实现其潜能。《教育残疾标准(2005)》的基本原则是促进融合,它构建了一个更为清晰明确的教育框架,从残疾人入学、

---

① Tomlinson S. A Sociology of Special Education[M]. New York:Routledge,2011:143.
② 陈波涌,唐智彬. 教育扶贫的国际经验与中国路径[M]. 长沙:湖南大学出版社,2021.

调整、评估、支持服务、课程参与等方面都做了规定,并界定了各领域教育机构及相关人员的职责,同时建立了评价标准。它是迄今为止澳大利亚最为重要的融合教育政策文本。

2008年,澳大利亚各州及各地教育部联合签署了一部关于澳大利亚未来十几年学校教育发展方向的重要文本——《澳大利亚青年教育目标墨尔本宣言》(Melbourne Declaration on Educational Goals for Young Australians,以下简称《墨尔本宣言》)。在《墨尔本宣言》中提出了两大目标:一是学校教育要支持所有年轻人成为优秀的学习者、自信与富有创造性的个体、积极且见多识广的公民;二是学校教育要促进优质和公平,学习者不因残疾、性别、文化、宗教、社会经济背景等因素而受到歧视。

2011年,澳大利亚联邦议会颁布了《国家残疾战略 2010—2020》(National Disability Strategy 2010—2020),明确提出了要建立从学前教育一直延伸到在职教育的融合教育体制,并通过减少障碍、简化流程,使残疾人能够更顺利地进入这个体制中来。旨在通过一个十年的国家发展规划,使残疾人能够像普通人一样实现他们的价值。教育的融合被视为《国家残疾战略 2010—2020》中不可或缺的组成部分。

澳大利亚健康和福利研究院的《残疾儿童最新情况报告》中显示:自《教育残疾标准(2005)》颁布后,澳大利亚约 89% 的残疾学生在普通学校学习,还有 9% 的学生进入各类特殊学校。

4. 印度融合教育的发展

1944 年萨金特报告(Sargent Report)以及 1966 年科塔里委员会(the Cotari Commission)都曾建议对残疾儿童采取融合教育。[①] 但是,这些建议并未得到政府的采纳。在 1947 年印度独立前仅有少量的特殊教育机构,且都实施隔离制教育。印度独立后,依托特殊教育机构继续延续残疾人隔离教育政策。政府认为残疾儿童并不是人力资源,保障对他们的教育只是对残疾儿童的一种福利。当时,印度残疾人教育的中央主管部门是社会福利部(Department of Social Welfare),而不是人力资源发展部(Ministry of Human Resources Develop-

---

① Rumi Ahmed. Legal and Policy Response to Right to Education for Children with Disabilities in India[J]. Journal of National Law University,2014,2(1):85-102.

ment)。这样的观念和管理措施更加重了残疾儿童与普通教育的隔离。

1974 年,印度社会福利部实施了"残疾儿童融合教育计划"(the Integrated Education for Disabled Children),该计划促进了轻度至中度残疾儿童融入普通教育。这标志着印度的隔离式残疾儿童教育政策在 20 世纪 70 年代逐渐开始松动。1981 年联合国宣布了"国际残疾人年"(International Year for Disabled Persons),印度政府认识到残疾儿童通过及时、有效的教育可以由"社会负担"成为人力资源,因而把残疾人教育的管理权由社会福利部转到了人力资源发展部。教育管理权的转变,为印度残疾儿童融合教育发展创造了积极条件。

1986 年,印度修订发布了《国家教育政策》(The National Policy on Education),要求在可行的情况下,将运动障碍和轻微障碍的孩子纳入普通教育。1987 年,印度依托联合国儿童基金会的支持,推出了融合导向的"残疾人融合教育项目"(Project Integrated Education for the Disabled),进一步践行残疾儿童融入普通教育的政策。[1]

随着 1994 年"世界特殊教育大会"《萨拉曼卡宣言》的发表,印度残疾儿童融合教育开始引入"全纳教育"(Inclusive Education)。自此,印度残疾儿童受教育权有了更广泛的社会认同和更有效的政策保障。1995 年通过了《残疾人法案》,它强调中央政府和地方政府要担负起残疾儿童进入普通学校学习的责任。2002 年,印度签署了"琵琶湖千年行动框架"(Biwa Lake Millennium Framework for Action),旨在促进特需儿童的融合教育。2007 年,印度成为首批在《联合国残疾人权利公约》(UN Convention on the Rights of Persons with Disabilities)上签字的国家,标志着印度残疾儿童的融合教育与国际紧密接轨。2012 年,修订后的《儿童免费义务教育权利法案》(The Right of Children to Free and Compulsory Education Act) 规定,包括脑瘫、孤独症、智力发育迟缓等残疾状况的儿童均有权接受免费的义务教育。

由于印度独立时间不长,且为亚洲人口大国,受社会经济、文化和科技发展的影响,虽然特需儿童融合教育的进程在不断推进,但是总体上其发展要

---

[1] 杨思帆,张希希. 印度残疾儿童教育政策发展轨迹及问题评析[J]. 比较教育研究,2017,39(11):100-106.

赶超西方发达国家,还有很长的路要走。

拓展阅读

印度作为发展中国家,也是人口大国,2007 年世界银行基于印度全国抽样调查的报告指出:印度残疾人口特别是残疾儿童入学率非常糟糕,远远低于世界平均水平。印度残疾人首席专员办公室(the Office of the Chief Commissioner of Persons with Disabilities)认为残疾儿童入学率不超过 4%。即便按人力资源部宣称的"印度有 108 万残疾儿童接受教育"(2004 年)这一非常乐观的数据来看,残疾儿童受教育的比例也只有 67.5%。① 而印度《教徒报》2013 年 12 月的调查报告显示,印度德里、北方邦、奥利萨邦 3 个地区公立学校的残障儿童入学率低于 1%。② 从辍学率来看,残疾儿童的比例也很高。印度 2001 年全民学习报告数据显示,在那些接受教育的残疾儿童当中,有 40%的儿童没有完成 5 年的正规学校学习。③

印度针对残疾儿童教育推出的政策及项目未取得预期成效,一个不可忽视的影响因素就是不少利益相关者(stakeholder)抱有或多或少的消极态度。比如教师,印度教师对残疾学生的发展普遍持消极态度,甚至存在偏见。许多教师不认为残疾学生接受融合教育是一项基本人权,而把它看作一项慈善举动,因此他们对融合教育的支持大多是基于"同情、怜悯和照料"。④

5. 日本融合教育的发展

二战后,随着民主化进程的推进,日本进行了全面的民主化教育改革,不仅重视一般儿童的普通教育,政府和教育界也开始重视特殊教育的发展。从 1878 年京都建立第一所特殊教育学校——盲哑院至今,日本特殊教育发展已有 140 多年的历史。同为亚洲国家,日本特殊教育也面临起步晚、发展滞后等

---

① Ranjita Dawn. Education of Children with Disabilities in India: A Critique[J]. Economic and Political Weekly,2014,49(22):23 - 26.
② 陶媛. 印度 3 个地区残障儿童入学率仍低于 1%[J]. 世界教育信息,2014,27(5):76 - 77.
③ 贺慧敏. 全纳教育在印度的发展及启示[J]. 现代特殊教育,2009(12):41 - 43.
④ 杨思帆,杨晓良. 处境不利儿童教育补偿政策比较研究——以美国、印度、中国三国为例[J]. 现代教育管理,2016(12):119 - 123.

问题。①由于受绝对化教育机会均等原则的影响，日本在相当长的一段时期内是根据儿童身心障碍类型和程度来实施适当的教育，即以隔离形态为主的特殊教育。

1947年3月，日本颁布了《教育基本法》，从而确立了所有国民都具有获得与自己能力相适应的教育的平等权利，不论其种族、信仰、性别、社会经济地位和家庭出身，在教育上不应有差别。同年，还颁布了《学校教育法》，规定各都道府县有设置盲校、聋校和养护学校的义务，为身心障碍者提供必要的知识技能教育。

20世纪六七十年代后，受西方国家"去机构化""回归主流"等观念的影响，日本也开始探索新的特殊教育之路。特别是进入21世纪后，民众对福利事业的关注以及追求平等的社会意识增强，对特殊教育进行调整和改革的呼声愈来愈高。

为了推进符合日本国情的融合教育，文部科学省于2001年10月成立了"特别支援教育调查研究协力者委员会"，对特殊教育领域的现状展开调查。2003年发布了《今后特别支援教育发展方向（最终报告）》、2005年发布了《关于推进特别支援教育的制度改革》等重要文件，这为之后的日本特殊教育及其政策的改革和发展方向提供了重要指导。日本的特殊教育开始逐渐向特别支援教育转变，这种转变不仅是特殊教育名称的改变，更是一种涉及平等的教育理念和社会意识的深度转变。

日本也在法律层面保障特需儿童的受教育权利。2004年日本国会通过了《残疾人基本法（修正案）》，要求尊重残疾儿童、学生及其家长的需求，创造残疾儿童和非残疾儿童能够共同学习的环境。2006年6月通过的《学校教育法（修正案）》中规定，将"特殊教育各学校（盲校、聋校、养护学校）"改为"特别支援学校"，将"特殊班级"改为"特别支援班级"，并于2007年4月正式实施。因此，2007年也被称为日本的"特别支援教育元年"。

经过近10年的发展，日本特别支援教育逐渐形成了自己的特色。2015年日本文部科学省发布的《特殊教育的概念图》写道：在现阶段，日本接受义务教育的学生有1 019万人，其中需要特别支援教育的学生约34万人，占义

---

① 谢燕，肖非.日本特殊教育向特别支援教育的嬗变[J].外国教育研究，2016，43(11)：70-82.

务教育阶段学生总数的 3.34%；其中在特别支援学校就读的学生占 0.68%，约有 69 000 人；在普通中小学特别支援班级就读的学生占 1.84%，约有 187 000 人；在普通班级中接受"通级指导"的学生占 0.82%，约有 84 000 人。

拓展阅读

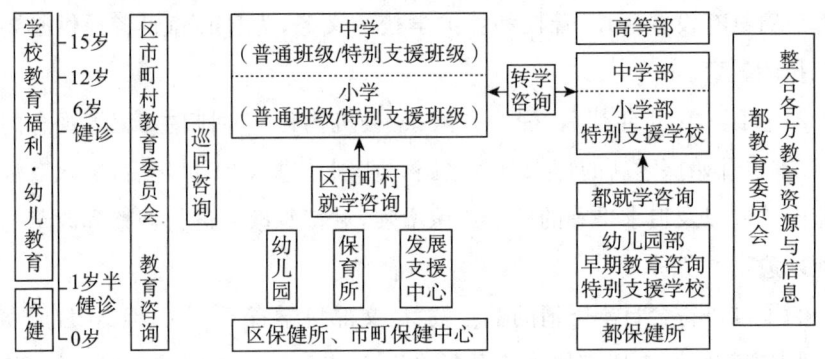

图 1-3　日本特别支援教育体系

注：根据东京都区域内相关机构与特别支援计划图绘制而成，"健诊"是指"健康诊察"。

资料来源：2015 年日本东京都身心残障教育改善研讨会发布的《今后东京都特殊教育的存在方式（最终报告）》。

（二）我国融合教育的发展

根据联合国的统计，世界上残障人口比例达到总人数的 10%，全球有超过 10 亿人患有某种类型的残疾，约占总人口的 15%。我国是人口大国，按这个数据来推算，残障人口的数量之多在世界各国中也是居于首位的。因此，我国对残障问题的关注，特别是对残障人士教育的关注，既关乎一个特殊群体，更事关所有个体生命与国家安定和发展。

众所周知，在我国漫长的封建统治中，儒家思想占统治地位，儒家虽倡导"仁者爱人"的道德伦理，提倡"建国君民，教学为先""有教无类"等思想，但其教育目的是要培养"修身、齐家、治国、平天下"的精英，而残疾人只属于底层的小民，是君子同情与修己践德的对象。事实上我国历朝历代对残疾人主要持同情悲悯的态度,是重养不重教。针对残疾人的系统教育在几千年漫长的封建社会里一直没有诞生。究其原因,有学者认为融合教育在中国的发展缺少生成的文化土壤,它是从西方嫁接到我国的一个文化概念。① 直到19世纪末鸦片战争后,由于西方传教士的直接参与,特殊教育学校与机构才得以出现,②且多半是私立或宗教慈善团体所办,照搬西方的隔离式教育形式。而1949年新中国成立后直到20世纪70年代,我国基本上照搬前苏联的缺陷补偿理论,倡导隔离式学校教育。因此,长期以来中国特殊教育的发展虽然根植于我国现实需求,却几乎是西方文化"移植"的结果。③我国著名特殊教育家北京师范大学朴永馨教授指出,没有任何其他国家可以为解决中国几百万残疾儿童教育准备好现成的"药方";我国特殊教育的发展模式必须建立在我国特有的国情与文化传统之上,对西方的文化传统、教育哲学等应该采取拿来主义的态度,不能照搬。④

20世纪70年代后,特别是改革开放以来,我国各类特殊教育相关的法律法规都相继规定或确认:要发展以特殊学校为骨干,以大量设置在普通学校的特殊教育班和吸收能够跟班学习的残疾儿童随班就读为主体的格局。可以说,我国随班就读模式并不是西方融合教育的照搬,而是在中国的嫁接。我国在1982年颁布的《中华人民共和国宪法》中规定:"公民有平等受教育的权利","国家和社会帮助安排盲、聋、哑和其他残疾公民的劳动、生活和教育"。1986年颁布的《中华人民共和国义务教育法》(以下简称《义务教育法》)中规定:"地方各级人民政府为盲、聋、哑和弱智的儿童、少年举办特殊教育学校(班)。"同年,国家教育委员会等部门颁布的《关于实施〈义务教育法〉若干问题的意见》中提出,除设特殊教育学校外,还可在普通小学或初中附设特殊教学班。⑤

---

① 邓猛,苏慧.融合教育在中国的嫁接与再生成:基于社会文化视角的分析[J].教育学报,2012,8(1):83-89.
② 张福娟,马红英,杜晓新.特殊教育史[M].上海:华东师范大学出版社,2000:212.
③ 邓猛,苏慧.融合教育在中国的嫁接与再生成:基于社会文化视角的分析[J].教育学报,2012,8(1):83-89.
④ 朴永馨.努力发展有中国特色的特殊教育学科[J].现代特殊教育,2017(12):3-5.
⑤ 国务院办公厅转发国家教委等部门关于实施《义务教育法》若干问题的意见[J].人民教育,1986(11):12-13.

我国 1990 年颁布了《中华人民共和国残疾人保障法》（以下简称《残疾人保障法》），这是我国第一部专门与残疾人有关的法律，其中将特殊教育单列一章，确认了特殊教育发展方针，规定了国家及教育机构在特殊教育发展中所需承担的责任，涉及财政、招生等方面。直到 1993 年初在黑龙江省哈尔滨市召开的亚太地区特殊教育研讨会上，Inclusion 一词被翻译成"融合"，介绍到中国。之后，在国内掀起了介绍与研究融合教育的热潮。1994 年我国颁布的《中华人民共和国残疾人教育条例》（以下简称《残疾人教育条例》）主要是针对残疾人特殊教育做出的规定，体现了特殊教育的内容，但是缺乏融合教育的理念和保障。

1995 年，上海率先开始在一些定点的幼儿园招收残疾幼儿。21 世纪初，华东师范大学周念丽老师在上海的几个幼儿园开始学前融合教育的实证研究，并相继出版了《自闭症幼儿的社会认知：理论、实验及干预的研究》和《学前融合教育的比较与实证研究》两本专著，用认知实验的方法，证明了早期教育的有效性和学前融合教育的必要性与可行性。但这些都还是零星的研究，没能得到更为广泛的推广，尤其是在普通学前教育界，颇有孤掌难鸣之窘。[①] 1997 年 9 月在上海召开了"中国一体化教育学术研讨会"，来自美国和中国的 180 余名专家学者参加了会议，对融合教育进行了科学分析，阐明了推进融合教育的必要性和可行性，并对我国随班就读工作做了回顾和前瞻。[②] 2006 年新修订的《义务教育法》中有 5 条涉及特殊教育，如第 19 条第 2 款规定："普通学校应当接收具有接受普通教育能力的残疾适龄儿童、少年随班就读，并为其学习、康复提供帮助。"2013 年 2 月 25 日，国务院法制办公室发布了《残疾人教育条例（修订草案）》（送审稿），开始面向全社会公开征集意见与建议。教育部等 7 部门于 2014 年发布的《特殊教育提升计划（2014—2016 年）》中首次明确提出："全面推进全纳教育，使每一个残疾孩子都能接受合适的教育。"[③]

新修订的《残疾人教育条例》于 2017 年 1 月 11 日经国务院第 161 次常务

---

① 方俊明.区域联盟：早期融合教育发展的新探索[J].现代特殊教育，2017(5)：68.
② 汪发荣.全纳性教育与全纳性思想——参加"中国一体化教育学术研讨会"有感[J].中国特殊教育，1997(4)：7-8.
③ 参见中华人民共和国教育部网站，《特殊教育提升计划（2014—2016 年）》。

会议通过,2017年5月1日开始施行。这一版的《残疾人教育条例》在1994年颁布的《残疾人教育条例》基础上进行了大幅度的修订与补充。从立法基础、指导思想、法规的权威与修改补充的内容来看,新修订的《残疾人教育条例》进一步体现了《中华人民共和国教育法》(以下简称《教育法》)、《义务教育法》和国家有关教育法规的立法精神。它是我国残疾人教育与特殊教育发展历史上最全面和最具体的指导残疾人教育与特殊教育发展的专项法规。特别是新修订的《残疾人教育条例》明确规定:"推进融合教育","优先采用普通教育方式"。这也是我国第一次通过强制性规定将融合教育上升到法制层面。

拓展阅读①

《残疾人教育条例》

我国残疾儿童少年的教育安置形式分为三个阶段。

第一阶段(1986—1992年):残疾儿童少年的教育安置形式以隔离为主,八至九成残疾儿童少年在特教学校就读。在这一阶段中,聋校、培智学校和盲校等隔离式特教学校既为主体又为骨干(这一阶段中,综合性特教学校数量发展缓慢)。

第二阶段(1993—2001年):残疾儿童少年的教育安置形式以逐步融合为发展趋势,五至七成残疾儿童少年在普通学校就读,也可以说是以随班就读为主体、特教学校为骨干格局的形成阶段(这一阶段中,综合性特教学校数量略有发展)。

第三阶段(2002—2011年):残疾儿童少年的教育安置融合趋势总体稳定,2002年至2010年六成左右残疾儿童少年在普通学校就读(2011年随班就读在校生人数占总人数比例为55%,略有下降)。在这一阶段中,随班就读仍然为主体,特教学校依然为骨干。但在特教学校内部,综合性特教学校迅速增加,聋校、培智学校和盲校三类隔离式特教学校出现减少趋势,其所占比例也开始受到综合性特教学校的冲击,2011年综合性特教学校有892所,占特教学校总数的50%。同时,随着特殊教育对象类别的增加与在特教学校就读

---

① 赵小红.近25年中国残疾儿童教育安置形式变迁——兼论随班就读政策的发展[J].中国特殊教育,2013(3):23-29.

的学生残疾程度的加重,特教学校的功能也越来越呈现出综合化与复杂化的发展态势。

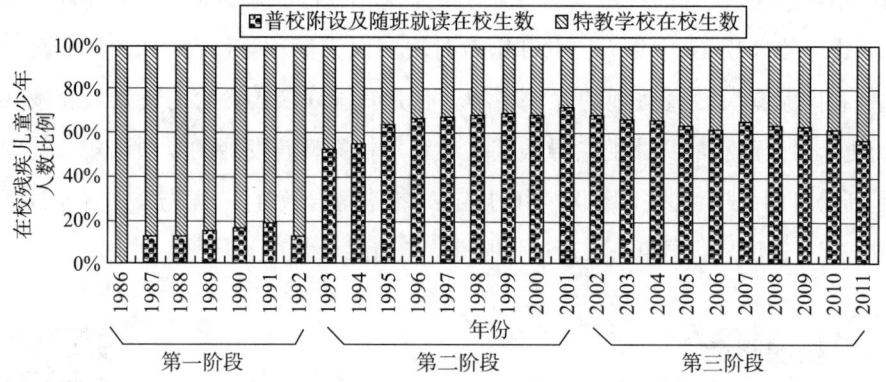

图1-4 1986—2011年普通学校与特教学校在校残疾儿童少年人数比例分布

就国内外融合教育发展来看,在社会经济、文化、科技等飞速发展的今天,残疾儿童受教育权的保障成为世界各国政府及社会普遍关注的问题。然而,残疾儿童人数众多,其教育状况仍不容乐观。世界卫生组织在2011年发布的全球第一份《世界残疾人报告》中显示,世界上0—14岁残疾儿童数量估算在9 300万至1.5亿之间。2015年11月,联合国教科文组织正式发布的《教育2030行动框架》,确定其2030年的总体目标是"确保全纳、公平的优质教育,使人人可以获得终身学习的机会",反映了包括残疾儿童在内的教育公平问题依然是各国未来十多年需要重视的主题。①

第二节　学前融合教育的内涵、必要性与可行性

我国2014年颁布的《特殊教育提升计划(2014—2016年)》的总目标是"全面推进全纳教育,使每一个残疾孩子都能接受合适的教育",重点任务之

---

① 杨思帆,张希希.印度残疾儿童教育政策发展轨迹及问题评析[J].比较教育研究,2017,39(11):100-106.

一是"积极发展残疾儿童学前教育"。① 融合教育在我国也被译为"全纳教育",目前对两个概念的关系问题仍有争议。关于融合教育概念,在前一节阐述过,它一直是用来描述障碍学生融入普通学校和班级,以及社区环境的专业术语,其基本含义是不要把障碍儿童孤立于隔离封闭的教室、学校、交通设施和居住环境之内,主张那些特需儿童能真正地和正常发展的同伴一起参加学前教育、基础教育和高等教育,最大限度地发挥特需儿童的潜能。

拓展阅读

关于"全纳教育"与"融合教育"关系的争论

一种观点是"全纳教育"就是"融合教育"。这一观点代表着当前对这两个词语最主流的使用习惯。自 1994 年《萨拉曼卡宣言》提出"Inclusive Education"以后,融合教育就成为全球的教育思潮。Inclusive Education 在我国普遍被翻译为"全纳教育",也有研究者认为:"'融合'更能反映其真正含义,能够为准确翻译、表达 Partial Inclusion(部分融合)和 Full Inclusion(完全融合)提供空间;并有利于更加便利地进行国际交流。"② 由于对翻译的异议,出现了对 Inclusive Education 的不同使用现象。如直接选择使用"全纳"一词,或坚持使用"融合"一词。还有人采用一些避免争议的表达,即在谈及全纳教育/融合教育(Inclusive Education)时,会特别注明。它还通常被翻译为"融合教育/全纳教育"。因此,多数学者把融合教育的含义等同于 20 世纪 90 年代兴起的全纳教育,认为二者是同义词,区别仅是翻译的不同。

另一种观点是"全纳教育"不同于"融合教育"。持这种观点的人认为全纳教育是兴起于 20 世纪 90 年代的 Inclusive Education,而融合教育则是兴起于 20 世纪六七十年代西方特殊教育领域内的"一体化"教育或"回归主流"运动。他们指出,"回归主流"是美国等教育发达国家实施特殊教育的一种思想体系,英国称为"融合""一体化",而在解释"一体化"时,又同样指出,"一体

---

① 参见中华人民共和国教育部网站,《特殊教育提升计划(2014—2016 年)》。
② 邓猛,朱志勇.随班就读与融合教育——中西方特殊教育模式的比较[J].华中师范大学学报(人文社会科学版),2007(4):125-129.

化"是英国等欧洲国家特殊教育界常用的一种术语,又译为"混合教育""集中教育""融合"。① 如果这样理解,融合教育就是专门指发生在特殊教育发展历程中的一个特定时期内的教育形式。但是认可这个观点的人没有解释融合教育与 20 世纪 90 年代之后兴起的全纳教育之间的关系问题。这使得他们对全纳教育与融合教育关系的认识以及他们对二者的定义存在着明显的缺陷,也正是这种认识使他们对融合教育和全纳教育的理解经常陷入自相矛盾之中。②

一、学前融合教育的内涵

1990 年 9 月 2 日在全球范围内生效的联合国《儿童权利公约》,积极倡导残疾儿童与正常儿童的融合,指出融合教育是残疾儿童的一种权利,而不是对他们施予的特殊待遇。至此,学前融合教育已经成为国际学前特殊教育的发展趋势。

学前融合教育(Inclusive Early Childhood Education),在我国也叫早期融合教育,是指让有特殊教育需要的学前幼儿进入普通幼儿园,与普通幼儿共同接受保育和教育的教育形式。自 1978 年英国政府提交的《沃诺克报告》首次提出了"特殊需要教育"的概念,到 1994 年联合国教科文组织在《萨拉曼卡宣言》中首次提出"融合教育"概念至今,学前融合教育在世界各国的不断实践中发展着。目前,各国达成的共识是,学前融合教育强调要为特需儿童提供一个正常化的教学环境,而非隔离的环境,在班级中提供所需的特殊教育和相关服务措施,使特殊教育与普通教育融合为一个系统。③ 即学前融合教育的实质不仅仅是把特需儿童放在普通幼儿园里与普通儿童在一起,而是要对他们进行有效掌控,即了解他们的特殊需求,并依据他们的需求实施有针对性的教育,同时在必要的情况下提供医疗方面的支持。所以学前融合教

---

① 朴永馨. 特殊教育辞典[M]. 北京:华夏出版社,1996:36-37.
② 李拉."全纳教育"与"融合教育"关系辨析[J]. 上海教育科研,2011(5):14-17.
③ Buysee V, Bailey D B. Behavioral and Developmental Outcomes in Young Children with Disabilities in Integrated and Specialized Settings: A Review of Comparative Studies[J]. The Journal of Special Education, 1993, 26(4):434-461.

育发展到现在可以理解为不仅仅是接纳，更重要的是要着眼于最大限度地扫清所有特需儿童全面参与教育过程的阻力。最终目的是真正去除"残疾""障碍""低能"等标记，使之与正常儿童之间建立良好的人际互动关系，让他们与正常儿童一样享有同等的待遇。

学前融合教育与学校融合教育有所不同。其不同在于：

一是儿童的年龄不同。在我国接受学前融合教育的特需儿童的年龄一般在3—6岁。这个年龄段的儿童正处于学龄前阶段，与普通儿童一样要接受幼儿园的教育。而学校融合教育的对象一般指7岁以后，要接受小学及以上教育的儿童。

二是学习环境不同。学前融合教育的环境是指幼儿园环境，这个环境适合儿童的年龄特点和生理节律，如上课时间短、中午要午睡、上下午要有间食、每天都有一定时间的自主玩耍活动等。这些在学校融合教育的环境中是没有的。

三是学习方式和任务不同。学前融合教育的方式以游戏为主，其任务一方面是参与普通儿童的各领域活动或能参与的领域活动；另一方面是在资源教室接受有针对性的康复训练，并没有硬性的任务要求。而学校融合教育的方式一般要求特需儿童与普通儿童在一起以上课的方式完成每天可以完成的学习任务，同时按照特殊教育需要去学校资源教室完成学习任务。

二、学前融合教育的必要性

（一）有利于促进人权的发展

1994年联合国教科文组织提到，融合教育能消除对特需儿童的歧视态度，让其回到正常社区中，是建立一个融合式的社会与教育所有儿童的最有效方法。1995年美国教育改造与融合研究中心（The National Center on Educational Restructuring Inclusion，NCERI）将融合教育定义为：是对所有儿童提供服务，其方式为由住家附近的学校提供学习环境，使其能接受与普通儿童相同的教育，借由对教师和特需儿童必要的支持服务和补充协助，使儿童未来能在学业、行为上获得成功，在社会上正常生活。这一定义是对1990年联合国《儿童权利公约》的很好诠释和落实。2007年英国融合教育研究中

心（Center for Studies on Inclusive Education，CSIE）提出，提倡融合教育必须尊重人权，所有的儿童都有权利一起学习，因为儿童不应该因为他们的障碍或学习困难而被否定或被隔离，被隔离者可以自行提出要求而免于隔离，对于儿童的教育不能以任何理由加以隔离，儿童需要与他人一起相处。试想一下，如果能让所有的特需儿童和邻居小朋友及兄弟姊妹一同就近入学、让特需儿童与正常儿童有更多的互动时间，为他们创造更多的学习机会，把特需儿童首先看作普通儿童，强调他们之间的相似性，而不是差异性，那是一幅怎样美好的祥和景象？因此，学前融合教育正是尊重特需儿童基本人权与贯彻教育机会均等的有效途径。

（二）有利于促进社会和谐稳定

我国的融合教育是把兴起于20世纪90年代的"全纳教育""嫁接"过来的。20世纪80年代人类社会快速发展，但全球都正面临着同样不可回避的问题，如加重的债务负担使得经济停滞和衰退的威胁加剧；人口数量快速增长；国家间及各国内部日益扩大的经济差距和日益增多的暴力犯罪问题；特别是无数儿童的夭亡以及普遍的环境退化等，导致了当时基础教育在许多不发达国家的明显落后。因此，联合国教科文组织于1990年在泰国宗迪恩召开了"世界全民教育大会"。这次大会确立了教育要满足每一个人基本学习需要的目标，不应使穷人、街头流浪儿和童工、农村和边远地区人口、游牧民和移民工人、土著居民、难民、因战争而流离失所者以及被占领区居民等受到任何形式的歧视。

然而，全民教育虽然反映了全人类对教育公平的诉求，事实上由于世界各国的经济、政治体制等诸多方面的不同影响，要在短期内实现全民教育倡导的"满足每一个人基本学习需要"的目标是非常困难的。但是，世界各国都纷纷对特需儿童给予了关注。故此，1994年世界特殊需要教育大会上"全纳教育"应运而生。全纳教育自"嫁接"到我国，又被称为"融合教育"，主要以随班就读的方式来实施。其主要关注包括特需儿童在内的每一个儿童，特别是针对特需儿童的早期融合教育，为特需儿童创设能够满足他们需要的融合教育环境，包容他们的多样性和差异性，反对歧视与排斥。这使这些儿童在早年就可以得到最有利的教育支持和帮助，使得更多的特需儿童得到较好的康复。这种做法正是为摆脱 20 世纪 80 年代人类社会不和谐、不稳定所做的努力。

(三) 有利于全体儿童的健康成长

学前融合教育秉持"零拒绝"的原则,其重要价值不仅在于能让特需儿童在有意义的自然情景中发展社交能力、获得归属感,还能让普通儿童认识与了解特需儿童,促使普通儿童尊重与接纳人类的差异性与多样性,从而促进全体儿童健康成长。

因此,自 20 世纪八九十年代起,国外就已开展普通儿童对不同类别残疾人理解的研究,其目的是了解在自然状态下普通儿童对特需儿童的接纳程度,以期有针对性地提高普通儿童的接纳性教育,使学前融合教育的实施更加顺利。例如,纳伯斯和凯斯(Nabors & Keyes)的研究显示,4 岁以下的普通儿童对肢体残疾理解有限,但 5—6 岁的儿童能区分自己与肢体残疾同龄人身体和行为的差异,并对残疾问题的认识具有很强的可扩展性;与此形成鲜明对比的是,学龄前儿童难以形成对发展性障碍儿童的理解。[1] 戴梦德和赫斯特尼(Diamond & Hestenes)的研究显示,在 46 名学龄前儿童中,没有 1 名承认唐氏综合征儿童属于残疾人范畴。[2] 从整体来看,该时期的研究普遍认为,学龄前儿童对残疾同伴持消极态度,儿童对残疾的认识遵循可预测的发展进程,3—6 岁的普通儿童能根据残疾设备(轮椅、眼镜或助听器等)与身体特点等显著特征,优先理解肢体和感官残疾,而对于发展性障碍的理解则要延迟至童年期,甚至青春期。[3]

我国关于学龄前普通儿童对残疾概念理解的研究一直较少涉及。近年来,随着学前融合教育越来越成为我国幼教界及特殊教育领域的热门话题,我国一些教育工作者开展了学前融合教育对正常儿童和特需儿童意义的研

---

[1] Nabors L. A., Keyes L. A. Brief Report: Preschoolers' Social Preferences for Interacting with Peers with Physical Differences[J]. Journal of Pediatric Psychology,1997,22(1):113-122.

[2] Diamond K. E., Hestenes L. L. Preschool Children's Conceptions of Disabilities: The Salience of Disability in Children's Ideas about Others[J]. Topics in Early Childhood Special Education,1996,16(4):458-475.

[3] Maras P,Brown R. Effects of Contact on Children's Attitudes toward Disability: A Longitudinal Study[J]. Journal of Applied Social Psychology,1996,26(23):2113.

究。周念丽发现,融合保教在促进听障儿童、孤独症儿童、智障儿童发展的同时,亦对正常儿童激发自我效能感、增强能力以及促进心理理论发展等有积极意义。① 张霞萍对听障儿童和视障儿童实施融合教育,发现这些儿童的动手能力、认知能力、语言能力、自主性以及环境适应能力都得到了提高和发展。② 国内外的诸多研究事实上也表明:在幼儿期实施全纳教育无论对于特需儿童还是普通儿童而言都具有积极的影响力,它有助于特需儿童正常的社会化发展,也有助于其和同龄期正常儿童的融合和相互之间的接纳。③因此,学前融合教育对普通儿童和特需儿童身心健康发展均有着积极影响。幼儿之间的耳濡目染,能降低或消除可能萌生的偏差行为,促进儿童社交能力以及助人、利他行为的发展。

三、学前融合教育的可行性

近 20 年国内学前融合教育文献研究表明,自 2014 年我国颁布《特殊教育提升计划(2014—2016 年)》后,有关学前融合教育研究的文献数量呈不断增多的趋势。④ 这表明,学龄前教育阶段实施融合教育是可行的,学前融合教育的实施已成为学前教育的一项重要任务。

《特殊教育提升计划(2014—2016 年)》

以下是对学前融合教育可行性的分析。

(一) 政策与法规支持

1990 年第七届全国人大常委会通过的《残疾人保障法》第 22 条规定,普通幼儿教育机构应当接收"能适应其生活的"残疾儿童。1994 年国务院颁布的《残疾人教育条例》规定,"普通师范院校应当有计划地设置残疾人特殊教育必修课程或者选修课程,使学生掌握必要的残疾人特殊教育的基本知识和

---

① 周念丽. 融合保教对正常儿童心理发展的意义[J]. 幼儿教育,2003(3):12-13.
② 张霞萍. 融合保教对儿童发展的作用[J]. 幼儿教育,2003(3):13.
③ 陈志其. 全纳教育视野下幼儿园特殊需要儿童的教育策略探究[J]. 西北成人教育学院学报,2015(5):83-85,92.
④ 任平,陈立. 近二十年国内学前融合教育研究进展[J]. 内江师范学院学报,2017,32(5):128-133.

技能，以适应随班就读的残疾学生的教育需要"，这标志着我国法律和政策对融合教育由关注推进到师资培养的层面。2014年颁布的《特殊教育提升计划（2014—2016年）》明确指出，要"支持普通幼儿园创造条件接收残疾儿童。支持特殊教育学校和有条件的儿童福利机构增设附属幼儿园（学前教育部）"。2017年新修订的《残疾人教育条例》明确规定："推进融合教育"，"优先采用普通教育方式"。这是我国第一次通过强制性规定将融合教育上升到法制层面。因此，我国的政策已为我国学前融合教育提供了坚实的法律保障。

（二）幼儿身心发展需要

3—6岁儿童称为幼儿。幼儿阶段是人健康成长非常重要的基础阶段，特别是为其人格发展所起的奠基作用，是其他年龄阶段不能相比的。由于幼儿的认知能力与知识储备有限，他们对特需儿童的认识需要外力的影响。刘颂等人研究了北京市学前融合班级中普通幼儿对残疾的认识与接纳态度，结果表明普通幼儿主要依赖明显的身体外部特征认识残疾，主要认为残疾为肢体残疾，同时对感官缺陷的认识尚处于起步阶段；普通幼儿对残疾的稳定性、非传染性与差异性具有朴素、较为正确的认识；普通幼儿对残疾人、残疾小朋友的接纳态度存在显著差异。他们在文章中就在学前融合教育中如何让普通幼儿形成对残疾的客观、正确认识做了详细说明。[①] 王琳琳等人在《中国特殊教育》第7期上发表了《普通幼儿眼中的残疾：一项融合幼儿园的质性研究》的文章。以就读于国内某融合幼儿园的普通幼儿为研究对象，从残疾的概念、原因、特征等方面入手，研究我国融合教育背景下普通幼儿对残疾的理解与认知。研究结果显示，普通幼儿对残疾的理解是一个缓慢且复杂的动态过程，体现了社会文化对残疾固有的刻板印象。因此，在幼儿园实施融合教育对全体幼儿来说是非常有意义的教育手段。从另一方面说，幼儿的社会化程度不高加之道德观念尚未成形，更容易接受教师的引导，并接纳特需儿童。

---

① 刘颂，钱红，付传彩.北京市学前融合班级中普通幼儿对残疾的认识与接纳态度[J].中国特殊教育，2013(10):3-8.

拓展阅读

王薇等人在2019年第6期《学前教育研究》上发表了《学前融合教育经历时长对普通幼儿自尊感和自我效能感的影响》一文。研究以236名普通幼儿为对象，采用问卷调查法，考察学前融合教育经历时长对普通幼儿社会意识领域的两个重要方面，即自尊感和自我效能感的影响。结果发现：有学前融合教育经历的普通幼儿在自尊感和自我效能感的发展上优于没有学前融合教育经历的幼儿，且其自尊感和自我效能感随着学前融合教育经历时长的增加而增强；在自尊感的自我主张维度上，无学前融合教育经历的普通幼儿与有1—2年学前融合教育经历的普通幼儿不存在性别差异，但此经历超过2年后，女性幼儿显著优于男性幼儿；在自我效能感的社会效能感维度上，少于2年学前融合教育经历的女性幼儿显著优于男性幼儿，而此经历超过2年时不再出现性别差异。文章指出，为进一步发挥学前融合教育对普通幼儿发展的积极作用，应在营造良好的社会接纳环境和推广学前融合教育的基础上，确立尽早融合、尽早受益的理念，同时关注性别差异，结合幼儿性别特点开展学前融合教育。

（三）学段主要任务适宜

学前期是儿童接受正规教育的第一个学段，而幼儿园也是儿童接触的第一个教育环境。我国学前教育事业的发展与社会经济发展和对学前教育重要性的认识分不开。早在1951年，我国政务院《关于改革学制的决定》中就规定："实施幼儿教育的组织是幼儿园。"同年，学前教育被列入学制系统。1956年教育部、卫生部和内务部发布的《关于托儿所幼儿园几个问题的联合通知》指出，"随着国家经济建设和文化建设的日益发展，今后将有更多的妇女参加生产劳动和社会工作，为了帮助母亲们解决照顾和教育孩子的问题，托儿所和幼儿园必须增加"。1987年《国务院办公厅转发国家教委等部门关于明确幼儿教育事业领导管理职责分工的请示的通知》中明确指出："幼儿教育既是教育事业的一个重要组成部分，又具有福利事业的性质。"1996年，国家教委发布的《幼儿园工作规程》规定："幼儿园是对3周岁以上学龄前幼儿实施保育和教育的机构。"幼儿园是基础教育的有机组成部分,是学校教育制度的基础阶段。

2001年7月,我国教育部颁布了《幼儿园教育指导纲要(试行)》,在总则中指出:"幼儿教育是基础教育的重要组成部分,是我国学校教育和终身教育的奠基阶段。"在其"组织与实施"部分的第1条和第2条中明确规定:"幼儿园的教育是为所有在园幼儿的健康成长服务的,要为每一个儿童,包括有特殊需要的儿童提供积极的支持和帮助。幼儿园的教育活动,是教师以多种形式有目的、有计划地引导幼儿生动、活泼、主动活动的教育过程。"由于学前教育不以考试成绩为主要教育目标,其组织与实施是以园本/班本课程与特色为主要内容开展各项活动设计,因此在这种情况下,学前教育阶段更容易实施融合教育。

(四) 幼儿教师易于接纳

2012年中华人民共和国教育部颁布了《幼儿园教师专业标准(试行)》。贯穿其中的基本理念是:师德为先、幼儿为本、能力为重和终身学习。在专业理念与师德的第3条"幼儿保育和教育的态度与行为"中明确指出,"重视环境和游戏对幼儿发展的独特作用,创设富有教育意义的环境氛围,将游戏作为幼儿的主要活动"。由于学前教育采用的许多活动实施方法与特殊教育的教学方法比较类似,如生活学习法、言语仿说法、感官游戏法、运动锻炼法等,所以幼儿教师已有的知能结构在某种程度上比小学及以上学段的教师,更能接受融合教育的实施。2011年12月张丹丹等人在《教育与教学研究》上发表了《成都市幼儿园融合教育现状调查研究》,指出:"虽然幼儿园融合教育现状不尽如人意,但发展前景还是让人充满希望……幼儿园教师的态度是积极的,愿意合作发展随班就读的占绝大多数。"2014年第7—8期的《现代特殊教育》上,刘佳芬等人发文《宁波市幼儿教师对融合教育接纳度的调查研究》。调查发现,46.2%的教师认为融合教育能为正常幼儿的社会性发展带来益处;53.8%的幼儿教师认为,不论其他家长如何反对,融合教育也是应该得到支持的一种教育。可见,幼儿教师群体是最容易接纳融合教育的师资力量。

第三节　学前融合教育模式

学前融合教育模式也称学前特需儿童教育安置模式。不同的模式反映了一个国家当下特需儿童教育的理念和政策法规。对于学前融合教育模式的研究，各国学者从各自的理念与视角进行了分类与研究。

一、国外学前融合教育模式概要

（一）美国的模式

凯伦·L(Karen L.)从教师介入的角度探讨美国学前融合教育模式：① 咨询模式(Consultation)。在该模式中，特殊教育教师不为普通班级中的特殊学生提供直接服务，而是与普通教育教师讨论学生的需要，并提供各类物品。② 团队教学模式(Team Teaching)。这种模式要求普通教育教师和特殊教育教师在教室中共同工作以完成全部教学。③ 助手服务模式(Aide Services)。这种模式需要助教检查学生的进步、提供辅导并向特殊教育教师汇报学生的学习进展。同时，特殊教育教师每月至少要与班级同学接触一次，以便观察和评估他们的进步。④ 有限移出式服务模式(Limited Pullout Service)。在此模式中特殊学生必须在特定时间去资源教室接受特殊教育，它可以减轻普通教育教师对特殊学生的责任。

有研究者从特需儿童融合时间和空间角度来探讨，认为美国学前融合教育对象的年龄在 3—5 岁，不属于义务教育。其教育安置模式和课程取向与学龄儿童大有不同，一般在专门的保育机构内开展。主要模式有三种：① 全融合，指特需儿童和普通儿童一起学习。这种融合模式主要体现为校内教室共用式的合作形式，如一教一辅、区域分组教学、平行教学模式、替代性教学模式、团队教学模式等，虽然在形式上有所不同，但实质上仍很难顾及所有特需儿童的不同需求。② 半融合，指特需儿童和普通儿童一起学习的同时，部分时间去特殊班级或资源教室。这种融合形式主要体现为校内空间隔离式的合作形式,如资源教室模式、部分隔离方案等,额外的辅导与服务弥补了特需儿童在普通班级中存在的不足,能够更好促进他们在正常班级的融合。③ 反向融合,指在获得父母允许的情况下,将 1 到 2 名健全的儿童安置到有特需儿童的班级中,促进同伴辅助交流和更好地融合。①

2001 年格雷沙姆(Gresham)提出了干预反应模式(Response to Intervention)。该模式是将全体儿童放在一个教育系统中,对儿童的学业进展或行为表现及时进行监控,根据儿童不同的教育需要提供不同程度的支持和辅助,这有利于及早发现学生在学业、行为等方面存在的问题,及早进行干预,也能够帮助融合不同程度的特需儿童。该模式的优点是及时筛查学生学业、行为方面的问题,并在差距拉大之前进行干预,促进特需儿童在正常班级中的融合。由于干预反应模式在中小学阶段的广泛运用和所取得的良好效果,越来越多的教育专家、学者们也开始研究早期教育阶段(0—8 岁)干预反应模式的应用,且已经在多个项目上取得了良好的效果。②

2006 年,美国对《残疾人教育法》修正案中的安置模式进行改革,确定了 7 种安置模式,分别是:每周至少 10 小时且大多数时间在普通早期儿童项目中、每周至少 10 小时但大多数时间不在普通早期儿童项目中、每周低于 10 小时且大多数时间在普通早期儿童项目中、每周低于 10 小时但大多数时间不在普通早期儿童项目中、单独班级、服务提供者所在地或其他场所、其他环境等。其中的普通早期儿童项目是指教育环境中普通儿童占比超过 50% 的教育项目。根据美国教育部的报告,至 2011 年秋季,在涉及普通早期儿童项目安置环境中接受教育的 3—5 岁残疾儿童占 62.4%,其中占比最高的是每周至少 10 小时且大多数时间在普通早期儿童项目中的安置形式,比例达到了 35.4%。

(二) 瑞典的模式

瑞典融合教育以普通学校(全日制)特殊班级和普通班级工作小组两种模式为主。特殊班级中学生的管理权归属于地方政府,教育支持也由地方政府提供,即特殊班级仅仅是租借了普通学校的教室,其教师和领导都是独立

---

① 张静,杨广学.美国学前融合教育的发展研究[J].绥化学院学报,2015,35(7):4-8.
② 何立航,张丽敏.干预反应模式:美国早期融合教育新模式[J].苏州大学学报(教育科学版),2014,2(4):111-118.

的。除了特殊班级模式之外,更为先进的是普通班级内的工作小组模式。工作小组是由3到4个大致相同年级的班级构成,成员由班主任、科目教师、特殊教师、负责学生福利的职工、心理医生和护士组成,学生包括普通学生和特殊学生,并根据工作小组中学生类型的改变增加额外的工作人员。① 这种工作小组在实践中存在以下优势:首先,有利于普通教育教师和特殊教育教师之间、教师和其他工作人员之间的合作;其次,使低、中年级的学生能够和除班主任以外的不同教师接触,增强学生与各类教师的交流;最后,工作小组成员的多元化能在一定程度上减轻低、中年级班主任的工作,即班主任不必每门课都很精通,可以集中于其比较擅长的科目,有利于他们的专业发展。在工作小组中,对于某些课程,教师可以在教室内给予额外的支持,也可以将特殊学生从班级中分离出来在教室外以小组形式提供教育,或者让他们在低一年级的班级中接受教育。②

(三) 日本的模式

日本的融合教育主要有三种模式:① 巡回教师模式。类似于美国的咨询模式,由一个巡回指导教师负责一个地区的通级指导工作,并向第一线的普通教育教师和特殊教育教师提供专门的教材、教具以及教学策略,但并不直接面对特需儿童。② 资源教室模式。类似于美国的有限移出式服务模式,即特需儿童大部分课程与正常儿童一起学习,再根据每个学生的特殊需要每周接受1—3个课时的特别指导。③ 助教模式。类似于美国的助手服务模式,即各学校除了教师外要配备专门的教师或职员,必要时这种个别指导由特殊教育教师来担任。

拓展阅读

芬兰并没有接受将所有残疾儿童安置进普通教室的完全融合观念,而是接受了部分融合的观念。芬兰教育系统中依然保留了相当比重的隔离制特

---

① 方彤.瑞典基础教育[M].广州:广东教育出版社,2004:232.
② 熊琪,雷江华.瑞典融合教育的发展特点及其启示[J].中国特殊教育,2013(6):9-14.

殊教育形式。根据 2007 年的统计数据，隔离式特殊学校中的学生占比为 1.4%。这一比例要比意大利、瑞典、挪威和丹麦等其他欧洲国家高。芬兰采取部分融合观念的主要原因在于芬兰教师高度重视教育质量。芬兰教师愿意努力为芬兰儿童提供优质的教育，教学的实际效果是他们优先考虑的因素。芬兰教师认为，对有严重学习困难的学生而言，隔离式特殊教育可能对他们更有利。芬兰教师重视教学效果的理念通过芬兰教师联盟（Finnish Teachers Union）直接对国家政策产生实质性的影响。虽然部分融合的观念潜藏着排斥特殊学生的风险，一些国家部分融合观念在实施过程中可能会成为学校不接受残疾学生的借口，但是在芬兰却不存在这种状况。这其中的原因是芬兰教师拥有极高的荣誉感，他们会尽可能教育好所有学生，只有在穷尽所有办法之后，他们才会建议将学生安置在隔离的环境中。

二、我国学前融合教育模式概要

教育部 2001 年印发《幼儿园教育指导纲要（试行）》指出，幼儿园"要为每一个儿童，包括有特殊需要的儿童提供积极的支持和帮助"。然而，研究表明，2012 年以前我国开展学前融合教育的普通幼儿园非常少，主要是一些民办的幼儿园与康复机构在探索学前融合教育。[①]后续，各省市相继出台了相关文件，如北京市 2013 年出台的《关于进一步加强随班就读工作的意见》《北京市中小学融合教育行动计划》等文件、江苏省教育厅出台的《关于加强普通学校融合教育资源中心建设的指导意见》提出了 2019 年各设区市要基本实现所有乡镇（街道）学前融合教育资源中心全覆盖，为区域全面深入推进学前融合教育工作提供了引领和示范。这些文件为学前融合教育的发展提供了政策上的保障。特别是 2017 年新修订的《残疾人教育条例》的颁布，从法律层面为大力发展学前融合教育保驾护航。

由于我国的学前教育还没有纳入义务教育范畴，各地在学前教育的招生、教育内容、管理等方面的自主权比较大。而学前融合教育的发展受各省、市、区社会经济发展的影响更大。因此，学前融合教育的模式也有一定的不

---

① 周念丽，方俊明. 医教结合背景下早期融合教育的实证研究[J]. 上海教育科研，2012(7):38-41.

同,但大致来说基本模式相似。如北京市的学前特需儿童主要安置在三种环境当中:第一种是专收学前特需儿童的机构,如残疾儿童康复中心、特殊教育学校的学前班等;第二种是以招收特需儿童为主的幼教机构,同时招收普通儿童,如中国聋儿康复中心等;第三种是招收以普通儿童为主的幼教机构,同时附设聋儿班。① 上海市学前融合教育的模式主要是三类:第一种是完全融入(将特需儿童安置在普通班级当中,与正常儿童一起生活、学习,教师针对其残障类型、程度,在特定时间对其进行个别训练,补偿其缺陷);第二种是部分融入(在普通幼儿园内设置特殊班级,将特需儿童安置在特殊班级,在某些特定时间与正常儿童一起活动);第三种是间断融入(在一定的时间段让特需儿童融入普通班与正常儿童一起活动、学习)。②

周秋红对我国近年来学前融合教育实践模式进行了分析,认为学前融合教育在我国的主要模式是以下三种:① 普特合作,普幼为主。其组织形式是普通幼儿园与特殊教育学校合作,教师来自特殊教育学校,特需儿童学籍挂在特殊教育学校,日常学习在普通幼儿园。这种模式中特需儿童类型一般为听障,较少有其他障碍类型。② 普幼独办,团队支持。其组织形式是以普通幼儿园为主,特需儿童学籍在普通幼儿园,没有专职特教教师,有社会团体的帮助,特需儿童类型不定,多为孤独症、唐氏综合征、发育迟缓等。因无专职特教教师,幼儿园会积极主动与当地院校弱势儿童研究中心的专家团队联系,邀请专家到园指导。③ 康教联合,合作互助。其组织形式是以特殊教育学校、残联康复机构或民政福利机构为主,包括特殊教育学校举办的学前融合班中一部分发展成为融合幼儿园、残联或民政部门举办的融合幼儿园。接收的幼儿障碍类型多样。③

---

① 刘艳红,顾定倩,焦青. 改革开放30年北京市特殊教育发展及现状研究[J]. 中国特殊教育,2008(10):42-49.
② 蔡蓓瑛. 融合背景下特殊早教体系的探索与思考[J]. 现代特殊教育,2010(6):5-7.
③ 周秋红. 区域推进学前融合教育的现状与对策分析[J]. 现代特殊教育,2019(13):12-15.

第四节　学前融合教育的支持系统概要

学前融合教育的实施不仅是教育领域的事情,它是在社会文化、政治、经济和人们对特需儿童教育观的影响下发展起来的。构建一个适合学前融合教育的支持系统,是保障各国学前融合教育健康发展和特需儿童教育质量的重要条件。

一、国外学前融合教育支持系统概要

(一) 美国的支持系统

美国融合教育基本形成了涵盖评估、康复、教育的完整支持体系。由专业医师、心理学专家对儿童进行评估鉴定;由负责教学的教师和助教指导儿童参与课程和班级活动,并在活动过程中给予辅导和支持;根据儿童的需求,由提供特殊教育服务的言语治疗师、职业治疗师、物理治疗师等为儿童提供治疗服务;还有社工在儿童生活学习等方面提供支持和帮助。残疾儿童在入园前就得到了完善的评估,并根据评估结果及教育需要制订 IEP。进入融合班级后,儿童可以参与通用课程,根据其 IEP 获得相应的学习支持和康复治疗服务。全面的支持体系保证了学前融合教育的顺利推进,使儿童获得最少受限制的环境,满足了儿童的教育需求。幼小转衔阶段,由转衔工作人员领导的团队为儿童进行转衔安排,调动家庭、幼儿园、小学和专业干预人员的相关资源,协调两个教育阶段的工作者进行信息交流和安置调整,帮助儿童和家庭顺利完成幼儿园到小学的过渡。①

(二) 英国的支持系统

英国经数十年的努力,已经建立了较为完善的学前融合教育支持服务体

---

① 秦婉,肖非. 美国学前融合教育发展概况、特点及其对我国的启示[J]. 现代特殊教育,2019(11):75-80.

系,即部门间合作模式(见图1-5)。英国负责教育的部门为中央教育科学部,该部门负责管理和监督当地地方教育部门,由该部门将教育的具体内容分配到更细化的学校、幼儿园等教育机构中。在实施学前融合教育的过程中,特殊教育协调员主要负责各相关部门专业人员间的合作协调,统整特需儿童所接受的一系列服务及关于特需儿童的所有信息,确保"部门间合作模式"的顺利有序进行。核心工作者则针对单个幼儿"部门间合作模式"的运用进行协调和监控。该模式主要涉及四个部门或机构,即教育部门、卫生部门、社会服务部门、志愿者机构。各部门间有各类相关人员参与,负责特需儿童鉴别、评估、提出教育建议、适时干预等工作。[①]

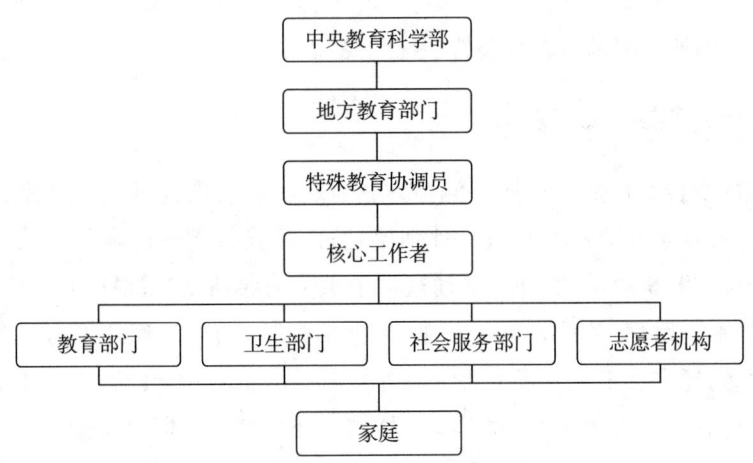

图1-5 英国融合教育"部门间合作模式"

(三) 澳大利亚的支持系统

以澳大利亚维多利亚州为例,1998年颁布的《维多利亚政府学校学生支持服务框架》提出了"连续照料"和"学校社区合作"的概念,这两个策略性概念成为后来一系列的融合教育服务计划的基础。在这个概念框架下,所有的学生支持计划都强调学校和社区合作,强调"一体化"的服务,即支持不同部门在社区层面上提供整合服务,形成社区化的统一服务管理体系、集中的资金递送渠道,以及共同的支持目标等。维多利亚州目前比较成熟的"一体化"

---

① 张莉,周兢. 英国学前融合教育"部门间合作模式"及启示[J]. 中国特殊教育,2007(6):10-14,19.

服务模式是儿童服务中心,该中心将幼儿园教育、儿童早期干预服务、家庭支持服务以及母子健康服务整合在一起,使得特需儿童能够在同一个服务场所获得所有的额外支持服务。儿童服务中心场地往往与小学设在同一个地方,目的是帮助这些儿童实现从幼儿园到小学的顺利衔接。①

二、我国学前融合教育的支持系统概要

我国《第二期特殊教育提升计划(2017—2020年)》将支持保障体系的建设上升到了战略性任务的高度,主要聚焦于标准制定、财政支持及师资建设三方面,并提出了六条主要措施,其中第四条措施是"健全特殊教育专业支撑体系",包括成立残疾人教育专家委员会,健全残疾儿童入学评估机制,建立特殊教育资源中心,加强学校、家庭、社会之间的合作、信息交流和教育资源共享。此后,教育部等七部门于2014年发布的《特殊教育提升计划(2014—2016年)》中提出,"建立财政为主、社会支持、全面覆盖、通畅便利的特殊教育服务保障机制,基本形成政府主导、部门协同、各方参与的特殊教育工作格局"。

学前融合教育的支持系统主要由三方面组成:① 社会支持主体,由政府、学校、家庭、亲友、邻里、社区、社团等组成;② 社会支持内容,由政策支持、物质支持、情感支持、信息支持等组成;③ 社会支持网络,由支持主体与残疾人之间、支持主体之间等组成。② 如果这三方面的支持系统构建完成,实质上是调动了整个社会的资源,让每一个社会成员都纳入学前融合教育支持系统之中,以保障实现特需儿童的融合教育。

然而,我国学前融合教育支持系统的建立并不均衡。卿素兰等人运用问卷法和访谈法对教师、普通学生及其家长、随班就读学生及其家长进行调查,发现在对五个因素的总体评价中,家庭与学校支持系统比较完善,政府经费支持力度较好,社区支持度尚不够,学生自我预期不佳。③ 杨朝军等人认为我

---

① 刘鲲,杨广学,Umesh Sharma. 澳大利亚的融合教育支持体系——维多利亚州的模式[J]. 中国特殊教育,2012(9):13-17.
② 彭兴蓬. 融合教育的价值追求及社会支持系统的建立[J]. 教育研究与实验,2014(3):73-77.
③ 卿素兰,刘在花. 农村特殊儿童随班就读支持系统的调查研究[J]. 中国特殊教育,2007(11):3-8,24.

国的学前融合教育尚处于初步发展阶段,只有北京、上海等经济发达地区在行政手段的干预下成为试点,全国大部分省市的学前融合教育实践仍停留在观念层面。[①]

拓展阅读

塞兰德(Salend)指出融合教育的成功依赖于沟通与协作的质量,以及教师、家庭和社会资源的有效整合(见图1-6)。[②] 兰和伯布里克(Lang & Berberich)指出,融合教育只有在学校与教师得到足够的人力与物质资源的情况下才有可能获得成功(见图1-7)。[③]

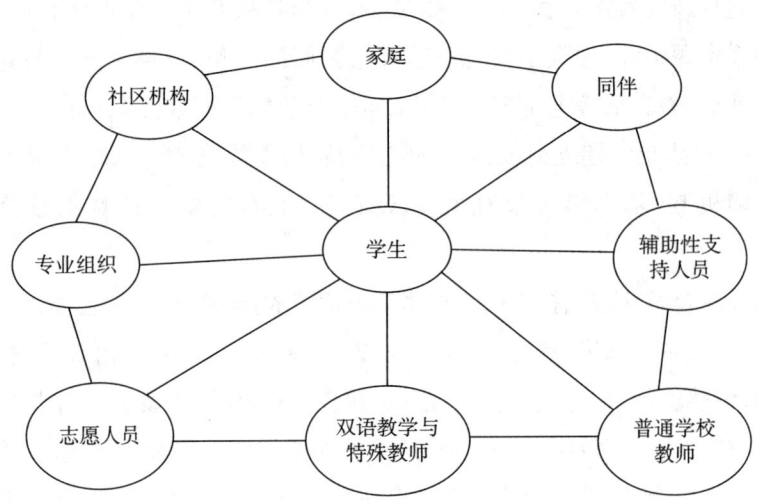

图1-6 融合教育要素的网络体系

---

① 杨朝军,陈杰.教育公平视角下学前融合教育的可持续发展策略探究[J].兰州教育学院学报,2018,34(10):172-174.
② Salend, S. J. Effective Mainstreaming: Creating Inclusive Classrooms [M]. New jersey: Prentice Hall College Div, 1997:114.
③ Lang, G. , Berberich C. All Children are Special: Creating an Inclusive Classroom[M]. York, Me. : Stenhouse Publisher, 1995:24-25.

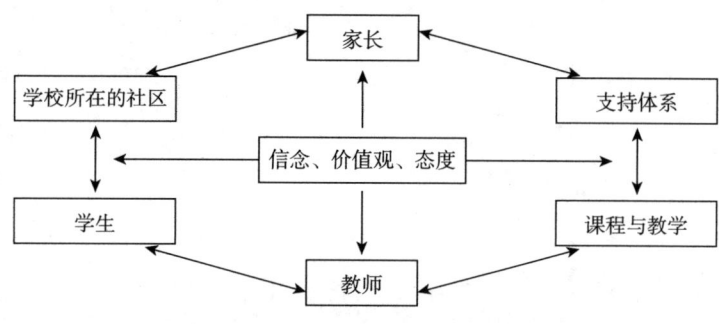

图 1-7　影响融合教育的变量

【本章练习题】

1. 简述融合教育的兴起及缘由。
2. 试述我国融合教育的发展。
3. 什么是学前融合教育？简谈其必要性和可行性。
4. 试述并分析我国学前融合教育的模式。
5. 你认为建立学前融合教育支持系统的意义是什么？其关键因素是什么？为什么？

第二章 学前融合教育团队与教师

教学目标

1. 师德养成目标

通过本章内容的教学,使学生理解学前融合教育需要团队合作,掌握学前融合教育教师应有的素质结构知识与技能,特别是师德规范的内涵;使学生充分认识到团队与合作对学前融合教育及自身专业发展的重要意义,努力成为师德高尚、善于团结协作的学前融合教育教师。

2. 知识与能力目标

(1) 知识目标:通过教学,使学生理解学前融合教育团队和团队合作的相关知识,掌握学前融合教育教师的素质要求。

(2) 能力目标:通过教学,提高学生的合作意识和能力。

3. 情感与意志目标

(1) 情感目标:通过教学,使学生理解学前融合教育团队合作的意义及教师素质对学前融合教育的重要性,从而产生建立良好合作与提升自身素质的信念与热情。

(2) 意志目标:通过教学,使学生充分理解教师在学前融合教育中所起的作用,立志为学前融合教育努力学习,培养良好的教师素质。

教学重点与难点

1. 教学重点:学前融合教育教师素质
2. 教学难点:学前融合教育团队合作

拓展阅读

坚守融合教育的好教师
—— 刘树芹的故事

坚守融合教育的好教师

那是2005年,刘树芹还是一名普通的幼儿园老师,幼儿园里来的一名特殊孩子引起了她的注意。这名4岁半的孩子没有语言,生活自理能力极差,情绪和行为问题非常严重,从不和其他小朋友在一起玩耍。送孩子来园的第一天,妈妈带来了一个很大的包裹,里面是26条裤子,妈妈说,孩子经常尿裤子,这些裤子是孩子一天要更换使用的。在这之前,刘树芹从没有接触过特殊孩子。凭借多年的幼教直觉和经验,刘树芹认为,首先应该教会孩子最基本也是最重要的生活自理能力。一个月后,孩子不尿裤子了,孩子妈妈激动地说:"我们过去送他到一个贵族幼儿园,4个老师只照顾10个孩子,老师还建议我们给孩子带尿不湿,您用了一个月的时间孩子竟然不尿裤子了。"刘树芹为了进一步了解孩子过去的康复情况,让孩子的妈妈带她去了一家康复机构。在机构里,刘树芹看到了很多这样的孩子,她的心被触动了。从此,刘树芹开始与特教事业结缘。在跟踪研究孤独症孩子的同时,她研读了许多关于孤独症的专著,逐渐形成了"孤独症儿童首先是孩子,他们应该和普通孩子在一起,在生活中接受教育"的观念。

2007年,刘树芹创办了"幸福之家"融合幼儿园,办园之初因为没有钱聘请足够的老师,刘树芹一个人每天要上15节个训课,经常嗓子沙哑地讲课,甚至连上厕所的时间都没有。有些孤独症的孩子有暴力行为,刘树芹常常会被他们扯头发、抓伤。这些还都不算什么,她面临的最大困难是招收健全孩子入园难。这主要来自普通孩子家长的疑虑,他们担心自己的孩子和孤独症孩子在一起上学会挨打,会变得和这些孩子一样。如果没有普通孩子,就不算是真正的融合,于是她首先动员亲戚和朋友,把他们的孩子送到幼儿园。但毕竟身边符合条件的孩子太少,刘树芹咬了咬牙,做出了一个大胆的决定,免费收周围居民的孩子。通过开放式的教学,慢慢得到家长的认可,让家长自愿地把自己的孩子送到幼儿园来,这段艰难的历程,她走了近5年。

经过十多年的发展,"幸福之家"融合幼儿园已有500余名特需儿童经过

"融合"顺利升入普通小学。刘树芹做到了自己当初对家长们的承诺,帮助更多的孤独症幼儿回归普通幼儿园。

"幸福之家"融合幼儿园12年的发展得到了政府及社会的高度认可,2011年它被确定为青岛市残疾人联合会定点康复机构、青岛红十字博爱幼儿园,2014年又被确定为山东省省级定点康复机构,2015年被评为青岛市普惠性幼儿园。目前"幸福之家"融合幼儿园已经成为北京师范大学融合教育研究实验基地、石家庄学院教育实践基地、潍坊学院特教幼教师范学院教学实践基地、山东特殊教育职业学院教学实验基地以及青岛幼儿师范学校融合师资实践基地。

第一节 学前融合教育团队及其合作

融合教育渗透着人文精神,运用先进的教育理念和办学形式,可能会导致教育上的一次范式性改革,引发人们对普通教育和教师教育的指导思想、培养目标、管理方式、教育内容、教育方法和教学手段等问题进行新的思考[①]。

一、学前融合教育团队

在融合教育教室中,普通儿童和特需儿童在一起学习,因此教学品质的要求至关重要。不同儿童的发展多样性,要求教师具有娴熟的技能和敏锐的感觉,这样他们才能对参与不同个别化项目儿童的特殊需要做出回应。然而能具备这样要求的教师是非常少的。事实上,学前融合教育不是班级教师一个人在起作用,而是需要学前融合教育团队一起工作,才能完成学前融合教育的任务,实现融合目标。学前融合教育是一个比较大的系统工程,团队只有明确工作所需和角色定位,各司其职,才能完成任务。相关人员主要是由六类成员组成。

第一类是专职教师。他们是学前融合教育的主力军。这支队伍主要由

---

① 方俊明.融合教育与教师教育[J].华东师范大学学报(教育科学版),2006(3):37-42,49.

幼儿教师和从事特殊教育工作的教师组成。他们的主要任务是直接从事特需儿童的教育和训练活动。

第二类是专业人员。他们是学前融合教育的专业支持者。这支队伍主要是心理咨询、语言矫治和训练、体能康复等方面的专业人员。他们的主要任务是运用所掌握的最新技术和康复训练方法，针对不同类型特需儿童的心理、语言和体能等问题进行辅导、矫治和训练。

第三类是研究人员/专家。他们为学前融合教育提供科学实施保障。这支队伍主要包括特殊教育相关学科的研究人员/专家。他们的主要任务是研究学前融合教育的理论与实践应用，并把研究成果推广到学前融合教育的实际中去。

第四类是管理人员。他们为学前融合教育起组织保障作用。这支队伍主要由幼儿园园长、特殊教育学校校长、残疾人联合会领导等组成。他们的主要任务是带领全体人员统一思想、学习学前融合教育的相关知识和技术，组织融合教育的活动设计与评价，并在人力、物力和财力上给予支持等。

第五类是家长群体。他们为学前融合教育起稳定、协调和支持的作用。这支队伍主要是由普通儿童家长和特需儿童家长组成。他们的主要任务是学习和掌握学前融合教育对全体儿童健康成长的意义，配合教师对儿童进行言行方面的指导，必要时协助教师完成学前融合教育的志愿服务工作。

第六类是社会工作者。他们为学前融合教育提供舆论支持。这支队伍主要由信息传播、新闻媒体、慈善部门等人员组成。他们的主要任务是通过各种渠道为学前融合教育进行宣传，争取民众的理解、关心和支持。

二、学前融合教育的团队合作

合作是指个人与个人、群体与群体之间为达到共同目的，彼此相互配合的一种联合行动。学前融合教育的团队合作十分重要。

（一）合作的意义

1. 合作是学前融合教育顺利开展的条件

学前融合教育既要确保满足特需儿童发展的需要，又不能影响普通儿童的发展。所有参与人员需要为他人提供支持,也需要得到他人的支持。因此,学前融合教育是一项需要众人及多角色参与的工程,团队合作、分工协作是使之得以顺利开展的必要条件。其中专职教师、研究人员和家长等的合作是团队合作的关键,如教师之间的合作,特需儿童和特殊教育教师时间上的调配以及在团队协作下对可融入课程和不可融入课程的调节,目标是在跨情境中融入学习过程中使用的方法、手段和策略。因此,合作既是学前融合教育得以顺利开展的基石,又是学前融合教育管理工作的重中之重。

2. 合作是团队共同成长的重要手段

学前融合教育中的合作,最终目的是让全体儿童身心得到健康成长。然而,在合作过程中团队全体成员也会获益。对全体教师来说,在合作中有机会与研究者一起工作,从中获得更多理论和实践操作方面的专业指导,在知能方面得到提高,从而加速其自身的专业成长。对专业人员和研究者来说,合作中有机会在融合幼儿园工作,便于把研究和实践设想付诸实施。

(二)合作的基本条件

合作对学前融合教育意义重大,良好的合作需要具备以下条件:① 共同的目标。目标是合作中每个人都希望达到的终点,是全体合作者团结协作、努力工作的动力所在。② 管理者的支持。主要指融合幼儿园和特殊学校管理者,以及相关行政部门的大力支持。③ 统一的规范。合作者应对共同目标、实现途径和具体步骤等有基本一致的认识;在合作行动中合作者必须遵守共同认可的规范。④ 彼此依赖的氛围。在合作中创建相互理解、彼此信赖、互相支持的良好氛围是有效合作的重要条件。⑤ 互补的专业技能。合作者在专业技能方面应具备并提升相互弥补、共同促进的能力水平。⑥ 一定的物质基础。必要的合作空间要满足,如办公室、会议室、融合教室、资源教室等;必要的合作时间需充裕,如共同研讨的时间、搭班的时间;必要的人员要充足,如融合教育开展时有充足的各方人员可以调配等。

总之,学前融合教育的团队合作,不能以满足个人的利益(如研究者为了研究成果,教师为了评优晋级等)作为合作的前提基础。学前融合教育的团队合作应是建立在以一切为全体儿童的健康成长为目标之上的合作,并且合作时一定要分工明确,各司其职,相互尊重,关注合作者的感受,创建一个又一个良好的合作契机。

拓展阅读

领导力功能扩散理论

南希·凯勒(Nancy Keller)是一位美国佛蒙特州威努斯基城的资深合作教师,他说:"我做的每件事情都是一位普通教师会做的,除了这件事,现在是两个或更多教师一起来做。"他的话暗示了合作教师必须同意重新分配教师在班级中的领导力,以及分担决策的责任。这种将传统的单一领导者或单一教师的角色功能分配给小组成员的现象,被称为"领导力功能扩散理论"。在讲解每一课之前、之中以及之后,都有相应的功能或任务;合作教师必须决定他们如何分担一课又一课的任务。有些工作是每天都要做的,有些是每周要做的,有些则是阶段性的工作。比如,一个人教学,同时另一个人准备接下来的活动,或者所有成员在明确了什么时候教、如何教以后,可以共同授课。另外一个需要教师共同决定的是由谁和父母以及行政人员联系,有些合作团队决定成员们轮流承担这项工作。教师还需要决定团队成员怎样发挥他们的专业才华。比如有些人决定先一一观察,然后再开展同行培训。一旦合作教师做好决定,如果他们能采取面对面互动、积极的互相扶持、人际交往、监督合作教师的进步以及个人责任这五个步骤,就会获得更多的成功。①

(三) 合作的活动实施模式

学前融合教育的合作主要是通过幼儿园班级活动来进行的。就目前来看,实施学前融合教育的幼儿园一般多采用以下几种活动实施模式。

1. 以小组为单位的活动模式

以小组为单位的活动模式是研究者/专家对儿童的能力进行全面评估后,将班级的儿童按不同的能力搭配成几个小组,教师安排能力强的儿童带动特需儿童开展活动的模式。

---

① [美]托比·卡腾.融合教学实践[M].杨希洁,译.上海:华东师范大学出版社,2016:139-140.

(1) 单个活动形式。教师根据不同小组的能力水平,适当安排一个活动。班级中的几位教师分工合作到需要帮助的小组中进行指导。

单个活动形式

(2) 两个活动形式。教师将儿童分为两个小组,按两个组融合儿童的特点和需要,安排不同的活动。班级教师分工合作各负责一个小组,以指导小组的活动。

两个活动形式

2. 以班级为单位的活动模式

这种模式是研究者/专家对儿童的能力进行全面评估后,与教师协商,以班级为单位设计活动内容并开展活动的模式。这种模式一般是以幼儿园五大领域活动为载体,活动实施过程中由特殊教育教师对特需儿童专门指导。

以班级为单位的活动模式

3. 以个人为单位的活动模式

这种模式是在研究者/专家、幼儿教师、特殊教育教师和家长的配合下完成活动的模式。研究者/专家对特需儿童进行全面评估,在特需儿童能力许可的活动中,如音乐活动、美术活动等,由特殊教育教师带其到班级参加,其他时间由特殊教育教师带其在资源教室或一对一训练教室进行专业训练。

以个人为单位的活动模式

拓展阅读

表 2-1 不同融合教育模式的教师合作[1]

	咨询模式	小组教学模式	助理服务模式	特殊教育教师模式
合作意义	特殊教育教师提供普通教育教师相关咨询服务,提供特需儿童的评量与观察,并与普通教育教师一起研讨特需儿童的需求,提出相关服务的建议	特殊教育教师与普通教育教师在班级中一起合作,共同负责全班的课程教学	安排教师助理,协助普通教育教师教学,每隔一段时间,另外安排特殊教育教师对特需儿童进行观察评估	普通教育教师与特殊教育教师各有独立的教室及课程规划。特需儿童必须往返于两个教室。此模式减轻普通教育教师的责任,且不要求其与特殊教育教师有亲密的合作

---

[1] Elliott D, McKenney M. Four Inclusion Models that Work[J]. Teaching Exceptional Children, 1998, 30(4): 54-58.

续表

	咨询模式	小组教学模式	助理服务模式	特殊教育教师模式
合作基础	特殊教育教师、普通教育教师及家长三者之间必须具有良好的沟通、彼此的信任及融合的信念	教师之间具有良好的伙伴关系,是小组教学模式成功的基础	教师助理的专业能力,及地方政府经费的支持,是助理服务模式成功的基础	将儿童部分时间抽离至资源教室,应避免儿童被贴上标签,需多加注意儿童在班上的人际关系
服务方式	咨询模式是一种间接的服务方式,特殊教育教师根据儿童的行为表现,进行环境的调整及作业内容的建议	采取合作教学方式,视课程及儿童的需求,进行弹性的调整	教师助理主要了解儿童的学习情况,为班级教师教学提供协助	部分时间将儿童抽离至资源教室,提供较多的个别化教学活动。但资源教室的课程与普通教室的学习衔接有困难
可能问题	普通教育教师担心无法兼顾特需儿童与普通儿童,或者担忧因无法与特殊教育教师之间保持良好的关系而影响教学成效	教师之间若缺乏共同的信念,工作气氛或成效会受影响	教师助理若受过良好的培养,大部分教师愿意接受她们的服务。但人事及经费问题是最大的考验	特需儿童常到资源教室学习,对于普通班的归属感可能会略有缺乏

第二节　学前融合教育教师

教师是幼儿教育中最重要的因素。教育项目开展的质量既是由教师对学习环境的管理能力决定的,同时也是由教师个人的哲学信念所决定的。这些哲学信念包括对自己和对儿童的看法以及对儿童怎样学习的理解。卡特赖特(Cartwright)曾指出,好教师是随和而友善的,他们会认真地倾听、给予别人所需要的支持,与儿童分享欢乐而不是讥笑他们。因此,可以说学前融合教育教师是关键人物。

一、相关概念

(一) 教师的含义

教师,是以教育为生的职业。1993年10月31日,第八届全国人民代表大会常务委员会第四次会议通过了《中华人民共和国教师法》(以下简称《教师法》)。2009年8月27日,第十一届全国人民代表大会常务委员会第十次会议修正了《教师法》。因此,教师是按照法律法规为国家和社会培养各类高素质或实用型人才的一种职业。在社会发展中,教师是人类文化科学知识的继承者和传播者。对学生来说,教师又是学生智力的开发者和个性的塑造者。因此,人们把"人类灵魂的工程师"的崇高称号给予了人民教师。

《中华人民共和国教师法》

(二) 学前融合教育教师的内涵

融合教育教师是指能够在普通课堂中应对多样化儿童需要(包括特需儿童需要)的教师,这样的教师既有普通教育教师的素养,又能开展特需儿童的教育工作。① 与普通教育教师相比,融合教育教师有多重角色和身份。

1. 学前融合教育开展的推动者

学前融合教育在我国刚刚起步,社会舆论、家长和普通儿童支持以及幼儿园全体教师的协作,对幼儿园融合教育顺利开展都起着不可或缺的作用。学前融合教育教师作为融合教育开展的主要承担者,同时肩负着传播融合教育意义、作用及吸纳更多的人参与学前融合教育工作的角色。如适时地向普通儿童和家长以及相关人员介绍融合教育与各类特需儿童的相关知识;主动与幼儿园内普通幼儿教师协商融合教育的事宜;等等。

2. 学前融合教育环境的创建者

学前融合教育教师为了最大限度地满足全体儿童的不同需要,特别是特需儿童的多样性需要,肩负着创建易于全体儿童,特别是特需儿童理解的环境的任务。如对有语言发展障碍的儿童,教师要在园内、教室内用相关的图

---

① 倪萍萍,昝飞.国外职前融合教育教师培养模式及其对我国的启示[J].基础教育,2015,12(1):93-99.

片作为指示,以便于语言障碍儿童理解;对听觉敏感的孤独症儿童,教师要在园内或班内创建减少高频音的环境等。

3. 特需儿童教育的支持者

学前融合教育教师的主要工作是完成幼儿园融合教育任务。其中融合教育教师在设置活动内容与目标时,要充分照顾到每一个儿童,特别是要为特需儿童制订个别化教育计划,并科学安排各类能提高特需儿童各项能力的活动。实现学前教育让每一个儿童都成为活动受益者的公平教育目标。如在设计以语言领域为主的活动时,融合教育教师要考虑语言发展障碍儿童无法参与活动的问题,可以多设计手势和表情辅助以帮助活动开展,以达到尽可能让每个儿童都能参与活动、体验活动的乐趣,实现融合教育目标等。

二、学前融合教育教师的素质要求

在我国,目前学前融合教育工作的承担者绝大多数是专为普通幼儿园培养的学前教育专业的教师,这些教师缺乏最基本的学前融合教育的理论知识以及特殊教育的实践能力。特别是近几年来,面对特需儿童呈现出的问题类型多、程度重、多重表现等现实问题,教师更显得手足无措。因此,为确保特需儿童获得高质量的学习机会和效果,提升学前融合教育教师的专业水平成为我国学前融合教育中亟须解决的问题。为此,教育部于2012年和2015年分别印发了《幼儿园教师专业标准(试行)》和《特殊教育教师专业标准(试行)》,并提出学前教育教师和特殊教育教师在师德、专业知识及专业技能等方面的素质要求。当前,教育界越来越不赞成将教师细分为特殊教育教师和普通教育教师,而普遍认为"我们只需要一种教师"[1]。这表明,融合教育在逐渐成为教育界发展趋势的同时,对融合教育教师的培养提出了高要求。作为学前融合教育教师,应具备怎样的素质呢?

---

[1] 孟万金. 全纳教育理念下教师专业素质及专业化标准研究[J]. 中国特殊教育,2008(5):13-17.

(一) 相关研究

1. 学前融合教育教师素质研究

学前融合教育教师要求尽量满足每个学生的一般需要和特殊需要。其素质是在融合教育教学的情境下,实现所有儿童在同一场域中共同进步和有效发展的实然融合性特征与品质。[①] 由于学前融合教育教师要在同一场域中对所有儿童开展有效教学,因此,学前融合教育教师应是复合型人才或是融合普通幼教与特需儿童教育知能于一身的教师。孙珂和孙玉梅在其研究中提出,学前融合教育教师素养并不是学前教育教师素养与特殊教育教师素养的简单叠加,而是在两者相似性与差异性基础上的有机组合(见表2-2)。其中,专业理念与师德维度要求教师具备良好的个人修养,以贯彻融合教育理念,同时注重教育机会、过程及结果公平,将特需儿童的缺陷视为不同儿童之间的差异,并因材施教。面对不同发展水平及速度的普通儿童和特需儿童,学前融合教育教师要持有更加完备的心理素质来面对挑战。专业知识维度强调学前融合教育教师对以融合教育知识为主干的复合型知识的掌握。专业能力维度则要求教师需要具有同时促进普、特儿童发展的实践技能,以及教师职业本身应具备的反思与发展、合作沟通等能力。[②]

表2-2 学前融合教育教师基本素质的构成

学前融合教育教师的基本素养	
专业理念与师德	明确学前融合教育理念 坚持教育公平 理解儿童的多元化 教育与生活结合(保教结合、教康结合) 具备良好的个人修养
专业知识	相关法律法规 普通儿童及特需儿童特征 心理学及生理学知识 学前融合教育课程与教学知识 通识性知识(融合教育发展知识)

[①] 周丹,王雁.美国融合教育教师素养构成及启示[J].比较教育研究,2017,39(3):89-95,100.
[②] 孙珂,孙玉梅.学前融合教育教师专业素养构建探究[J].现代特殊教育,2018(12):19-24.

续表

学前融合教育教师的基本素养	
专业能力	环境创设与利用 融合教育活动设计、组织、实施的能力 制订个别化教育计划的能力 多元评价的能力 合作教学的能力 与家长、同事、社区沟通合作的能力 应对不同类型特需儿童所需的特定技能 反思与发展的能力

2. 融合教育教师素质影响因素研究

我国学者王雁等人的研究发现,在从事融合教育的前15年,教师的融合教育知识素质及技能素质随教龄的增长而上升。① 关于融合教育教师素质外部影响因素的研究中,有研究者认为教师身份及待遇,尤其是我国缺乏专门的资格认证,从事融合教育的教师专业身份不明确,待遇不能落实,因而会影响到其对融合教育的积极性。② 还有研究发现,班级规模、依据学业水平对普通教育教师的考核及行政领导等身边人员的融合教育素质影响了教师的融合教育素质。通过调查研究发现,融合教育教师所获得的课堂支持与专业素质有着共变关系,领导态度、物理环境调整、融合氛围、专业人员配备、教辅教具配置对专业素质具有显著的影响。

3. 融合教育教师职责研究

2006年,我国学者方俊明就融合教育与教师教育进行研究,认为实现融合教育要从教师教育开始,并提出在融合教育中,任何教师都要能履行其职责:① 充分了解每一个特需儿童和普通儿童,能为不同的儿童制订个别化的教育教学计划和安排相应的活动。② 明确教育目标是支持儿童正确学会知识和做出适当的行为,促进他们的发展,将每一个儿童都作为课堂教学中的受益者。③ 充分发挥学生的潜能,避免由于标签效应而限制某些儿童的学习能力和人格发展。④ 重视发挥各种教育活动在融合教育中的价值与功能,要鼓励发展普通儿童和特需儿童共同参加活动与相互学习。例如,通过戏剧表

---

① 王雁,王志强,冯雅静,等.随班就读教师专业素养现状及影响因素研究[J].教师教育研究,2015,27(4):46-52,60.

② 李拉.论随班就读教师队伍的专业化[J].教育理论与实践,2014(17):21-23.

演、艺术、自然行走和玩水游戏等活动来促进儿童在不同发展领域内(如认知、社会、交流、运动、自我照料等)的发展。①

同时,教师要善于创设有利于每个孩子学习的环境,并要参与到有利于促进儿童发展的活动中,与每个儿童形成良好的互动。要做到这些,更需要融合教育教师具备更多的知识、能力、热情与技巧。

4. 融合教育教师课程执行力研究

2017年,我国学者颜廷睿、侯雨佳、邓猛对融合教育教师课程执行力进行了研究。他们认为,课程执行力就是教师的课程实施能力,是教师将课程方案与设计付诸教学实践以实现课程目标和标准的能力。它渗透于课程实施的各个环节,并通过教师在课程教学过程中提出问题、分析问题与采取行动解决问题等一系列过程体现出来。②

融合教育教师的课程执行力可以分为四个基本要素:融合课程领悟(融合课程意识与融合课程认知)、融合课程内化、特殊学生感知、融合课程操作(课程设计能力、课程教学能力、课程评价能力),见图2-1。

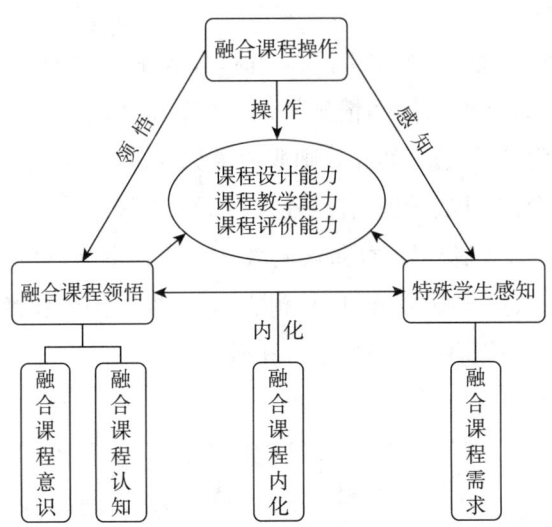

图2-1 融合教育教师课程执行力的基本要素

---

① 方俊明.融合教育与教师教育[J].华东师范大学学报(教育科学版),2006(3):37-42,49.
② 颜廷睿,侯雨佳,邓猛.融合教育教师课程执行力的内涵、结构及发展策略分析[J].中国特殊教育,2017(7):3-9.

（二）学前融合教育教师的基本素质

浙江嘉兴大学的学前教育专业，自 2012 年开始就逐步探索培养"融合特色幼儿教师"，2019 年结合教育部颁布的《学前教育专业认证标准》和 2012 年颁布的《幼儿园教师专业标准》，制定了具有融合特色的幼儿教师的培养目标及素质要求。其具体内容如下。

1. 培养目标

本专业的培养目标是培养德、智、体、美、劳等方面全面发展，适应现代社会经济发展，富有仁爱之心，具备良好的人文和科学素养，学前教育专业理论基础坚实、技能扎实并掌握一定的特殊教育和学前融合教育的基本知识与技能，具有创新精神、融合教育实践能力、专业发展能力和国际视野，能够在各类保教机构从事保教、融教、研究和管理等工作的高素质、融合型、应用型特色幼儿教师。

2. 素质要求

（1）践行师德

① 师德规范。践行社会主义核心价值观，增进对中国特色社会主义的思想认同、政治认同、理论认同和情感认同，坚持教育公平。贯彻党的教育方针，以立德树人为己任，遵守幼儿教师职业道德规范，依法执教。有融合教育理念、有道德情操、有扎实学识、有仁爱之心，为人师表。

② 教育情怀。具有从教意愿，认同教师工作的意义，尊重儿童及其之间的差异；富有爱心、责任心，工作细心、耐心，以及拥有关爱和接纳特需儿童之心；做全体儿童身心健康成长的启蒙者和引路人。

（2）学会教学

① 保教知识。具有一定的人文和科学素养，掌握学前教育专业基本知识和相关学科知识，以及一定的特殊教育、早期教育、融合教育的知识；掌握幼儿园教育教学的基本方法和策略。

② 保教能力。能运用婴幼儿保育与教育知识，科学规划一日生活；具备观察与分析婴幼儿行为的能力，幼儿园活动设计（包括融合教育活动设计）、组织与实施能力，特需儿童融合教育能力，运动与健康教育能力，早期教育能力，环境创设与利用能力，与家长沟通交流能力，教育评价和研究能力等。

(3) 学会育人

① 班级管理。掌握幼儿园班级管理和特需儿童融合教育班级管理的特点，建立班级秩序与规则；合理规划利用时间与空间，创设良好班级环境；充分利用各种教育资源，发挥自身榜样作用，为全体儿童建立良好的同伴关系和师幼关系，营造良好的班级氛围。

② 综合育人。了解婴幼儿及特需儿童社会性与情感发展的特点和规律，注重培养儿童良好意志品质和行为习惯；理解环境育人价值，重视园所文化和一日生活对婴幼儿发展的价值；综合利用幼儿园、家庭和社区各种资源，充分利用多种契机实施家园共育，实现随机育人与全面育人。

(4) 学会发展

① 学会反思。具有终身学习专业知识的意识与能力，了解国内外学前教育改革发展和学前融合教育动态，能够适应时代和教育发展需求，主动进行学习和职业生涯规划，初步掌握反思方法和技能；具有一定创新意识，运用批判性思维方法，学会分析和解决学前融合教育中的问题。

② 沟通合作。理解学习共同体和学前融合教育团队的作用，具有团队协作精神，掌握沟通合作技能，具有小组互助和合作学习的能力；具备与合作共同体或团队成员沟通交流的知识与技能。

三、学前融合教育教师的培养

(一) 学前融合教育教师现状

随着国家颁布的各项特殊教育相关政策的落地实施，进入普通幼儿园接受融合教育的特需儿童越来越多。开展高质量的学前融合教育已成为家长、教师及时代的共同诉求。但是在学前融合教育实践中，幼儿教师是承担工作的主力军，他们面临着诸多挑战和问题，其中缺少专业支持是我国学前融合教育推进过程中幼儿教师普遍面临的突出问题。[1]由此，学前融合教育教师队伍现状比较堪忧。

---

[1] 欧阳新梅，张丽莉.专业学习共同体:学前融合教育的有效支持模式[J].2019(22):44-47.

1. 在职教师现状

胡思思等人将上海市235名融合幼儿园教师作为被试,调查了其对特需儿童及学前融合教育的态度。结果发现,融合幼儿园教师对特需儿童有一定的了解(见表2-3),但接纳度不高(见表2-4)。多数教师认为,融合教育存在的主要困难是幼儿园师资力量不足、特需儿童及普通儿童家长观念落后、特殊教育政策保障不完善。同时,教师认为其本身应提升和具备的能力主要有特殊教育基础知识、儿童行为问题矫正技术和儿童心理辅导技术。①

学前融合教育在职教师现状

表2-3 融合幼儿园教师对各类特需幼儿的了解程度统计

了解程度	弱智	视障	听障	学习障碍	情绪和行为障碍	言语和语言障碍	肢体障碍	病弱	孤独症	多重障碍	天才
非常了解	9.4%	6%	4.7%	11.9%	12.3%	10.6%	7.7%	6.8%	12.3%	4.3%	3%
有点了解	55.7%	42.1%	38.7%	50.2%	60.4%	59.6%	45.5%	45.6%	60.8%	33.2%	29.8%
不太了解	30.2%	40%	42.6%	33.2%	24.3%	26%	38.3%	37%	22.6%	48.5%	48.5%
很不了解	4.7%	11.9%	14%	4.7%	3%	3.8%	8.5%	10.6%	4.3%	14%	18.7%

表2-4 融合幼儿园教师接纳特需幼儿的类型

	言语和语言障碍	天才	病弱	听障	孤独症	智障	学习障碍	肢体障碍	视障	情绪行为障碍	多重障碍
接纳人数	111	100	87	58	52	46	45	35	32	22	10
加权占比	18.3%	16.5%	14.3%	10.2%	9.5%	7.6%	7.4%	5.7%	5.3%	3.6%	1.6%

吴杨对幼儿园教师融合教育素养进行了调查研究。在全国范围内采用方便取样的方式选取幼儿园教师为调查对象,覆盖了包括东部、中部、西部共

---

① 胡思思等.上海市融合幼儿园教师对融合教育的态度调查[J].现代特殊教育,2019(16):68-73.

23个省份、3个直辖市。从问卷调查和访谈结果来看,我国幼儿园教师在融合教育素养态度、知识、技能与获取支持的能力四个维度上的得分都不甚理想(见表2-5)。

表2-5 幼儿园教师融合教育素养的总体情况[①]

M±S	维度
态度	3.72±0.79
知识	2.85±0.80
技能	3.49±0.80
获取支持的能力	2.76±0.87

幼儿园教师融合教育素养各维度得分高低依次为态度、技能、知识、获取支持的能力。具体情况如下。

(1)态度方面。幼儿园教师普遍认为,特需儿童在普通班级内会得到老师更多的关注,对特需儿童的社会性发展、个性塑造具有积极的作用;但是他们也不否认,开展融合教育会增加教师的工作量,且可能会对普通儿童产生一定的影响。

(2)技能方面。幼儿园教师认为,目前随班就读的学前儿童残疾程度较轻,针对普通儿童的教育教学策略比较容易迁移到残疾儿童身上,并且认为技能积累、摸索,通过模仿专业人士相对比较容易掌握。

(3)知识方面。幼儿园教师普遍认为自己对融合教育政策法规、融合教育的理论、基本原则、具体的教学手段以及残疾儿童的心理与行为特征等都不够了解。

(4)获取支持的能力方面。因为目前我国随班就读的研究和实践更多集中于义务教育阶段,对于学前阶段融合教育的支持和保障都非常匮乏,仅停留在政策层面的呼吁上,幼儿园教师无法从有关渠道获得有效的支持,进而限制了他们的能力。

另外,从调查可知,77%的幼儿园教师均没有接受过特殊教育相关的在职培训。幼儿园教师获取支持的能力相对较差,这是因为目前我国随班就读的研

---

① 吴杨.对幼儿园教师融合教育素养的调查研究[J].中国特殊教育,2017(11):8-13.

究和实践更多集中于义务教育阶段,对于学前阶段融合教育的支持和保障都非常匮乏。欧阳新梅、张丽莉认为,缺少支持是幼儿园教师面临的突出问题,这主要体现在缺少特殊教育专业知识与技能、心理支持和专业人员支持三个方面。①

2. 职前师范生现状

李爱荷等人调查了上海一所师范大学195名的师范生,访谈了9名师范生。调查显示:① 职前教师对于在融合幼儿园工作持不确定态度。这在一定程度上反映出当前师范教育的不足。例如,从专业上看,学前专业学生和特殊学生持肯定态度的比例高于其他专业,尤其特殊学生更愿意到融合幼儿园工作。从年级上看,大四学生的态度会更加积极。② 职前教师对早期融合教育的重要性认识优于可行性。从整体来看,职前教师虽然认可早期融合教育的重要性,比如,在谈及如何看待融合教育教师工作时,有人认为,"所有的孩子都是平等的,希望特需儿童能和普通儿童一起学习玩耍";但对其可行性却表现出担忧,在谈到项目不可行的原因时,有人认为,"有行为问题的特需儿童会对普通儿童造成伤害";还有人认为,"融合班级是小班教学"不可行的原因,小班教学不符合中国国情。②

职前师范生现状

3. 学前专业师范生现状

赵娅琪、李苗对学前师范生对待特需儿童融合教育的态度做了调查研究,选取某师范院校大一到大四的学前师范生为调查对象,调查显示如下。③

学前专业师范生现状

(1)对特需儿童随班就读的态度分析。总体情况,学生对特需儿童随班就读的接纳态度比较消极。74.6%的学生认为特需儿童和普通儿童享有平等的教育权,20.7%的学生表示看具体情况,而支持任何儿童(包括特需儿童)都有在普通年级上课的权利的学生仅占16.4%,不支持特需儿童进入普通幼儿园随班就读的学生则高达78.9%。学前专业师范生有

---

① 欧阳新梅,张丽莉.专业学习共同体:学前融合教育的有效支持模式[J].现代特殊教育,2019(22):44-47.
② 李爱荷,苏雪云,胡碧颖.职前教师对早期融合教育理念和实践认识的调查[J].现代特殊教育,2015(6):13-17.
③ 赵娅琪,李苗.学前师范生对特殊幼儿融合教育态度的调查研究[J].甘肃科技纵横,2015,44(10):81-84,93.

61.8%的学生在对特需儿童的安置方式上更倾向于特殊教育机构,认为随班就读会使普通儿童产生不和谐的优越感而嘲笑特需儿童,引起特需儿童的自卑心理,导致其更加敏感孤僻,不能达到帮助特需儿童更好融入常规环境的效果。

(2)对不同类别特需儿童随班就读的接纳态度分析。统计数据表明,学前专业师范生对不同类别特需儿童是否能够随班就读的接纳态度存在着差别。最容易接纳的特需儿童依次是天才儿童、肢体障碍儿童、言语与语言障碍儿童、病弱儿童、孤独症儿童,接纳态度最为消极的是多重障碍儿童,其次是弱智儿童,再次是听力障碍儿童。

调查同时显示,有78.1%的学生认为有必要在学前专业开设与融合教育相关的课程,80.1%的学生认为要从事学前教育的工作者有必要接受特殊教育知识和技能的培训,这表明普通师范生对学习融合教育知识的态度比较乐观。

纵观我国学者对学前融合教育师资的研究,总体上来说,学前融合教育教师在师资能力和专业素养方面水平较低,不能满足学前融合教育工作的专业性和复杂性需求。同时,作为学前融合教育师资后备力量的师范生,从观念到态度再到知识与能力方面,都没有能力胜任学前融合教育这份复杂且艰巨的工作。学前融合教育师资培养必须要提上大学人才培养的议事日程,且刻不容缓。

(二)学前融合教育教师培养困境

随着我国社会经济的发展,人们对融合教育的理解也在不断深化。我国融合教育的实践开始向学前教育延伸,在一些大中城市开始积极试点学前融合教育。近些年来,我国一些高校和特殊教育学院也开设了学前特殊教育专业,培养专业的特需幼儿教师。这在一定意义上为学前融合教育缺乏师资问题找到了解决问题的办法。但是就毕业后学生的去向来看,大多数是去学前康复机构工作,而非幼儿园。一方面因为融合幼儿园的数量不多,另一方面因为特殊学前专业学生多以学习特需儿童的康复训练为主,普通儿童教育的知能掌握极少,不能胜任融合教育幼儿园的教师工作。因此,研究学前融合教育教师培养与实践才是真正解决问题的办法。张世英的研究发现,我国近年来对学前融合教育研究日益增多,以"学前融合教育"为关键词进行检索,发现2006年只有1篇,而到了2018年已经有19篇,以"学前融合教育"为主

题,检索到 223 篇相关文献。目前有关我国学前融合教育师资培养的研究,焦点主要集中在学前融合教育师资的素质、幼儿教师对融合教育的认识与态度、学前融合教育师资培养的专业与课程设置等方面。① 学前融合教育教师培养的困境主要在以下几个方面。

1. 人才培养的专业尚未建立

一直以来,我国学前教育师资培养主要是由普通高等院校和高等职业院校承担。培养学前特殊教育师资同样要依托高校。目前,无论是普通高等院校,还是高等职业院校培养学前教师主要由下设的学前教育学院或学前教育系来完成,也有高校设立了学前与特殊教育学院,但更多的是在学前教育学院设立特殊教育专业,或者在特殊教育学院设立学前教育专业,尚未有专门培养学前融合教育师资的专业。虽然目前学前教育阶段尚未普遍开展融合教育,这种状况确实影响了高校学前融合教育专业的建设,也说明了高校学前融合教育专业建设与发展的滞后,缺乏对学前教育发展趋势的预判和前瞻。

2. 人才培养的师资队伍薄弱

学前融合教育培养需要有一支复合性强且理论与实践兼备的高校师资队伍。目前,高校尚没有建立学前融合教育师资培养专业,也与此有关。就目前我国高校特殊教育专业的师资队伍来看,高学位和高级职称的师资也很少,不少从事特殊教育师资培养的高校教师,多为心理学、教育学等专业背景,缺乏特殊教育实践经验。如果建立学前融合教育专业,其对师资的要求是既精通学前专业的知与能,又掌握特殊教育的教学规律与康复技术,这样的复合型师资更是少之又少。以南京特殊教育师范学院学前教育学院为例,该院是目前国内规模最大的培养特殊教育师资的本科高校,学院有 30 多名专任教师,但是学前融合教育方向的教师只有 2 名。该校尚且如此,其他高校的情况可想而知。

3. 人才培养的课程与教材不足

近些年来,国内个别高校尝试在学前教育专业培养学前融合师资,从其设置的课程来看,多采用"普通学前教育课程 + 特殊教育课程"的课程设置

---

① 张世英. 我国学前融合教育师资培养现状的分析与思考[J]. 现代特殊教育,2018(22):44-47.

结构。专门为学前融合师资培养量身定制的整合性或融合性课程很少,由此相关的教材也未见出版。

(三) 学前融合教育教师培养策略

针对学前融合教育教师培养存在的困境或问题,考虑国内现有条件,提出如下解决策略。

1. 明确人才培养定位和培养目标

学前融合教育从某种意义上来说是深化教育改革的重要工作。为高校培养学前融合教育师资,首先要明确学前融合教育教师培养的定位和培养目标。学前融合教育教师的定位是在普通幼儿园从事融合教育工作的专业教师。培养目标应是将树立融合教育理念、掌握普通儿童教育的知识结构与能力水平、具备特需儿童教育的知能作为主要内容。根据人才培养定位和培养目标,构建符合现实需求的学前融合教育师资培养的课程体系。

2. 学前教育专业增加学前融合课程

学前融合教育的主力军是幼儿教师,高校的学前教育专业将特殊教育课程中的几门核心课程纳入专业必修课程,帮助职前幼儿教师了解各类特需儿童的生理、心理特点,能够进行相关学前融合教育课程的设计,为入职打好基础。

3. 在职幼儿教师学前融合教育知能培训

多项研究表明,随着特需儿童入园率的增加,在职教师对学前融合教育知能的需求日益增多。为了使更多的在职教师成为学前融合教育的力量,当然更为了解决在职教师工作中的困扰,各地的教师进修学院/校应增设学前融合教育的在职进修课程。此外,还可以通过有师资的高校组织专业教师承办学前融合教育培训班,使在职教师尽早、尽快掌握有关学前融合教育的知识和技能,促进他们自身的教师专业化成长和学前融合教育工作的顺利开展。

拓展阅读[①]

早在1974年,美国联邦政府就颁布"院长基金"以支持各州教师教育机构

---

① 冯雅静,王雁. 美国"双证式"融合教育教师职前培养项目的概况和启示——以田纳西大学早期教育融合教师培养项目为例[J]. 中国特殊教育,2015(3):65-71.

改变普通教育教师和特殊教育教师完全独立培养的局面,在一定程度上实现二者的交汇和融合。后来,在《所有残疾儿童教育法》《不让一个孩子掉队法案》等相关法律政策的规定和支持下,政府更加重视教师培养质量的提升,为包括特需儿童在内的所有儿童提供高质量的教育,美国于20世纪80年代开始了对融合教育教师职前培养的更大范围改革和探索,并持续至今。以"满足融合教育需求"为终极目标,当前美国的教师职前培养项目在项目理念和目标、课程内容、实施方式、评估标准等方面与传统教师培养项目相比都发生了根本性变化,也不断满足着日益多样化的教育对象的教育需要以及对教师培养的更高要求。尽管美国各州在教师资格认证、培养标准以及具体的培养模式上存在一定的差异,但"双证式"培养项目具有较强的普适性和代表性,该类项目将普通教育教师和特殊教育教师的培养完全合并,所有想要从事教师职业的学生参加同一个培养项目,毕业后可同时获得普通教育教师和特殊教育教师双重从业资格,直接体现了融合教育教师培养的最根本要求。目前美国印第安纳大学(Indiana University)、雪城大学(Syracuse University)、普洛威顿斯学院(Providence College)的教师培养项目均采用此类方式进行。

【本章练习题】

1. 简述学前融合教育团队成员及分工。
2. 举例说明学前融合教育团队合作的意义。
3. 试述学前融合教育教师素质。

第三章

学前融合教育课程与设计

教学目标

1. 师德养成目标

通过本章内容的教学,使学生理解学前教育课程与学前融合教育课程是教师完成教育工作的主要载体;充分理解学前融合教育课程的调整对特需儿童享有公平受教育权利的意义。逐渐形成为全体儿童而教、为差异而教的教育理念和师德修养。

2. 知识与能力目标

(1) 知识目标:通过教学,使学生掌握学前融合教育课程与学前融合教育课程调整的相关知识;熟知学前融合教育课程设计范式。

(2) 能力目标:通过教学,使学生初步学会针对两类以上特需儿童的融合教育课程进行调整。

3. 情感与意志目标

(1) 情感目标:通过教学,使学生理解学前融合教育课程及其调整对特需儿童的重要性,从而产生为全体儿童争取公平受教育权利而学习的信念。

(2) 意志目标:通过教学,使学生充分理解教师与课程是学前融合教育实施的关键因素,立志为学前融合教育努力读书,培养自身良好的心理素质。

教学重点与难点

1. 教学重点:学前融合教育课程、融合教育课程调整
2. 教学难点:学前融合教育课程设计范式

拓展阅读

杭州"乐融融"幼儿园课程建设介绍

杭州"乐融融"幼儿园(杭州文汇学校学前部)是一所集学前教育、听障康复教育为一体的杭州市教育局直属公办幼儿园。2009年办园,至今已有15年。2018年被评为浙江省二级幼儿园。幼儿园分康复区和融合区,布局合理、环境优美、康复设备先进。融合区现有6个班级,135名儿童,其中听障儿童19名。幼儿园创建以"保育+教育+康复"为融合特色,注重培养"乐动 乐探 乐群"的"乐宝",为聋健儿童发展奠基。幼儿园构建进阶式融合教育模式。"乐融融"幼儿园是全省融合教育实践基地,也是浙江中医药大学、浙江师范大学杭州幼儿师范学院、浙江特殊教育职业学院等学校的学前教育、特殊教育、康复教育等专业的实践基地。

小班聋健融合音乐活动

学前聋健融合教学活动设计

杭州"乐融融"幼儿园是一所聋健合一、普特融合幼儿园。经过十余年融合教育探索,课程建设和发展经历了三大阶段。

第一阶段:"乐乐种子"融合课程架构的建立。2009年幼儿园开办了"聋健合一"学前部,开始实施"保教+康复+融合"的融合教育。依托杭州文汇学校的办学资源,逐渐形成了"全融合"的安置方式,即"班级教学"与"个别化教学"相结合的课程安排方式,幼儿教师与特殊教育教师相结合的支持方式,言语康复评价与综合发展评价相结合的多元评价方式等,力图提升听障儿童的语言发展和社会化能力。

第二阶段:"乐乐融融"融合课程创生。幼儿园在"保教+康复+融合"的融合教育道路上不断探索。2017年更名为"杭州'乐融融'幼儿园",2020年招收了亲子托班,创建了符合学前儿童身心发展规律的适宜环境,为听障儿童提供观察和模仿普通儿童游戏的机会,激发他们参与普通儿童游戏的热情和发挥其学习潜能。同时,幼儿园根据听障儿童的实际情况,将他们"个别教育计划"的学习目标融进"在园一日生活"的教育目标中。全方位支持,营造出无条件地接纳与有条件地学习相融合文化氛围。自办园以来,共有100多名听障儿童在这里完成了融合式启蒙教育。

第三阶段:"乐乐融融"融合课程优化。自 2021 学年开始,幼儿园教师团队编制了"乐乐"课程纲要及课程实施方案,不断增强课程的融合力,优化课程设计力、执行力、评价力,做好基础课程与康复特色课程的整合,深化课程实施及评价。期望融合课程能真正地支持每一个有特殊教育需要的儿童,自由、健康和快乐地成长。

第一节 学前教育课程概述

学前融合教育课程是学前融合教育组织与实施的落脚点,更是保证学前融合教育质量的关键因素。由于学前融合教育是在幼儿园里开展的一种新形态教育,要了解学前融合教育课程,就要首先知晓学前教育课程的相关知识。

一、相关概念

(一)课程的定义

人类的社会活动都是有目的的活动,作为培养未来一代的教育活动更是有明确目的的活动,课程是达成教育目的的行动方案,是教育活动的指导文件。

我国学者认为"课程"有广义和狭义之分,其中广义的课程指学生在学校应学习的学科总和及其进程安排,而狭义的课程指具体的某一学科。随着终身教育和全民教育理念的出现,西方学者朵尔(Doll)等人认为,课程就是学生在学校的全部经历,而不仅仅只是课堂上学习的知识;艾斯纳(Eisner)认为,课程是一个理论模型,反映出相应领域和系统教育的思想精髓。在深入理解融合教育的理念后,我们认为,融合教育课程理应是反映融合教育思想精髓的一种课程。我国的狭义课程观已经不能适应融合课堂中的情景。[1]

---

[1] 赵勇帅,邓猛.西方融合教育课程设计与实施及对我国的启示[J].中国特殊教育,2015(3):9-15.

（二）学前教育课程的内涵

学前教育课程是实现学前教育目的的手段，是帮助儿童获得有益的学习经验，促进其身心全面和谐发展的各种活动的总和。学前教育课程是我国各级各类教育课程中最基础的一种课程类型，它是同学前教育实践相伴随的，不论学前教育实践的完善程度如何，规模大小如何，它都是一个学前教育课程的展示过程、实施过程。学前教育课程是学前教育实践的指南。

学前教育课程与其他学段课程的不同之处在于，学前教育课程是终身教育的根基课程。首先，学前教育课程应着眼于儿童的发展，不聚焦于某个特定的知识领域。其次，学前教育课程的实施是教师带领儿童不断探索新知的过程。因此，学前教育课程最明显的特征是开放性和灵活性。

二、我国学前教育课程发展概要

新中国成立至今，我国的学前教育课程内容经历了从模仿借鉴到规范创新的发展历程，确立了学科课程与分科教学模式。改革开放后由统一化走向多元化、自主化。20世纪90年代开始进入规范和创新发展时期，多种多样的课程实践模式不断涌现。21世纪以来，在多学科的理论观照下，学前教育课程呈现出创新变革的新局面。[①] 学前教育课程的改革和发展一直没有停止过，具体可以划分为以下三个时期。[②]

（一）20世纪70年代末至80年代初

教育部1979年颁布了《城市幼儿园工作条例（试行草案）》（以下简称1979年《条例》）和1981年颁布了《幼儿园教育纲要（试行草案）》（以下简称1981年《纲要》）两个文件。1979年《条例》指出了"游戏是幼儿的基本活动"，但其"游戏"主要指"教学游戏"，如体育游戏、智力游戏、音乐游戏等；同时，把教学活动称为"作业"。1981年《纲要》一是将"教学"纲要改为"教育"纲要，以

[①] 虞永平,张帅.从模仿借鉴到规范创新——新中国成立70年来幼儿园课程的发展[J].南京师大学报(社会科学版),2019(6):34-48.
[②] 田景正.改革开放40年我国学前教育课程改革的考察[J].教育科学研究,2019(5):60-65.

扭转课程理论与实践中以"教学"代替"教育",从而窄化"教育"内涵的现象;二是提出幼儿园应采用"游戏、体育活动、上课、观察、劳动、娱乐和日常生活"等多种教育手段。这两个重要文件的颁布达到了促使学前教育规范化的目标,明确了幼儿园课程目标、内容和实施途径等。但是,在客观上强化了"上课"的作用,幼儿园普遍把"上课"当作唯一重要的教育手段,出现"重智育,轻德育、体育,重教师教轻学生学,重上课轻游戏"等倾向。[1]

(二) 20世纪80年代中期至21世纪初

1996年国家教委颁布了《幼儿园工作规程》(以下简称1996年《规程》)和2001年教育部颁发的《幼儿园教育指导纲要(试行)》(以下简称2001年《纲要》)两个文件。1996年《规程》中以"引导""组织活动"等词汇替代了"上课"的概念。课程内容强调"综合组织各方面的教育内容",并"渗透于幼儿一日生活的各项活动中"。2001年《纲要》将我国长期以来学前教育课程改革行之有效的经验以课程法规的形式固定下来。在2001年《纲要》中明确了:① 将幼儿园的教育内容划分为健康、语言、社会、科学、艺术五大领域;② 以游戏为基本活动的教育原则被进一步巩固与强调;③ 幼儿园课程的开发和建设应该充分考虑自身的实际情况,努力结合本地、本园、本班开发出适合儿童的课程;④ 指明课程理念的转化,课程由封闭转向开放、由预设转向生成、由关注结果转向关注过程、由关注普适知识转向关注儿童个体经验。

(三) 21世纪以来

2012年教育部颁布的《3—6岁儿童学习与发展指南》(以下简称《指南》)和2016年《幼儿园工作规程》(以下简称2016年《规程》),都更加注重儿童在课程改革中的主体地位。特别是《指南》从"何为科学的学前教育"以及"如何保障科学实施学前教育"提出了新的学习与发展观:一是学习与发展的关系,学习受发展制约,学习又推动发展,因而政府、社会、家庭应努力保障儿童学习的权利;二是儿童主要通过实际操作、亲身体验去模仿、感知、探究,游戏是儿童极有意义的学习过程和学习方式,儿童生活是其重要的学习途径;三是

---

[1] 唐淑,孔起英.幼儿园课程基本理论和整体改革[M].南京:南京师范大学出版社,2010:151.

强调培养儿童学习品质的重要性。学习品质主要指学习态度、行为习惯、方法等与学习密切相关的基本素质。

第二节 学前融合教育课程

学前融合教育是一种全新的教育形式,融合幼儿园更有其特殊性,其课程组织与实施是保障融合教育质量的重要手段。为此,学前融合教育课程应是融合教育教师必须掌握的重要内容之一。

一、融合教育课程的概念

2009年,联合国教科文组织明确指出,融合教育课程作为实现融合教育的重要途径之一,其核心意义在于将融合的原则诉诸教育行动。通过分析融合教育的内涵,融合教育要改变传统课程标准化的、封闭式的、不考虑学生异质性特征的课程设计方式,要以实现教育公平与提升教育质量为目标设置课程。因此,融合教育课程应是普通学校为满足所有学生不同学习需求、学习风格以及文化背景等多方面的差异而设计的弹性的(flexible)、相关的(relevant)和可调整的(adjustable)综合课程体系。[①]

二、学前融合教育课程的定义及内涵分析

如前所述,我国《幼儿园教育指导纲要(试行)》中指出,幼儿园教育内容可以相对划分为健康、语言、社会、科学、艺术五个领域,也可进行不同的划分。各个领域的内容相互渗透,从不同的角度去促进幼儿情感、态度、能力、知识、技能等方面的发展。可以说,幼儿园课程是实现幼儿园教育目的的手段,以儿童全面发展为目标,体现"全人教育"的思想,满足儿童多方面的发展

---

① 赵勇帅,邓猛.西方融合教育课程设计与实施及对我国的启示[J].中国特殊教育,2015(3):9-15.

需要,帮助儿童获得有益的学习经验的各种活动总和。幼儿园课程是以活动组织为主要形式,其隐性课程的特点非常突出。

学前融合教育是在幼儿园阶段为儿童实施的早期融合教育,其课程应是以普通幼儿园活动内容为基础,考虑不同儿童的身心发展水平、发展需求和能力水平等,利用一日生活的各时段和内容设计弹性的、相关的和可调整的综合性课程。由于融合教育课程是融合教育由抽象理念转变为具体实践的渠道和工具,其不同于传统课程(包括传统普通学校课程和传统特殊学校课程)的地方在于,课程中渗透了融合教育的基本精神和原则。

第 48 届国际教育大会(ICE)明确指出,融合教育课程应该能够反映促进融合社会的因素,如更加均等的机会、重视差异性和消除歧视等。具体分析学前融合教育课程的内涵,不难看出以下几点。

1. 学前融合教育的课程要面向全体儿童

平等地接受教育,享受公平的受教育权利,是一项基于"人人生而平等"的人权诉求。学前融合教育课程设置一定要考虑全体儿童的生理和心理水平。实施学前融合教育的幼儿园或机构应当通过提供各种资源、设备与服务,减少和消除儿童进入课程的障碍,实现课程的"零拒绝"。这就要求从事学前融合教育的幼儿园全体人员对融合教育的内涵有充分的认识,并能从观念到行动上,从时间到资源上保证学前融合教育面向全体儿童。

2. 学前融合教育课程强调人人参与

《融合教育共享手册》指出,融合教育课程必须具有足够的灵活性,以适应来自不同社区、宗教、语言、种族的学生需要,同时课程要能根据个人需求进行调整,这需要教师采取一系列本土化、个性化的支持策略,如替代性目标、课程分层、延长测试时间等。因而融合教育课程不能受到国家或中央的严格限制,教师要有充分的课程调整权。学前融合教育幼儿园的儿童相对来说差异较大,融合教育教师要有一个基本认识,即所有儿童都有权利参与到课程中并成为课程的贡献者。这就要求全体幼儿教师在课程安排上要根据儿童的需要灵活地调整,保证每个儿童都能够从课程中体验到参与感,才是真正实现了学前融合教育。

3. 学前融合教育课程要尊重儿童的差异

弗洛里安(Florian)指出,融合教育很重要的标志在于它把学生间的差异

性当作人类发展过程中一个普遍意义的特征去对待并接纳。[①] 课程的设计、实施和评价必须考虑到学生的差异性需求以确保"所有人都能使用"。学前融合教育的课程要在各层面上照顾儿童的个体差异,特别是要尊重特需儿童的身心特点、发展需求和能力水平,使每个儿童在融合教育幼儿园中都能被同等重视。这要求融合幼儿园教师要充分理解特需儿童的发展现状,了解每个儿童的差异和行为能力,尊重每个儿童。

4. 学前融合教育课程要让每个儿童得到发展

学前融合教育的目标是让每个儿童都得到发展。因此,学前融合教育课程安排不是走走形式,而是让全体儿童有被融入的体验,并在融入的课程中让儿童感受到"成就"乐趣,以提高全体儿童的自尊、自信水平。这除了要求课程要能充分适应全体儿童的发展需求,更要对课程评价机制进行调整,不把课程评价看作简单的衡量儿童能力水平的工具,而是衡量儿童的整体价值和潜能。正如布莱克(Black)等人认为,课程评价不是惩罚学生的工具,而是一种支持学生学习的资源,尤其对处境不利的学生而言更是如此。

三、学前融合教育课程相关研究

随着融合教育在各国的推进,国内外的研究者们开始关注与融合教育课程相关的问题研究。

(一)关于融合教育课程是什么的研究

早在 20 世纪 90 年代,人们就开始探讨诸多问题:是向教室内所有儿童提供同样的还是不同的课程? 是向特需儿童提供高水平还是打折扣的课程? 探讨的结果:传统的普通学校课程不能满足教室内多样的学习需要;融合学校要实现"所有儿童都能获得成功"的教学目标,其课程必须针对所有儿童。融合教育课程首先是一种"共同课程"(Common Curriculum),即供所有儿童

---

① Florian L. Special or Inclusive Education: Future Trends[J]. British Journal of Special Education, 2008, 35(4): 202-208.

学习的课程,如英国 1988 年教育法确立的"国家课程"(National Curriculum)。① 这种共同课程以儿童生理、心理一般发展阶段的特点为基础,确定某一年龄阶段儿童应该达到的基本技能与学业水平,从而确定学校课程目标与内容,为儿童将来顺利地过渡到成人生活奠定基础,这种课程亦称为一般发展性课程(Normal Developmental Curriculum)或功能性课程(Functional Curriculum),它既重视学生的学业发展领域,还包括学生的行为、情感、社会交往、人际关系等目标。②

(二) 关于融合教育课程特性的研究

关于融合教育课程的特性,多项研究认为融合课程强调课程的共同性,即提供同样的、高质量的课程给所有儿童,要求那些有特殊教育需要的学生最终也要达到和正常儿童一样的课程目标。因此,融合课程内容应该包括普通学校的基本课程。我国学者邓猛认为,全纳学校的课程设置应该具备弹性,体现学生学习能力的多样性,反映不同学生的不同特点与学习需要。在课程调整上,要注意以下三点:一是课程准入,即要确保每个学生都能平等且充分地参与到学校各种教学和活动中,不得因学生的残疾而将学生排斥在教学活动之外;二是要为残疾学生提供相关的资源和服务;三是课程分层,即不同能力的学生学习不同的课程内容。③ 课程的选择也应考虑以下方面:一是课程的实用性;二是课程要兼顾儿童的心理年龄和生理年龄;三是课程要具有统整性;四是课程要具有适当的挑战性;五是课程要以社区为导向;六是课程要强调提升人际能力。④

四、学前融合教育课程形态

我国学者赵勇帅、邓猛在研究了西方融合教育课程设计后指出,融合教

---

① Organization for Economic Cooperation and Development. Inclusive Education at Work: Students with Disabilities in Mainstream Schools[M]. Paris: OECD Publishing, 1999:57.
② Jenkins, J. R., Pious, C. G., Jewell, M. Special Education and the Regular Education Initiative: Basic Assumptions[J]. Exceptional Children, 1990, 56 (6):479 – 491.
③ 邓猛. 关于全纳学校课程调整的思考[J]. 中国特殊教育, 2004(3):3 – 8.
④ 于松海, 王波. 学前全纳教育中自闭症幼儿的教育建议[J]. 中国特殊教育, 2006(8):9 – 12.

育课程内容的划分应基于融合教育的有效性维度来进行:① 学业课程,该课程以学生的学业成就为目标导向,也是融合教育课程的核心内容;② 社会发展课程,该课程以学生的社会适应与发展性能力为目标导向;③ 补充课程,该课程以生活技能和社会转衔任务为主要内容。①

(一) 学前融合教育课程内容结构形态

幼儿园课程不是书面的符号系统,不是静态的知识,而是具有动态性、过程性和情境性的,是儿童积极投入其中的多样化的活动。② 幼儿阶段的学习主要以游戏形式为主,学习内容基本上没有统一的规定和要求,即没有统一的活动大纲和教材。这给学前融合教育带来了更大的便利。针对学前教育和学前融合教育的特性,我们认为社会发展课程与补充课程是幼儿园融合教育课程的主要内容结构。

1. 社会发展课程

该课程是在《幼儿园教育指导纲要》中规定的活动内容基础上,针对融合教育的实际需要安排的课程。其主要以发展全体儿童的社会功能为目标,帮助儿童理解社会角色,并能在不同的环境中与不同的人进行交往;学会倾听、等待、守秩序;理解并尊重他人。对于特需儿童来说,社会性发展能力对提高他们的独立性、对学校与社区的参与能力以及个人生活体验至关重要。同时,重视儿童社会适应与发展能力与融合教育的理念是一致的。③

2. 补充课程

主要指园本课程或班本课程,是由融合教育幼儿教师针对本园或本班融合教育的实际情况设计的课程,如卫生习惯养成、生活自理能力训练、性别角色认知、日常对话练习、生活常识认知等方面的课程。

因此,学前融合教育教师的主要任务是重新审视本园或本班全体儿童的发展需要与个别需要之间的关系,并对活动目标与内容进行思考,加以适时的调整或整合,以满足融合活动中儿童的发展需要与能力水平。教师必须保

---

① 赵勇帅,邓猛. 西方融合教育课程设计与实施及对我国的启示[J]. 中国特殊教育,2015(3):9-15.
② 虞永平,朱佳慧. 尊重学前教育规律是推进幼儿园课程改革的根本问题——南京师范大学虞永平教授访谈录[J]. 江苏幼儿教育,2018(2):4-6,21.
③ 邓猛,雷江华. 培智学校课程改革与社会适应目标探析[J]. 中国特殊教育. 2006(8):17-21.

证所有的儿童，包括特需儿童，通过融合教育课程最后都能达到特定社会要求的成人目标与能力。[1]

拓展阅读

阿什曼和埃尔金斯(Ashman & Elkins)在所著的《特殊需要儿童教育》一书中介绍了融合教育课程的主要内容结构(见图3-1)。

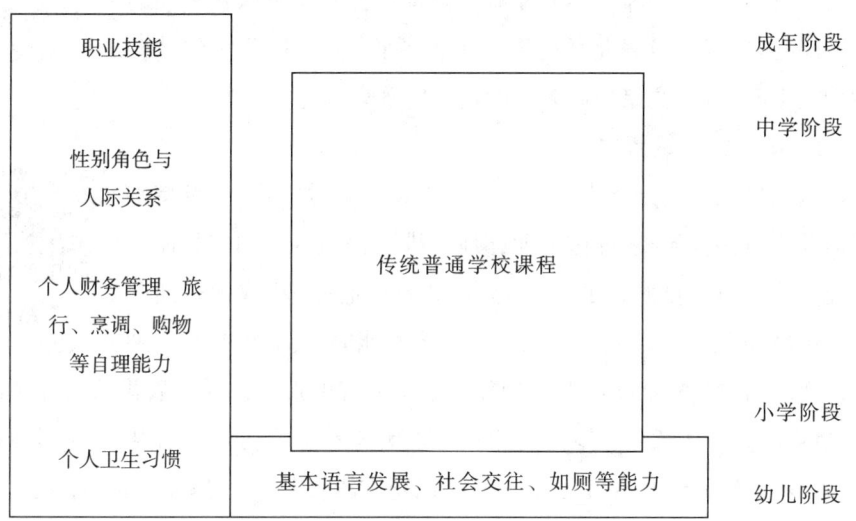

图3-1 融合教育课程的主要内容结构

（二）学前融合教育课程设置形态

我国学者周念丽、方俊明在调查研究了我国早期融合教育情况后认为，2012年以前我国开展学前融合教育的普通幼儿园非常少，主要是一些民办的幼儿园与康复机构在探索学前融合教育。[2] 因此，可以说我国学前融合教育课程设置在2012年之前还不成规模和形态。江苏省南京市聋人学校周秋红在2019年对各地学前融合教育的典型经验进行了梳理分析，认为目前融合幼

---

[1] Jenkins, J. R., Pious, C. G., Jewell, M. Special Education and the Regular Education Initiative: Basic Assumptions[J]. Exceptional Children, 1990, 56(6):479-491.
[2] 周念丽,方俊明.医教结合背景下早期融合教育的实证研究[J].上海教育科研,2012(7):38-41.

儿园课程结构形态主要有三种,即独立课程设置、普通幼儿园课程体系下的个别化教育和高宽课程体系下的个别化教育。①

目前,研究者对学前融合教育课程设置形态的研究很少,通过研究与实践认为,我国学前融合教育课程形态主要有以下三种。

1. 合分结合设置内容

这一形式主要是指特需儿童在自身能力可行的情况下,与普通儿童一起参与同样的活动。而在固定时间将特需儿童单独抽离出来,针对他们的障碍类型和需要设置与普通儿童课程不同的独立课程,如言语障碍儿童的语言训练课程、孤独症儿童的社会性功能提高课程、情绪障碍儿童的情绪管理课程等。

合分结合设置内容

2. 同异结合设置内容

这一形式主要是指在同一个活动中,教师根据每个儿童特别的需要进行课程调整,即因人而异地安排课程内容。如在特需儿童能力许可时安排同样的活动内容,儿童一起完成,或由普通儿童帮助特需儿童一起完成。在特需儿童不能完成活动时,可以通过改变活动内容的难度或者减少部分活动内容的形式来单独安排特需儿童的活动内容,如对注意力有障碍的儿童可以减少静态活动时间或内容;对孤独症儿童以不妨碍其他儿童活动为前提,可以安排他们去做自己喜欢的活动等。

同异结合设置内容

3. 因需设置课程内容

这一形式主要是指教师在设计和指导以区角活动或自主活动为主的课程时,以不同儿童的需要为依据设置活动内容或材料投放。如当特需儿童能力许可时,教师可以放手,不做过多的干涉和指导,让他们自己主动与材料互动,让特需儿童从操作中获得经验与知识。当特需儿童的能力不及时,教师可适当地帮助或协助他们与环境和材料互动,帮助他们满足需要等。

因需设置课程内容

总体来看,我国学前融合教育课程从内容到结构再到形态都还没有形成完善的体系,需要广大从事学前融合教育工作的教师和相关研究人员合作,以深入进行研究和实践。

---

① 周秋红. 区域推进学前融合教育的现状与对策分析[J]. 现代特殊教育,2019(13):12-15.

第三节　融合教育课程调整

为了使特需儿童在普通学校里获得有效的教育,教育工作者对普通教育课程进行改造或调整是必需且重要的工作。国内外学者研究认为,课程的融合是融合教育最高也是最难的目标。[①] 实施融合教育的教师能够提供什么样的课程,直接影响着特需儿童的受教育水平。所以说,作为教师首先需要弄清楚"为什么调整"、"调整什么"以及"如何实现有效调整"的问题。

一、课程调整的目的

众所周知,"同质性"是普通学校班级授课制的明显特征。孔子时期就提出的"因材施教"为融合教育的开展提供了学理上的依据。课程调整的目的简要说就是以残疾儿童的个体差异为基础,满足他们的特殊教育需要,提高残疾儿童接受教育的质量和水平,促进教育公平从机会平等向实质平等方面发展。具体来说,课程调整的目的有以下几个方面。

(一) 真正满足儿童的特殊教育需要

融合教育中特需儿童由于先天或后天造成的身心方面问题,不能适应普通教育中整齐划一的学习要求。因此他们在学习方面存在各种各样的困难,所以课程调整的首要目的也是最直接的目的,就是通过外部因素的改变,满足他们的特殊教育需要。这些外部因素主要有教育环境、教学信息传输、课程设置、教材呈现、教学工具五个方面。[②] 如果忽视残疾儿童的这些特殊教育需要,就会导致"随班就坐""随班就混"现象,使融合教育停滞于物理空间"坐

[①] 邓猛.关于全纳学校课程调整的思考[J].中国特殊教育,2004(3):3-8.
[②] 盛永进.特殊教育学基础[M]北京:教育科学出版社,2011:91.

在一起"的"融合"。①

(二) 确保特需儿童受教育的质量

人们认识到隔离式的教育并没有使特需儿童得到应有的高质量教育,那么把特需儿童放到普通学校接受教育,加之以外部环境的改变,以促进特需儿童"内部",即心理面貌、能力水平等全面发展,是一条值得尝试的希望之路。所以只有调整普通学校的学习内容、方法和过程,即通过选取符合特需儿童身心发展特点的课程内容,运用适合他们学习特点的教学方法,安排适合他们发展进程的学习过程,才能实现普通学生和特殊学生的最优化发展。融合教育的目的是使每一个学生在教养、教育和发展方面都达到一定的水平。②

(三) 促进教育公平向实质平等发展

残疾人教育的不公平问题根本源于天赋的不平等,并被镶嵌在社会体制、社会意识中,同时经个体选择和社会竞争等境遇而加重了其弱势和不平等。③融合教育不仅是特需儿童追求公平教育权利的途径,更是特需儿童对教育过程本身的需要。随着社会的进步和教育的发展,太多的事例证明,特需儿童在其获得了充分的环境支持和针对性的教育教学后,他们几乎可以学会正常人能够学会的所有内容。因此融合教育的实质是要使他们通过接受与同龄群体基本一致的课程,获得更好的发展及融入社会的机会。所以融合教育的实施必然要依托课程调整为特需儿童提供有效的、满足他们需要的课程与教学。这里蕴含了对特需儿童的教育关怀,体现了追求教育公平、使他们获得与正常儿童相同学业成功机会的实质平等思想。

---

① 胡少华.融合教育中的课程调整:目的、内容及路径[J].当代教育理论与实践,2020,12(1):42-47.
② 吴式颖,李明德,等.外国教育史教程:第3版[M].北京:人民教育出版社,2015:484.
③ 王培峰.特殊教育政策:正义及其局限[M].南京:南京大学出版社,2015:45.

二、课程调整的原则

以英国为代表的欧洲国家在21世纪前后形成了一种"合理调整"（Reasonable Adjustment）的理念，它要求学校在实施融合教育的过程中，为残疾学生提供必要又合理的调整，以消除对残疾人的歧视，满足特殊需要。[①] 什么是"合理调整"？所谓"合理调整"，是指在针对残疾学生进行一系列调整时，要同时考虑残疾学生的学习需要并平衡各参与方的利益关系，包括残疾学生、学校、教师以及其他学生。因此要进行课程的"合理调整"，必须遵循以下原则。

（一）面向全体儿童最小分层的原则

随着融合教育的发展，更多特需儿童进入普通学校，教师要面对的学生差异不断扩大。因此教师们必须要考虑改变课程，以满足全体学生学习的所有需要，而非"牺牲"大多数能力一般或较弱学生的发展需要，或是为了完成融合教育的任务，把课程调整的重心放在特需儿童身上，忽视了普通儿童的发展需要。所以课程的"合理调整"原则之一是面向全体儿童，并且提供的不是"一刀切"的课程，是以满足不同学习能力与需要为目的的具有弹性的课程。[②] 为此，要采用"最小分层"方式以适应课堂内多样化的特点与需要。何谓"最小分层"，这是西方融合课程调整中提倡的原则之一，其内涵是根据学生需要，为他们提供从完全同样到完全不同的课程分层与选择范围。从"最小分层"的实践经验中发现，课程的分层并非意味着一定要提供完全不同的课程。事实上只有极少数学生需要单独设计完全不同的替代性课程。大多数特殊学生采用经过很小修改的，甚至是相同的课程即可满足他们的教育需要。[③] 因此，最小分层的目的是实现"最小调整，最大融合"，直至实现有特殊教育需要学生的完全融合。

---

① Porter J, Georgeson J, Daniels H, et al. Reasonable Adjustments for Disabled Pupils: What Support do Parents Want for Their Child? [J]. European Journal of Special Needs Education, 2013, 28(1): 1-18.
② 邓猛, 颜廷睿. 融合教育理论反思与本土化探索[M]. 北京:北京大学出版社, 2015:123.
③ 邓猛, 颜廷睿. 融合教育理论反思与本土化探索[M]. 北京:北京大学出版社, 2015:124.

（二）考虑差异调整课程要素的原则

作为普通学校的教师，在班级授课制的组织形式下，兼顾共性与个性，绝非易事。作为融合教育的教师既要关注个别化又不能过度个别化，以免造成隔离，所以就难上加难。有研究者认为，课程调整就是对课程要素的调整，即在了解全体学生教育需要的基础上，对课程的目标、内容等进行调整。张文京认为，课程调整是将普通班的课程目标、内容以及方法等与随班就读学生教育诊断相比较，找到随班就读学生的学习起点、兴趣、风格、特点、水平，在尊重学生学习特点的基础上进行调整。① 维拉（Villa）等指出，课程调整是为提高学生的学业表现与活动参与的积极性而进行的教学环境、方法、材料方面的任何改变。② 康福特（Comfort）则认为，课程调整涉及课程中的一系列教学元素，如内容知识、教学方法和学习结果。还有研究者并未将二者明确区分，如纳里（Narry）等认为，课程调整是依据不同的学生需要而改变内容、教学方法和学习结果。③ 依据我国对课程要素的常规划分，即将课程目标、课程内容、课程实施、课程评价作为课程调整的四个要素，构成课程调整的内容，教师可以从特殊学生的需要出发，选择调整其中一个要素或者多个要素，也可以同时调整四个要素。而当四个要素都进行了调整时，则可能会形成与普通学生完全不同的替代性课程。④

（三）多方位协同合作的原则

融合课程的调整是一项繁重而系统的工作，并非普通教育教师与特殊教育教师双方努力即可完成。它需要多种资源（人力、物力和财力等）、辅助设备（软件和硬件等）、改编的教学材料（已有材料和改编所需资料等）、人员（合作教师与其他专业服务人员）等的参与与投入。并且在诸多投入中，人员的相互配合和协作也是关键因素。其中参与人员融合教育的理念，对不同类型特需儿童的心理、行为与能力的了解与熟知以及对融合教育模式、方法与

---

① 张文京.弱智儿童个别化教育与教学[M].重庆：重庆出版社，2005：181-183.
② 邓猛.融合教育与随班就读：理想与现实之间[M].武汉：华中师范大学出版社，2009：245.
③ 申仁洪.从隔离到融合：随班就读效能化的理论与实践[M].重庆：重庆大学出版社，2014：167.
④ 韩文娟，邓猛.融合教育课程调整的内涵及实施研究[J].残疾人研究，2019（2）：70-76.

手段的掌握等,决定着融合课程多方位协同合作的效果与课程调整的适宜性等。

三、课程调整的内容

课程调整的内容就是指要"调整什么"。课程调整一定要在充分理解什么是课程的基础上进行。随着终身教育观念的出现,人们对课程的定义有了更全面的认识,如凯莉和韦尔加森(Kell & Vergason)认为,课程是指学生在学校的全部经历;布鲁贝克(Brubaker)认为,课程是指一个人人生的全部经历。[①] 站在这种课程理念的立场上,针对特需儿童的课程应该是广义上的,即泛指有特殊教育需要的人士根据自己的需要在学校学习、参加各种活动以及在家庭、社区接受各种有针对性的训练、辅导与活动安排。为此,融合教育的课程就应该不仅包括传统的语文、数学等学科,更应该包含自理能力、社会交往、职业技能等方面的内容。[②] 所以,融合教育课程调整的内容应该包括以下主要方面。

(一)针对课程目标的调整

课程目标是课程设计、课程实施和课程评价的出发点。美国课程论专家泰勒(Tyler)指出,我们如果要系统地、理智地研究某一教育计划,首先必须确定所要达到的各种教育目标。[③] 融合教育课程目标的调整主要考虑两个方面。一是要从不同层面对课程目标进行调整。我国的课程目标,就一个学科或一门课程的目标而言,常以"知识与技能""过程与方法""情感态度与价值观"的三维目标为主要内容;围绕学校总课程来说,课程目标有课程的总体目标、学科目标和课堂教学目标。融合教育课程目标的调整就是既要面向普通学生,又要针对特需儿童的教育需要,设计出系统的、有层次的且能满足全体

---

① Glenn A., Vergason, B. Dictionary of Special Education and Rehabilitation[M]. Denver: Love Publishing Company, 1990:132.
② 邓猛,颜廷睿. 融合教育理论反思与本土化探索[M]. 北京:北京大学出版社,2015:117.
③ 冯克诚. 泰勒课程理论与《课程与教学的基本原理》选读[M]. 北京:中国环境科学出版社,学苑音像出版社,2006:158.

学生教育需要的课程目标,以实现融合教育的真正目的。二是要从普通学生和特殊学生的身心发展特点出发,对课程目标进行调整,体现出课程目标的适合性。特别要根据特需儿童的障碍类型和程度,降低或减少普通课程中的学科性、知识性目标,增加潜能开发、功能补偿和社会适应的课程目标,即适合他们形成功能性技能和生成性技能的课程目标。

拓展阅读

"知识与技能"目标体现为学生的认知水平和行为方式,是学生持续学习的需要,也是课程的核心目标;"过程与方法"目标是对学习的主动参与以及形成学习能力的要求;"情感态度与价值观"目标是对知识的共鸣、学习过程的体验、学习动机的形成、思想品德的养成等精神上的升华,是属于非智力层面的课程目标。

课程的总体目标包含在学校的培养目标中,体现在培养方案、课程计划中;学科目标是具体的、以学科知识为分界的课程领域目标,不同的学科在课程的三维目标方面各有侧重;课堂教学目标更多地表现为学生的行为变化,具有较强的实践性和可见性。

(二)针对课程内容的调整

课程内容是融合课程调整的主体。普通学校的课程内容主要是为了满足一代又一代人的生存与发展所设计和安排的基础性知识和基本技能,并具有一定的递进性、系统性和相对稳定性的特点。对于特需儿童而言,普通学校的课程也应成为他们发展各种能力以至最终步入社会的原有经验,也是直接影响他们后续学习能力的主要内容。然而特别是对于特需儿童来说,课程内容不能狭隘地理解为只是学科的知识技能和学习材料,而应从更广义的层面去把握,课堂内容还应包括学习情境、学习策略、学习活动的展开过程以及其他学科领域的能够促成课程目标达成的内容。① 教育部于2016年颁布的

---

① 胡少华.融合教育中的课程调整:目的、内容及路径[J].当代教育理论与实践,2020,12(1):42-47.

《盲、聋和培智三类特殊教育学校义务教育课程标准》中明确指出,课程设置以补偿性课程、发展性课程和功能性课程为主。为此课程内容的调整不是简单地对课本内容的删删减减、加加换换,应是对融合教育学习环境的设计,根据融合对象的需要对已有课程内容中知识与技能要点和学习活动的重组。

(三) 针对教学方式的调整

教学方式是教师运用多种教学方法,为实现课程目标,落实教学内容而采用的一整套与学生相互作用的手段。由于融合教育中普通学生与特殊学生有各方面的差异,课程调整不能不考虑教学方式的调整。融合教育的教学方式首先考虑的是特殊学生的身心发展特点,如孤独症学生常常表现为视觉型学习者,往往接收听觉信息比较碎片化。相应的教学方式的调整是立足于孤独症儿童身心差异的具体特点,而采取适应性手段。因此教师针对孤独症学生融合教育的教学方式应在必要时使用视觉提示的手段,以提高他们的学习效率。

概括说,在融合教育中,对普通教育课程目标、课程内容、教学方式的调整不是孤立进行的,三者构成一个整体,相辅相成,环环相扣。首先,课程目标的调整必然引起课程内容的变换,课程内容的调整是实现课程目标的基础,教学方式要依据课程内容进行选择,有效的教学方式可以提高课程目标实现的效率。其次,三者以教学方式的调整作为课程调整的首选。为了确保残疾儿童的教育教学质量,对课程目标和课程内容的调整需要慎重,而教学方式的调整具有更多的灵活性和实操性,应作为课程调整的首选内容。最后,融合教育中课程调整的三方面内容均需以残疾儿童的特殊教育需要为出发点。这种特殊教育需要既来源于残疾儿童类群体的差异,也来源于他们的个体差异,教师需要借助科学测量、诊断评估、日常观察等方式,充分理解和准确把握他们的特殊教育需要。①

---

① 胡少华.融合教育中的课程调整:目的、内容及路径[J].当代教育理论与实践,2020,12(1):42-47.

拓展阅读

表 3-1 课程调整基本类型①

调整类型	含义	策略
环境支持	改变物理环境、社交环境和时空环境来促进参与、互动学习	1. 改变物理环境 2. 改变社交环境 3. 改变时空环境
材料调整	调整合适材料使得儿童能够尽可能地独立参与	1. 材料和设备放到最佳的位置(如适当高度) 2. 固定活动材料 3. 调整反馈方式 4. 把材料调整得更大或更明亮
简化活动	将任务分解成小步骤或者减少任务数量来简化任务	1. 任务分解 2. 改变或减少步骤 3. 以成功的体验结束活动
利用儿童的喜好	如果儿童没有充分参与,可以寻找并利用儿童的个人喜好	1. 手持最爱的玩具 2. 利用最喜欢的活动 3. 引入最喜欢的人
特殊设备	使用特殊、合适的设备使得儿童能够参与活动,或者提高儿童参与的水平	1. 使用特殊设备增加儿童参与机会 2. 使用特殊设备提高儿童参与水平
成人支持	成人介入以辅助儿童参与和学习	1. 示范 2. 加入儿童游戏 3. 表扬和鼓励
同伴支持	请同伴帮助儿童学习重要目标	1. 示范 2. 为儿童寻求一个小助手 3. 表扬和鼓励
隐性支持	在活动中安排自然就会发生的事情	1. 顺序调整 2. 在课程领域内将课程排好顺序

---

① [美]苏珊·R.桑德尔,艾琳·S.施瓦茨.学前特殊需要儿童融合教育实用手册[M].王燕华,曾松添,等译.北京:北京大学出版社,2018:56.

第四节 融合教育课程设计范式

残疾儿童在融合环境中学习时遇到的更多是障碍而非支持。现行的普通教育课程将所有的学生视作同一的,采取"一刀切"的方式,按照同一个模式和结构设计课程。它没有考虑残疾学生与普通学生接受和理解信息能力的差异性,很难让残疾学生获得平等学习课程的机会。[①] 要确保残疾儿童真正融入普通教育课程中,除了对普通教育课程进行必要的调整外,还应该从课程设计本身出发来使课程适应多样化的残疾学生和其他有特殊需要的学生,即必须将课程建立在尊重学生个别差异的基础之上。[②]

一、学习通用设计

学习通用设计是当前国际特殊教育界兴起的一种课程设计方式。

(一)学习通用设计的内涵与理论基础

学习通用设计(Universal Design for Learning)是由美国技术应用中心(Center for Applied Special Technology)提出的,在国际特殊教育比较时兴的研究领域中,借用建筑学中通用设计理念满足学生多样化需求,对融合教育课程进行设计的模式。它的设计框架包括课程目标、方法、材料和评估等多方面。其主要特色是将数字媒体技术渗透于课程的各要素设计之中,通过提供多样化的内容呈现、表达与参与方式,从教和学两个方面出发增强课程的灵活性和适应性,向学生提供符合其需要的支持,使所有特需儿童能够像普通儿童一样获得知识、技能和学习的热情。

[①] Jimenze T. C., Graf V. L., Rose E. Gaining Access to General Education: The Promise of Universal Design for Learning [J]. Issues in Teacher Education, 2007, 16(2):41-54.
[②] McGuire J. M., Scott S. S., Shaw S. F. Universal Design and its Applications in Educational Environments [J]. Remedial and Special Education, 2006, 27(3):166-175.

学习通用设计是以大脑神经科学为理论基础。根据神经科学关于大脑功能分区的研究,大脑的不同功能区反映了学习的不同方面(见图3-2)。研究显示,大脑中的识别系统接收和解释感觉输入信息;策略系统能够使学习者规划自己的行动,促使学习者采取策略的方式系统地表达信息;情感系统控制每个人在活动中的参与水平。而每个人大脑中这三种认知系统的运行都存在差异,有着各自的优势和劣势。

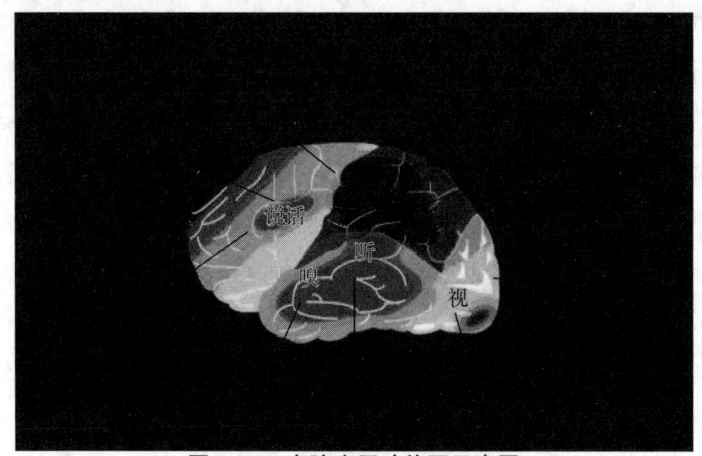

图3-2　大脑皮层功能区示意图

（二）学习通用设计的原则

采用学习通用设计的教师要遵循"三多样原则"。

（1）向儿童提供多样化的呈现方式（Provide Multiple Means of Representation）。包括多样化的听觉信息、视觉信息,解释信息时采取多种可供选择的语言、图表和符号。如教师在呈现故事时,既要图文并茂,也要使用语音、动画的形式,以满足不同儿童的学习需要。

（2）向儿童提供多样化的行为和表达方式（Provide Multiple Means of Action and Expression）。要借助多种交流媒介促进学生充分地展示自己所学的知识和技能。如儿童可以在教师的指导下,使用适合自己的且喜爱的媒介完成学习活动。如"春天来了"的主题活动,儿童可以通过录制视频、手工制作、绘画、录音等不同的方式完成。

（3）向儿童提供多样化的参与方式（Provide Multiple Means of Engagement)。教师要考虑到儿童的偏好、学习特质、学习动机与参与水平的差异，采取多种提高学习兴趣的方式和多样化的激励手段。如在区域活动中，设计多样化的区域活动项目和内容。针对不同儿童设置不同的活动目标，在材料投放、活动方法、强化方式和评估等方面差异对待。

"三多样原则"对应其理论基础，即支持学生多样化的识别系统、多样化的策略系统以及多样化的情感系统，构成了学习通用设计的指导纲领。如果要把"三多样原则"实施到融合教育课程设计中，教师必须具有前瞻意识，要在充分了解全体儿童特点的基础上，将儿童在这三个大脑网络上所表现出的优势、劣势和兴趣编列成表，设计出具有适应性和调整性的课程，如此，一定会使特需儿童的问题降低到最小程度，有望实现对全体儿童的通用性。

（三）对学习通用设计的评价

学习通用设计促使教师在课程计划之初就考虑具有不同认知特点的学习者如何平等地学习课程，而不是在学习者遇到困难时再进行课程调整。从理论上赋予了残疾儿童接受高质量课程的机会，并在实践中通过与技术的结合，尽可能最大限度地满足残疾儿童的需求，推动融合教育的发展。它的推广和普及必将使融合教育在理想到现实的转变道路上又迈进一步。

但是学习通用设计在其理念和实际实施中仍然存在一些问题。① 实施效率仍然有待进一步研究，即在融合教室中它是否能够真正实现对所有学生的通用？虽然学习通用设计在实施中做了多项研究和实验，但这些并没有消除人们对于学习通用设计有效性的怀疑。因此目前还很难将学习通用设计作为一种基于证据（Evidence-based）的有效实践方式。② 与其他教学实践方式的兼容性还需进一步探讨。如与协同教学（Co-teaching）、合作学习（Cooperative Learning）、全校参与（Whole School Approach）、干预反应（Response to Intervention）、干预模式等这些教学实践方式相结合。从现有的文献来看，还没有涉及这方面的研究。③ 数字技术在学习通用设计中还有局限性。如设计不良的数字技术工具会给人一种进步的错觉，实际上它只是在重复印刷文本。尽管电脑和网络已经越来越普及，然而它还没有普及到所有的家庭，特别是在发展中国家和落后地区。

二、高宽课程

高宽课程自诞生到现在,历经半个世纪的发展,已经成为一套比较成熟的学前教育课程模式。

(一) 高宽课程的内涵

高宽课程又被称为"高瞻课程""海伊斯科普课程",曾是美国一项针对处境不利学前儿童进行教育干预的公立学前教育项目。高宽课程是一个"建构主义"模型,20世纪60年代由美国儿童心理学家韦卡特(Weikart)创立,他主张儿童在个人经历和社会互动的基础上建构自己的知识世界,学习不仅是成人向儿童传授知识的过程,还是儿童主动参与学习的过程。高宽课程主张以儿童主动学习为价值取向,以5个领域,即学习方式与语言、读写与交流、社会与情感发展、身体发展与心理健康、艺术与科学,以及58条关键经验为教育内容,用"计划—工作—回顾"3个主要环节去实践课程,有定量和定性相结合的完善评价体系。① 高宽课程目前已成为全球幼儿园优秀课程模式之一。

拓展阅读②

高宽课程"计划—工作—回顾"3个环节充分体现了儿童的主动参与,是儿童主动学习的一个组织保障。① 计划时间(10—15分钟)。这是活动的开始。此环节儿童可以自己决定各自的活动内容。当儿童进行计划时,他们应有一个意向,在脑海中勾画出自己即将自愿进行的活动是什么,并通过某些策略体现出来,比如语言、手势、图画等形式。这里要注意:计划不同于简单的选择,因为计划包含儿童关于想做什么以及他们将怎样做的具体思考。高宽课程强调儿童活动的计划性,但是具体活动的开展并不拘泥于原先的计

---

① 王景芝,底会娟,王鑫. 美国高宽课程中形成性评价的应用及其启示[J]. 河北大学学报(哲学社会科学版),2015,40(6):96-101.

② 时松,吴琼. 美国高宽课程:儿童主动学习的建构[J]. 天津师范大学学报(基础教育版)2013,14(3):65-68.

划。教师不会因为儿童计划的改变而批评他,相反教师会尊重儿童的选择并帮助他们开展新的计划。在计划的活动中,儿童意识到自己要对自己的行动负责,逐渐培养起自身的独立性、责任感。② 工作时间(45—60 分钟)。这个环节儿童在不同的兴趣区内从事自己喜欢的游戏活动,或者自己创设环境做自己想做的事情。这时儿童保持着高度的兴奋和学习激情,儿童将自己看作"行动者",将想法付诸实践以期达到预期目标,而教师要做的就是支持。教师采取的支持策略有:根据儿童的兴趣提供工作场所和所需材料;提供儿童需要的安慰以及认可儿童的行动和成绩;参与到儿童的游戏中;与儿童交谈;鼓励儿童解决问题;观察并记录儿童在做什么;在工作时间外要安排清理时间等。在这个环节中,每个儿童都是主角,教师则扮演着后勤服务者的角色,为儿童的发展提供尽可能多的支持。③ 回顾时间(10—15 分钟)。在这一环节,教师要为儿童创设一个平静、舒适的环境。儿童与同组的成员在同一场所进行回顾,能够激发出舒适和信任的氛围。教师鼓励儿童反思自己在活动中遇到什么问题、学到哪些知识等。在回顾时教师可以为儿童提供材料和体验以维持儿童的兴趣。例如,教师巡视到儿童工作的区域,让他们每个人带一件玩过的材料到桌旁,或者教师在儿童工作时抓拍几张照片激发儿童的讨论。儿童在回顾自己的工作时,与同伴分享自己的体验,这一过程促进了语言和思维的发展。如果儿童采取绘画、书写或者其他的形式进行回顾,也是被允许而且是被鼓励的。

(二) 高宽课程的理论基础

高宽课程的理论源于多元智能和建构主义理论。多元智能理论的提出者是美国心理学家加德纳(Howard Gardner),他认为每个人至少拥有 8 种主要智能,即语言(Verbal/Linguistic)智能、数理逻辑(Logical/Mathematical)智能、空间(Visual/Spatial)智能、身体—运动(Bodily/Kinesthetic)智能、音乐(Musical/Rhythmic)智能、人际(Interpersonal/Social)智能、内省(Intrapersonal/Introspective)

图 3-3 加德纳

智能、自然探索(Naturalist)智能(这个是 1995 年补充进去的)。加德纳定义的智能是人在特定情景中解决问题并有创造性的能力。让·皮亚杰(Jean Piaget)

是瑞士近代最有名的儿童心理学家,他认为儿童认知发展是分阶段的,儿童通过同化和顺应过程适应环境,在与环境的相互作用中,儿童是主动的、受内在动机驱动的学习者,他们可以组织从自身经历中所学到的内容,并与外界达到平衡。当代著名建构主义学家冯·格拉塞斯菲尔德(Von Glasersfeld)认为知识具有主观、不稳定的特点,它是与相关的情景脉络相联系的,个人在学习中不是去习得固有的知识,而是去建构有关世界的意义,强调学习的关键是创设探究学习的情景和氛围。①

图3-4 让·皮亚杰

从以上的介绍可以看出,高宽课程就是依据这些理论,主张营造一个开放的自然学习环境,让儿童在自由、宽松的状态中主动与人、物、景互动,构建自己的知识经验。教师在其中让儿童充分展示其智能优势,发掘每个儿童潜在的智能,并掌握不同儿童的智能差异,为每一个儿童的发展提供适合他们的环境,促使每个儿童的全面发展。

(三)高宽课程的评价

高宽课程是以儿童主动学习为出发点,主张低结构教学的一种以儿童为中心的教学模式。强调儿童的发展是一个主动建构的过程,但是儿童的主动学习不会自然发生,要促进儿童主动学习,必须向儿童提供主动学习的环境。只有这样,儿童才能主动与周围的人、事、物相互作用。在儿童发展中,教师和家长起着支持作用而非主导作用。高宽课程完全站在儿童的视角,以儿童的不同需要、兴趣和能力设计课程内容,照顾到差异儿童的接受能力、感受以及不同的发展目标。因此高宽课程理论非常契合学前融合教育课程设计理念,可以在学前融合教育实践中实施。

三、关键经验

(一)关键经验的含义

关键经验(Key Experiences)是美国高宽学前教育课程内容的重要部分。

---

① [美]J. 莱夫,E. 温格. 情景学习:合法的边缘性参与[M]. 王文静,译. 上海:华东师范大学出版社,2004:14.

它描述学前儿童社会的、认知的、身体的和情感的发展状况,强调儿童主动获取学习经验,也是儿童发展必不可少的要素。[①] 它强调儿童感官经验的生成、发展与转化。它在儿童的经验系统或经验结构中起着节点和支撑的作用。如果教师以关键经验为出发点,决定儿童教育目标、活动内容以及儿童发展的评估,就能帮助儿童通过整合和跨越关键经验来建立经验间的联系,有利于儿童在直接经验的基础上学习较抽象的间接经验,缩小与未知的距离,使学习变得容易且获得适度发展。因此关键经验成为近年来学前教育理论研究中备受重视的一个概念,也是《3—6 岁儿童学习与发展指南》与幼儿园教育实践的桥梁。

(二) 关键经验的特性

1. 基础性。关键经验是所有儿童学习与发展的基础性经验,是儿童获得间接经验所需要的思维能力的发展基础。

2. 连续性。只要儿童在正常的教育环境下,关键经验是不断在增长的,且不会间断,即前涉经验总会为后继经验做好准备。

3. 层次性。儿童关键经验的增长与其年龄特征相符,普遍的情况是表现出渐进的、分阶段的、螺旋式的上升。

4. 互动性。儿童关键经验的增长是在其主动与他人和所处环境发生交互时产生的,即在儿童主动向他人学习/模仿和探索环境中建构起来的。

5. 反复性。关键经验同样是经验,其生成不是一蹴而就的,需要时间和过程。

(三) 关键经验的评价

关键经验是"儿童立场的课程"观,而非"教师立场的课程"观。它是基于儿童的经验和活动,将视线转向儿童,从儿童出发,强调儿童学习和发展的身心特点和基本规律。以关键经验理论为基础的课程观关注每个儿童的个体差异、真实体验和当下生活,注重培养儿童继续吸收经验的能力,保护儿童

[①] Palenzuela,Silia. Measuring Pre-kindergarten Teachres Perceptions:Compliance with the High/Scope Program[J]. Journal of Research in Childhood Education. 2004,18(4):321 – 333.

终生学习的求知欲。它是从事学前教育的教师最应该具备的课程理论之一。

由于关键经验理论是站在儿童的角度考虑一切教育活动,其对教师的素质要求非常高。一方面要求学前教育教师有较高的专业技能;另一方面要求教师具备童心、同理心和包容心等良好的素质。这对教师培养和教师自身的成长都是一个挑战。

四、嵌入式教学

(一) 嵌入式教学概要

嵌入式教学(Embedded Instruction)最早出现于20世纪80年代中期的文献中,但开始并未运用于学前融合教育领域。[①] 嵌入式教学是指将学习计划或个别化教学活动嵌入日常活动、集体教学或由儿童发起活动中的教学干预方法。目前已在国外学前融合教育中得到广泛应用。[②]

嵌入式教学用于教育领域是从一般的特殊教育开始的,自20世纪七八十年代开始在家庭、学校和社区中运用。主要是帮助提高特需儿童的语言和社会交往能力,同时研发出了一系列教学策略,如随机教学(Incidental Teaching)、环境教学(Milieu Teaching)、自然时间延迟(Naturalistic Time Delay)、关键反应训练(Pivotal Response Training)等。直到20世纪90年代,嵌入式教学才开始运用于学前融合教育中。

拓展阅读

格兰诺维特(Granovetter)的嵌入式理论认为,行动者并不会像原子那样在社会联系之外决策与行动,也不会像奴隶一样按照他们占据社会位置的特定交汇点所提供的脚本僵直行事。相反,行动者所尝试做出的有目的的行动

---

① 刘廷廷,朱宗顺. 嵌入式教学及其在学前融合教育中的应用[J]. 现代特殊教育,2018(11):27-31.
② Rakap S, Balikci S. Using Embedded Instruction to Teach Functional Skills to A Preschool Child with Autism[J]. International Journal of Developmental Disabilities,2017,63(1):17-26.

是嵌入在具体的、现时的社会关系体系中的。① 嵌入式理论中的关系性嵌入是指社会关系网络中的关系互惠性、均衡性和网络位置等因素会对个体的行为和意识产生影响。② 许多研究发现,在融合教育班级社会网络中,特需儿童会主动尝试与普通儿童建立友谊关系,在运动场上孤独症儿童会比其他类型的特需儿童更倾向于与普通儿童进行社会交往。③

(二)学前融合教育中的嵌入式教学

1. 含义

学前融合教育中的嵌入式教学是指以有效的教学策略为基础,选择合适的嵌入时机,将教学计划实施分布在学前融合环境中的日常活动和活动转换中,促进学前特需儿童参与和学习的教学干预方法。④ 1997年,瓦莱雷、安东尼(Wolery & Anthony)等人把嵌入式教学用于学前融合教育中。他们培训普通教育教师运用嵌入式教学对三名特需儿童实施教学并取得了良好效果。嵌入式教学逐渐在学前融合教育中广泛使用,并产生了新的教学策略,如基于活动的教学(Activity-based Teaching)、基于过渡环节的教学(Transition-based Teaching)等。

2. 实施流程与关键点

嵌入式教学在学前融合教育中的实施流程主要包括前期准备、制订教学计划、教学实施和教学评估与追踪四个部分,这四个部分又包含多项具体内容(见图3-5)。

学前融合教育使用嵌入式教学的关键点在于:① 有明晰的目标。实施前教师要非常熟悉幼儿园的一日活动,了解每个儿童的能力水平,熟悉儿童能做什么不能做什么、对什么感兴趣、在什么情景中儿童有什么行为等,以此来

---

① 朱国宏,桂勇. 经济社会学导论[M]. 上海:复旦大学出版社,2005:66.
② Granovetter M. Economic Action and Social Structure: The Problem of Embeddedness[J]. The American Journal of Sociology, 1985,91(3):481.
③ Bauminger N, Shulman C, Agam G. Peer Interaction and Loneliness in High-functioning Children with Autism[J]. Journal of Autism and Developmental Disorders,2003,33(5):489.
④ 刘廷廷,朱宗顺. 嵌入式教学及其在学前融合教育中的应用[J]. 现代特殊教育,2018(11):27-31.

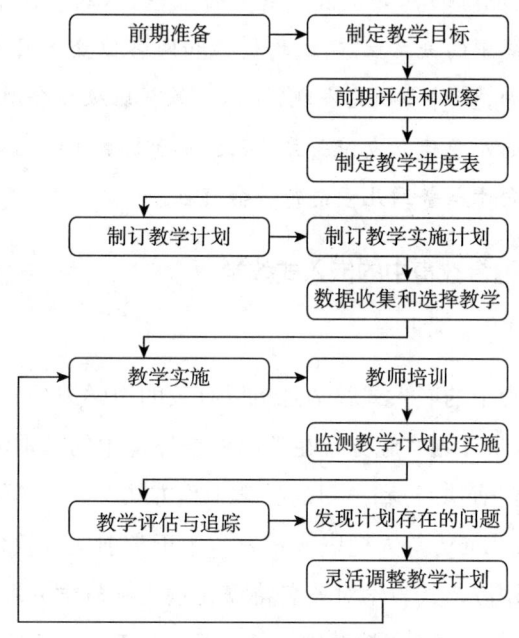

图3-5 嵌入式教学实施流程[①]

判断在哪些场景中使用嵌入式教学更加有效,并制定出具体的活动目标和评价标准。② 可以多点嵌入。嵌入式教学的实施是融合教育活动需要,无论在时间上还是在活动中可以随时、灵活嵌入,要注意的是教师需制订详细计划以确保既能满足特需儿童的需要又不干扰课堂教学进行。③ 借助教学策略。特别是在最初使用时教师应借助暗示法、纠误法、强化物法等提示方法,以达成教学目标。④ 适时调整。教师在实施过程中,随着对全体儿童各方面更加深入的了解以及对嵌入式教学运用熟练掌握后,可以根据需要,及时调整嵌入式教学方案,如目标难易度、嵌入的点与时间等。

(三)嵌入式教学的评价

嵌入式教学强调儿童主导,是基于儿童的兴趣和能力发起的教学,具有自然性、灵活性等特点。有研究者将这种教学方法称为"自然主义教学"或

---

① Mcbride B J, Schwartz I S. Effects of Teaching Early Interventionists to Use Discrete Trials During On-going Classroom Activities[J]. Topics in Early Childhood Special Education, 2003, 23(1): 5-17.

"随机教学"。教师在其中要最大限度地利用儿童主动发起的教学机会,遵循学前融合教学的系统性原则,开展学前融合教育。因此嵌入式教学也有系统性的特点。嵌入式教学运用到学前融合教育中,对当前针对特需儿童教育使用 IEP 时普遍出现的机械、刻板、单调的境况,可能是一个非常有效的改变手段。因此目前的嵌入式教学在学前融合教育中应用的范围越来越广。

拓展阅读

嵌入式教学对学前特需儿童社会性发展的促进

在幼儿园实施嵌入式教学,其社会性发展目标与教学活动类型匹配度是最高的。研究发现,实施嵌入式教学后,特需儿童举手回答问题的次数逐渐增多,且能通过媒介主动发起求助。[1] 约翰逊和麦克唐纳(Johnson & Mcdonnell)的研究认为,教师使用及时提示和反馈教学策略教学时发现,特需儿童在课堂上遇到困难时,能够通过"帮助"标识向教师寻求帮助,并且能泛化到其他的活动中。嵌入式教学可以提高特需儿童在区域活动中的积极参与水平。特需儿童与教师和同伴的互动水平均得到提高。[2] 梅西和布里克(Macey & Bricke)使用单一被试 AB 设计,对 3 名特需儿童实施嵌入式教学,研究中儿童在发起合作活动、轮流对话以及小组活动中做出适当反应的能力和沟通交往能力均得到提高。[3] 研究表明,在学前融合班级中,将自然环境教学法和作业治疗法应用于嵌入式教学可提高儿童的沟通能力。在加芬克尔和施瓦茨(Garfinkle & Schwartz)的研究中,教师通过建模引导儿童与小组成员交流,发现特需儿童模仿同伴和与同伴交流的能力均得到提升。也有研究者将社会交往目标嵌入游戏中,发现通过使用建模、提示教学策略后,社会交往障碍儿童与普通儿童之间对话数量和质量均得到提高。[4]

---

[1] 刘廷廷,朱宗顺. 嵌入式教学及其在学前融合教育中的应用[J]. 现代特殊教育,2018(11):27-31.
[2] Mcbride B. J. Effects of Teaching Early Interventionists to Use Discrete Trials During Ongoing Classroom Activities[J]. Topics in Early Childhood Special Education,2003,23(1):5-17.
[3] Macy M. G,Bricker D. D. Embedding Individualized Social Goals into Routine Activities in Inclusive Early Childhood Classrooms[J]. Early Child Development and Care,2007,177(2):107-120.
[4] 刘廷廷,朱宗顺. 嵌入式教学及其在学前融合教育中的应用[J]. 现代特殊教育,2018(11):27-31.

五、UbD 理论

UbD(Understanding by Design)是由美国哥伦比亚大学教授麦泰格(Matighe)和威金斯(Wiggins)所提出的一种基于逆向的课程设计模式,是一种重理解的课程设计模式,这种理解主要从学生能否解释、解析、应用、迁移、同理和自我评估来进行考量。[①] UbD 理论不强调按照教科书内容和活动导向进行教学,它强调在设计课程时以学生能力为导向,即根据学生的需求来设计课程。UbD 理论强调的"逆向"并非指逻辑上的逆向,而是指课程设计环节的逆向,即教师要在确认课程目标即学生培养目标的基础上来设计课程体系,强调在课程设计之初便要掌握最终要达成的目标,是一种目标、评量和方法相结合的系统的课程设计模式。UbD 理论的课程设计包含确认预期的学习结果、确定达到预期学习结果的证据、设计教学活动三个阶段。UbD 模式教案设计内容如下。

(一) 确认预期的学习结果

在这个阶段要从既有的课程标准出发结合实际的教学目标,确定学生所应该知道、理解的知识和应有的能力。教学是达到目的的手段,只有有了清晰的目标,并在此基础上利用检验目标达成评量手段,才能帮助教学者聚焦于教学计划,引导教学者根据目标与评量方式有目的地实施教学活动,进而提升教学成效。该阶段要考虑:学生应该持续思考哪些问题?学生应该学会哪些知识和技能?所对应的既有目标和标准是什么?在这些问题的基础上来确定预期目标。

(二) 确定达到预期学习结果的证据

这一阶段要确定评量学生是否已经达成期望学习结果的标准。该阶段要考虑:对应期望的学习结果,评量的标准是什么?为了全面而客观评量学习成效,还需要搜集哪些方面的证据?评量方式是否包含阶段中的所有要

---

① 陈圣谟. UbD 课程设计模式简介[J]. 教师之友,2007,48(2):11-13.

素?其主要目的是通过评价标准引导教学活动的方向,保证教学效果。评量方式的确定需要紧接在目标之后设定,以便将目标和活动紧密结合。UbD 是一种重理解的课程设计模式,在评价时注重学生的理解,在评量时强调在实际操作中进行,看学生是否能够在实际操作中灵活运用所学知识。

(三) 设计教学活动

这个阶段主要是在已确定的期望的学习结果和评量方式的基础上设计教学活动,确定活动及活动的顺序。要求在教学互动设计的整个过程中紧扣既定的教学目标。该阶段要考虑:哪些活动和课堂教学可以使学生达到期望的学习效果并通过评量?如何安排教学顺序组织教学活动才达到最优的教学效果?该阶段的学习活动是否能够将目标和评量紧密结合起来?在对这些问题进行思考的基础上进行教学活动的设计才能够最大限度达成教学目标。

拓展阅读[①]

UbD 模式融合教育课程设计参考

本研究课程设计对象为某普通小学二年级的一名随班就读的孤独症学生。通过在课堂和课后深入观察,加上对教师、班级同学和学生本人进行访谈后发现,学生在社会技能上表现不足,如回避眼神接触、不善于解读肢体语言、等待能力较差和存在典型的刻板行为等。对这些行为进行分析后发现,该生等待能力不足对课堂秩序、课后活动以及人际交往造成了一定的负面影响。其具体表现是在上课时不能够举手等待老师同意后再发言、校会上不能进行耐心等待便要离场、音乐和体育课也不能排队等待以及课后游戏活动中无法做到轮流等待。因此等待能力是该生亟待提升的社会技能之一。本研究将提升学生在这几个情境中的等待能力作为课程设计的预期目标。

[①] 张婷. UbD 理论在融合教育课程设计中应用研究[J]. 绥化学院学报,2020,40(1):19-23.

表3-2 普通小学二年级一名随班就读孤独症学生融合教育课程 UbD 模式设计

阶段一：确认期望的学习结果	
既有目标 G(Established Goals) 提升学生的等待能力并能运用到实际的场景中	
理解事项 U(Understanding) 1. 什么是等待 2. 为什么要进行等待	主要问题 Q(Essential Question) 怎样提高等待能力
学生将知道 K(Students will Know) 1. 哪些场景需要等待 2. 如何进行安静等待	学生将能够 S(Students will be able to) 将等待能力运用到不同的实际场景当中
阶段二：确定达到预期学习结果的证据	
实作任务 T(Performance Tasks) 学生将通过上课情境、游戏情境和集会情境来表现期望的学习结果	其他证据 OE(Other Evidence) 通过访谈、观察、问答、随堂测验及学生自我评价来评量预期成果
阶段三：设计教学活动	
学习活动 L(Learning Actives) W＝帮助学生知道教学目标在于提升其等待能力 H＝通过动画视频与讲解等待的重要性来引起学生动机 E＝让学生提前了解本次课程内容、上课方式及评量标准 R＝帮助学生准确认识自己在等待上所表现出来的不足并重新思考正确做法 E＝允许学生在课程介入前后对自己的等待能力进行评鉴 T＝根据学生等待能力的具体表现来设置教学情境 O＝在不同情境中使用自我指导策略，合理安排教学顺序，使学习成效达到最好	

第五节 学前融合教育课程设计样例

皮吉尔与梅杰(Pijl & Meijer)指出，融合可以有六种不同的水平：① 物理空间的融合，特需儿童与正常儿童在共同的物理空间学习、交流；② 名称的融合，不再使用具有歧视性的标签；③ 管理的融合，特殊教育立法、学籍管理、支持与服务不再独立于普通教育之外；④ 社会性融合，特需儿童平等参与学校与社区活动、生活；⑤ 课程的融合，特需儿童与正常儿童在同一教室使用同样的(并不排除必要的调整)课程，并取得学业上的成功；⑥ 心理融合，普通教育教师与学生接纳个别差异,认为有不同的需要是正常的事情。① 对于这六种不同水平,布斯(Booth)、艾因斯科(Ainscow)和我国学者陈云英均认为,可以把它们简化为三个层次:物理空间的融合、社会性的融合以及课程的融合,并认为课程的融合是融合教育最高也是最难的目标。② 因此学前融合教育的课程设计是一项重要且艰巨的工作。以下是浙江省平湖市爱益人才培育中心(融合教育研究中心)在多年的实践和研究中针对四种类型个案设计的学前融合教育课程样例。

一、学前智力落后儿童融合教育活动设计

(一) 个案情况介绍

晨晨(化名),男孩,5岁10个月,上过一个星期的托班,因为身体原因之后没再上幼儿园。

1. 个案能力状况

(1) 大运动能力:不能独立完成单脚站立;不能双脚向前跳,不能单脚原地跳;不能有意识地模仿完成横着走、开合跳、躺垫子上打滚等动作;不能独立完成骑三轮自行车;能够自己完成扔、推的动作,不能完成抛、接、踢球等动作;肢体平衡能力不足。

(2) 精细动作能力:能进行简单的积木搭高;不会穿脱鞋袜和裤子;不能正确握笔;不能进行有界线感的涂色;不会模仿画"一"字和画圆;不会使用剪刀、筷子等。

(3) 言语与语言能力:有一定的非语言沟通能力,如有需求时会拉人,会用手指向想去的地方;能听懂简单的指令(扔、捡),做出适当反应;模仿发音能力不足;无法利用语言进行需求或情感等的表达,常因不被理解和满足而哭闹。

(4) 生活自理能力:大小便不能自理,24小时穿尿不湿;喜欢吃软一点的饭,如喜欢汤泡饭;不怎么挑食;不喜欢喝白开水;能自己进食但容易把饭菜

---

① Pijl S. J., Meijer C. J. W. Does Integration Count for much? An analysis of the Practices of Integration in Eight Countries[J]. European Journal of Special Needs Education,1991,6(2):100-111.
② Booth T., Ainscow M. From Them to Us: An International Study of Inclusion in Education[M]. London:Routledge,1998:15.

弄到桌子上;不能独立进行刷牙、梳头发等活动。

(5) 社交能力:分离焦虑情绪比较严重;对他人表情、行为目的等理解能力不足;缺少轮流、等待、合作等意识;集体活动参与意识不足;指令服从度较弱。

(6) 认知能力:在动作、行为模仿和理解能力等方面存在不足;对人物的简单行为不能较好理解;对事物和事件间关系不能够理解;对于开心、害怕等情感词汇和表情理解能力不足;对于颜色、形状、数字以及各种常识认知都较弱;不能指认自己五官及身体部位。

(7) 注意力:对于自己十分感兴趣的事物有一定的注意力;对于不感兴趣的事物注意力容易受到周围环境干扰。

(8) 记忆力:短时记忆能力及长时记忆能力均不足;不能完成简单记忆训练内容且兴趣不大。

2. 个案障碍类型

个案经医院诊断和教育康复机构评估,属于先天性智力低下儿童。

(二) 融合教育活动设计

1. 融合教育活动主题

幼儿园艺术领域活动:绘画活动——秋天的树。

2. 融合教育活动实施学段

小班(普通儿童为3—4岁)。

3. 融合教育活动设计

表3-3 学前智力落后儿童融合教育绘画活动设计

活动名称	绘画活动——秋天的树		
项目	普通儿童	晨晨	融合课堂活动辅助
预设目标	1. 对秋天的树有初步认识,感知秋天树的颜色(认知) 2. 锻炼手部精细动作,学会将纸撕成预想大小(技能) 3. 欣赏秋天大树的美,	1. 引导儿童观察、欣赏秋天大树的美 2. 指导儿童用手掌印画画,表现秋天树叶的美丽 3. 让儿童体验自主、独立、创造能力	1. 侧重点是关注儿童的专注力、情绪以及配合度 2. 辅导程度由多到少,辅导方式为语言提示和肢体协助等

续表

项目	普通儿童	晨晨	融合课堂活动辅助
预设目标	领会秋天树叶颜色的变化(情感)		
活动准备	1. 彩纸(绿色、黄色、橙色、红色、粉色等暖色系)、白纸、固体胶、彩笔等若干 2. 关于秋天的树、森林的图片	1. 视频(树叶落下来) 2. 红、黄、绿色颜料,秋景图,绘有大树枝干的大张画纸、抹布 3. 节奏欢快的音乐	1. 选择合适的位置,一般就坐于后排 2. 对比或配对需用的色卡、图片等
活动过程	1. 播放PPT《秋天的树》,引导儿童观察秋天的树的树干和树叶 2. 请儿童说一说看到的秋天的树是怎么样的(从树干和树叶两方面来说)例如:有棕色的树干,有的树上树叶是绿色的,也有黄色的、红色的等等 3. 绘画过程 (1) 展示秋天树的图片(各种颜色、形状) (2) 教师展示制作过程: ① 画树干、树枝(树干要短而粗,树枝要细而长) ② 撕纸、粘贴(撕成不同大小形状的树叶) ③ 丰富作品(可以根据自己的想象添加不同的元素) 要先画出大树的树干(也可以画一些树枝),然后拿出我们需要的彩纸(可以根据自己的喜好选择不同的颜色),把它撕成我们需要的大小和形状,用固体胶把它粘上去。树叶粘好后,我们还可以用彩笔画上其他东西(一边讲一边操作)	1. 老师跟儿童互动,说说秋天的大树。老师出示秋景图,引导儿童发现:公园里的树叶变成什么样子?都有什么颜色?让儿童认识红色、黄色、绿色 2. 播放视频,引导儿童观看视频 (1) 发现大树上的树叶到了秋天就会离开大树,像蝴蝶一样飘下来。蝴蝶怎么飞?引导儿童学一学飞的动作 (2) 树妈妈会想念它们,用我们的小手做树叶,把大树妈妈打扮漂亮出示老师制作的范画,引出手掌印画,激发儿童创作的欲望 3. 老师讲解手指印画的方法,让儿童知道两手都要抹上颜色,才能使"树叶"丰满 (1) 老师一边示范绘画,一边讲解绘画步骤 (2) 请儿童把手伸出来轻轻地放在颜料上蘸一下,然后在枝干上印一下,最后再用抹布擦干净。在儿童熟悉过程后,让儿童	1. 辅助儿童对照秋景图辨认颜色,用手指指认,必要时运用色卡,通过配对的方式强化认知 2. 观看视频时关注孩子是否眼神追踪树叶,如没有,需辅助孩子用手去点击屏幕做视觉追踪。学飞的动作时老师先示范动作让孩子模仿,如不能则老师手把手辅助 3. 放慢节奏,老师先示范每个步骤,儿童进行理解操作;老师先进行语言提示,如儿童不能完成,需手把手辅助,关键在于学会蘸—印—擦这三个动作程序。反复练习多次,慢慢减少辅助

续表

项目	普通儿童	晨晨	融合课堂活动辅助
活动过程	注意事项:在具体操作的时候,不可以把纸张扔到地上(也不可以随意乱玩纸张),如果我们的地上有纸,小朋友们要主动把它捡起来(如果不是自己的,也可以帮助别的小朋友捡起来),用完固体胶和彩笔后,要把盖子盖盖好 (3)幼儿操作,教师观察辅助 4. 展示作品,欣赏交流。儿童相互欣赏作品并进行交流,教师进行点评	自主创作,用手掌印画 (3)儿童在绘画时,老师在旁辅助,提醒儿童和同伴要协调印画,并保持画面整洁 4. 将作品粘贴在黑板上,进行欣赏、评价 (1)交流:你觉得哪片树叶漂亮?它是什么颜色的 (2)分享快乐:用肢体动作扮演树叶,一起随音乐跳舞	4. 欣赏评价时,辅助儿童理解"漂亮",出示对照图片,一张漂亮的,一张不漂亮的,辅助儿童进行指认
延伸活动	在美工区投放各种颜色的卡纸,画一幅自己眼中的树	让儿童回家后,跟家长一起用手掌画不同主题的画,如印画蝴蝶、小花等	家长也依照如上程序进行辅助

参与编写人员:张丽艳、李红、雷振丽

二、学前言语与语言障碍儿童融合教育活动设计

(一)个案情况介绍

小安(化名),男孩,3岁10个月,2020年6月开始在某融合教育研究中心进行了为期半年的全托教育,于2020年下半年开始在某普通幼儿园就读小班,同时每天下午继续到融合教育研究中心培训1小时。

生理状况:从2岁多一点开始相继在当地妇幼保健院和上海儿童医学中心就诊过,均排除了孤独症;到特殊教育机构全托前基本无自主语言,身体健康状况良好。

心理状况:性格比较内向腼腆,怕生,主动与他交流时会给予回应,但缺少眼神对视。不自信,胆怯,不与同龄正常孩子积极进行互动交流。对于批评过于敏感。

1. 个案能力状况

(1) 行为能力:在一对一个训时,大多数情况下能自觉遵守纪律,完成老师布置的作业。能够较好地理解老师的教学内容,并付诸实践,但在表达上欠佳。在多人或集体课时,容易受他人影响,出现随意走动或跑动现象。

(2) 社交能力:缺少与他人交流的积极性与主动性。对熟悉的人愿意亲近,不熟悉的人会下意识躲避。

(3) 逻辑思维能力:在训练较长时间后对于数和量的关系已有初步认知,对于10以内的数量,能按要求点数并正确回答,但是在按数量给予对应的物品时还是经常会出错。

(4) 兴趣爱好:喜欢玩,好奇心较重,大部分新的游戏都能接受。

(5) 言语与语言能力:在经过家庭的悉心教育和教育康复机构的个别化干预后,目前已有主动语言,能回应并进行简单的短句表达,但是还存在发音不清楚或不准确的情况。

① 舌根音、翘舌音和唇齿音发音不清。

② 音调异常。在发有些音时会出现把四声调中的阴平(第一声)发成下声(第四声)情况,如"mā mā"发成"mà mà"。

③ 语法障碍。说话句型结构简单,有省略的现象。如"一只没有耳朵"会说成"一只朵"。

2. 个案障碍类型

经教育康复机构对其心理能力全面评估,小安属于言语与语言发展迟缓儿童。

(二) 融合教育活动设计

1. 融合教育活动主题

幼儿园音乐领域活动:音乐活动——动起来。

2. 融合教育活动实施学段

小班(普通儿童为3—4岁)。

3. 融合教育活动设计方案

IEP目标:提高小安语言表达和社交能力(见表3-4)。

动起来是儿童的常态,儿童喜欢参与动静结合的活动。加上音乐律动,可以使活动的氛围更活跃。可以通过创编歌词,提高儿童的语言组织能力和想象力。特需儿童即使语言表达能力较弱,在他人的提示下,也能跟着仿说儿歌。和同伴之间的互动游戏,不仅使特需儿童在语言和社交上有所提升,而且能提升特需儿童的自信心和共同关注能力。

表3-4 学前言语与语言障碍儿童融合教育音乐活动设计

活动名称	音乐活动——动起来		
项目	普通儿童	小安	融合课堂活动辅助
预设目标	1. 认识铃鼓 2. 掌握"××/××/××××××"的节奏 3. 在边想边玩的过程中享受创编的快乐	1. 已玩过铃鼓,有一定的认识 2. 能够跟随模仿击打"××/××/××××××"的节奏 3. 模仿发音,感受律动的乐趣	1. 引导小安正确使用铃鼓 2. 老师在小安击打铃鼓时给予语言提示
活动准备	1. 每人一只铃鼓 2. 音乐《幸福拍手歌》	1. 经验准备:有玩耍过铃鼓的经验,愿意把玩 2. 物质准备:铃鼓和音乐	1. 可以在老师的语言提示下打击节奏,模仿发音 2. 听一听音乐,感受节奏
活动过程	1. 导入环节。播放音乐《幸福拍手歌》,请儿童一起动起来 2. 认识铃鼓 (1) 老师带来了一个神秘的新朋友,让我们看看它是谁?出示铃鼓(由一面鼓和小铃片组成),它可以发出两种声音哦,请仔细听好,是哪两种声音(鼓面发出的咚咚咚的声音,还有小铃片发出的叮铃铃的声音) (2) 听听看,我的铃鼓在说什么?(咚咚咚)我的铃鼓除了在说咚咚咚,咚咚咚,咚咚咚咚咚咚咚,还像在说什么?(蹦蹦蹦、锵锵锵等)请儿童自由讨论	1. 准备环节。播放儿童一起律动的视频,请小安说说他们在干什么。(玩铃鼓)提问"小安,你见过铃鼓吗?它可以怎么玩呢?"小安自主进行简单的经验讲述,然后老师介绍铃鼓 2. 好玩的铃鼓 (1) 老师给出指令"请在桌子下面的黄色框中找出铃鼓"。(框中有其他三样干扰乐器) (2) 小安拿到铃鼓后,和老师一起把玩,模仿两种不同的敲击方式。通过敲击和拍打后发出的不同声音,提问"它发出的声音像在说什么?",请小安模仿"叮铃铃,咚咚咚"	1. 准备环节。老师在小安旁边坐好共同观看视频,并描述一下活动,为后面的提问做铺垫 2. 好玩的铃鼓 (1) 老师先指导小安正确的操作流程,协助他寻找物品,再尝试着让其自主进行 (2) 老师进行提问:"铃鼓的声音一样吗?哪个更好听?"当给出回答时引导其他儿童给予呼应,老师给予肯定,当他人进行发言时,提示小安认真聆听,引导小安关注

续表

项目	普通儿童	小安	融合课堂活动辅助
活动过程	3. 引出儿歌 我的铃鼓真厉害,会说这么多的话。咦!我的铃鼓又说话了,哦,我的铃鼓在说"站起来、站起来,高高兴兴站起来!"。听,我的铃鼓又说话喽!它在说:"蹲下来、蹲下来、我们大家蹲下来!坐下来、坐下来,我们大家坐下来" 4. 创编儿歌 现在老师要来考考你们了,我们除了可以站起来、蹲下来、坐下来,我们还可以创编一些怎样的动作呢?请你们想一想(跳起来、拍起来、转起来、跑起来、走起来、唱起来……) 总结:现在我要把我们刚才想的都连在一起,看看你们的反应够不够快,准备好了吗?听音乐,进行创编游戏 5. 结束 总结今天活动的内容,表扬全体幼儿	等象声词 (3) 老师分步示范节奏敲打"×××/×××/××××××"的节奏,小安模仿第一小节咚咚咚,第二小节咚咚咚,第三小节咚咚咚咚咚咚 (4) 在老师带领下连续完整敲打"×××/×××/××××××"的节奏 3. 学念儿歌 老师:"小安真厉害,能用铃鼓敲出这么好听的声音!我们的铃鼓还会说话哦,听听在说什么呢?""站起来、站起来,高高兴兴站起来!"请小安仿说并学做动作。铃鼓还可以说什么呢?老师提示"坐",请小安尝试创编,老师可适当给予语言辅助 4. 快乐游戏 播放音乐,老师带领小安一起边念儿歌边做动作,听到跑就跑起来,听到走就放慢速度慢慢走,听到跳就原地向上跳或向前蹦跳……接着跟其他儿童一起进行互动游戏。也可尝试老师的角色,小安拍打铃鼓,发指令"跳、走、跑……",其他儿童进行游戏 5. 结束 老师用语言引导小安回忆今天的活动内容,知道铃鼓的不同玩法	他人的语言和行为,给予他人肯定。当老师给予肯定要求大家一起鼓掌时,引导小安一起鼓掌,模仿其发声,按照不同的声音进行敲击,熟悉铃鼓不同的敲击方式 (3) 在老师的语言提示和动作辅助下,打击正确的节奏,慢慢地撤销辅助,减少动作提示,帮助小安掌握完整的节奏打击 学念儿歌:鼓励小安大胆地表现自己,给予其鼓励,增强其信心,可以和其他儿童一起合作表演,激发小安的想象力,可尝试不同的动作,老师加入语言提示 快乐游戏:引导小安积极参与游戏,了解游戏规则,和同伴一起进行互动,并培养小安的互助意识,可挑选一个活泼的儿童,主动向小安进行求助,引导其简单的语言交流,例如:好的,不用谢等。在小安遇到困难时,引导其去找其他儿童寻求帮助,引导简单的语言交流,例如:你可以帮帮我吗?

续表

项目	普通儿童	小安	融合课堂活动辅助
活动过程			结束：引导小安对今天的活动进行描述，例如：我们今天做了什么？做得好不好？铃鼓好玩吗？然后由老师对今天的活动进行评价，并提出表扬
延伸活动	放学前整理活动和同伴进行动起来的律动游戏	亲子时光，回家后和父母一起游戏，拍节奏喊口令，看看谁的反应最快	家长也依照如上程序进行辅助

参与编写人员：许伊琳、杨芳、杨媛媛

三、学前情绪与行为障碍儿童融合教育活动设计

（一）个案情况介绍

铭铭（小名），男孩，6岁4个月，于2020年10月进入融合教育研究中心进行训练。家庭成员有爷爷、奶奶、爸爸、妈妈、姐姐和铭铭，姐姐22周岁，父母高中学历，母亲生病（抑郁症）在家多年，父亲工作不忙，时间宽裕可以自由支配。

生理状况：智力严重落后，新生儿时肺炎住院，之后体质一直较弱，6岁时患周期性呕吐、神经性胃炎及癫痫，服药两年半并有好转，没有复发癫痫但胃肠功能较弱。注意力缺陷，肢体协调及平衡能力较弱。

心理状况：心智水平较低，与实际年龄不符。表现符合幼儿阶段的心理特点，如以自我为中心；对新鲜的事物充满兴趣，喜欢用手去探索；乐于与比自己年龄小的孩子玩耍，热衷于象征性游戏，即假扮游戏；无法做到延迟满足，一旦不被满足就易情绪失控，甚至出现暴力行为；自控意识和能力弱、对于批评较为敏感。

1. 个案的能力状况

（1）行为能力：在一对一训时，较多自言自语的情况，对于有一定难度的项目不愿意完成，会一直惦记着并口头重复自己想要进行的内容；有随意

起立和走动的情况。集体活动表现踊跃,任务完成准确度不足。

（2）人际交往:经常提起妈妈,对妈妈有一些怨言;能够主动热情与他人打招呼;有害羞情绪;愿意与小伙伴共同游戏,缺乏社交技巧;同理心不足;有等待和轮流意识,能够进行物质分享,能够在引导下表达情绪和想法;不擅长利用语言进行交际,经常发生触碰他人情况并引起他人反感。

（3）逻辑思维能力:能力表现欠佳,如对于数和量的关系在训练较长时间后已有初步认知,对于 10 以内的数量,能按要求点数并回答正确,但是在按数量给予对应的物品时还是经常会出错。

（4）言语与语言能力:简单日常生活语言能够以短语和短句的形式进行表达;较复杂并带有逻辑性内容时,不能够理解和把握信息;不会使用高级词汇或抽象词语;语言表达时不流畅,常会有结巴的现象。

（5）兴趣爱好:喜欢玩,有好奇心,对音乐、游戏感兴趣。

（6）情绪行为:在不被满足或者被批评时马上爆发不良情绪,会摔东西、打人;与小朋友共同活动时会欺负弱小的孩子。当受到批评时会打自己的头;经常不听指令和破坏活动规则;在批评教育下能够承认错误;情绪调整困难,正面引导常常无效。

（7）其他方面:有注意力、学习和行为等多重障碍,生活自理能力不足。

2. 个案障碍类型

经教育康复机构对其心理能力全面评估,铭铭属于智力落后伴情绪与行为障碍儿童。

（二）融合教育活动设计

1. 融合教育活动主题

幼儿园科学领域活动:科学实验活动——水和油的秘密。

2. 融合教育活动实施学段

大班(普通儿童 5—6 岁)。

3. 融合教育活动设计方案

表 3-5　学前情绪与行为障碍儿童融合教育科学活动设计

活动名称	科学实验活动——水和油的秘密		
项目	普通儿童	铭铭	融合课堂活动辅助
预设目标	1. 通过实验了解油和水的特性 2. 培养、激发儿童动手操作能力及对科学活动的兴趣 3. 能用语言总结和表达油与水的特性 4. 初步理解水和油不相溶的原理	1. 通过实验了解油和水的特性 2. 培养、激发铭铭动手操作能力及对科学活动的兴趣 3. 能用简单的语言总结和表达油与水的特性 4. 初步明白水和油不相溶的原理 5. 在活动中不随意插话或发言,要举手回答问题 6. 不因为没有轮到自己而发脾气 7. 能够安坐,不随意起立	1. 在老师专门辅助下初步知道油不溶于水 2. 当铭铭欲冲动插话或发言时,老师能及时提醒 3. 老师随时观察铭铭因没有举手要发言被制止后,可能会出现的不良情绪与不当行为,以便提前预防 4. 辅助时遵循由多到少、从肢体辅助到手势提示过渡
活动准备	1. 经验准备:具备颜色认知能力;能够灵活、顺利倒水;能够使用滴管 2. 物质准备:红色油;蓝色油;红色水;蓝色水;一盆清水;一个空盆;每位儿童两个透明杯;两个滴管	1. 经验准备:能够理解成人的引导性语言;能够服从老师手势和语言提示;能够理解活动中事物间的逻辑关系;能够区分颜色;会使用滴管 2. 物质准备:红色油;蓝色油;红色水;蓝色水;一盆清水;一个空盆;两个透明杯;两个滴管	辅助老师要了解整个活动内容、形式和过程。做好铭铭在活动过程中,在某个环节可能会出现不良情绪与不当行为问题的准备,并做好解决预案
活动过程	1. 观看关于水的视频,引导儿童说出水的特性及功能,知道水是无色、透明、可以流动的 2. 老师出示澄清透明的油,请部分儿童通过触、嗅的方式表述油的特点 3. 老师利用颜料将无色的油和水分别置入颜料,搅拌后成为有色的油和水,老师示范滴入颜料、搅拌颜料等动作后,鼓	1. 观看视频时关注铭铭是否注意力集中,如果不能安坐观看,老师要用手势提示他 2. 在动手操作环节,老师放慢节奏进行示范,并在示范时,提醒铭铭注意看老师在做什么,看会后才能自己操作 3. 待铭铭操作时,老师观察他的操作是否正确,如果不正确要进行动作辅助。如果铭铭无法使用拇指与食指按压滴管,老师要鼓励他多次尝试直至	1. 选择合适的位置,一般就坐于后排 2. 在儿童不理解老师语言时给予讲解及手势提示 3. 老师辅助儿童理解事物操作的先后顺序 4. 老师辅助能够完成倒的动作,并能够有独立操作的能力 5. 物质准备:增加矿泉水瓶,以便操作、观察 6. 在活动过程中,老师随时观察铭铭的情绪与行为变化,预防、提醒为

续表

项目	普通儿童	铭铭	融合课堂活动辅助
活动过程	励儿童参与完成其余颜色的调配 4. 老师示范将蓝色水和蓝色油分别滴入清水中,引导儿童观察其不同并用语言总结,引导说出蓝色水溶于清水,蓝色油不溶于清水,浮在水面上。引导儿童发现蓝色水滴入清水中后,水变成了浅蓝色,说明它们是能溶合在一起的。解释"溶合"的意思:一种物体和另一种物体合在一起,说明它们是能相溶在一起的,如果不能够合在一起则说明它们是分开的。蓝色的油滴入清水中后,油浮在水面上,水和油分开了,说明水和油互不相溶 5. 儿童动手操作并得出结论(教师引导:可以先倒入水,也可以先倒入油;可以油多一些,也可以水多一些,或者一样多,观察油和水在杯子里会发生什么变化,产生什么现象) 6. 小结:水和油互不相溶,无论用什么方法,总是油在上,水在下	能独立完成 4. 将蓝色水与蓝色油分别滴入矿泉水瓶中,让铭铭观察。当他不能理解时,老师使用上下摇晃的方式示范并让他自己操作、观察 5. 小结:辅助铭铭能够用简单的语言总结,油不会溶于水	主,减少不良情绪与不当行为的发生 7. 如果活动中发生了不良情绪和行为,不影响整个活动的进行时,老师可以单独对铭铭进行安抚、劝导或引导。如果出现了比较严重的情绪与行为问题,老师可以带铭铭暂时离开活动现场进行安抚和引导,待情绪平复后,再参加活动
延伸活动	请儿童玩一玩"水油分离"画,并想一想为什么颜料水不会和油画棒混在一起,加深对"油不溶于水"的理解		

参与编写人员:戴维、朱晓叶、潘佳丽

四、学前孤独症儿童融合教育活动设计

（一）个案情况介绍

小静(化名)，女孩，今年6岁，4岁时父母发现行为异常后来到康复机构。父母均在企业单位就职；家庭成员包括外婆、爸爸、妈妈、小静4人。父母均为本科学历，家人有时会用方言与她交流。

小静出牙、走路、讲话都比普通孩子要晚，做各种事情都有点慢吞吞。2岁半开始早教。胆子很小，讲话不够流畅清晰，一句话最多可以讲出5个字左右，经医院诊断为语言发育迟缓。肢体协调能力不强，不会原地跳，不敢自己上下楼梯，平时走路的时候也喜欢大人牵着手。喜欢听音乐，听音乐时很投入且会随着音乐跳舞。喜欢各种小动物和小动物卡片、模型。在绘画上较有天赋，对颜色搭配敏感，能够临摹和自我创作主题画。小静的脾气性格较为温顺，特别不顺心时会发脾气，无理取闹的时候较少。不喜欢和别人交流，对其他孩子不感兴趣，对陌生人和陌生环境有惧怕感，要求大人抱着。能够自己吃饭，但是虾等带壳的食物不会自己剥。会自己穿脱衣服、上厕所。

1. 个案能力状况

(1)语言与言语能力：小静在语言表达上有简单的自发性语言，多数为要求型语言。可与他人进行简单的交流，但语言还是存在刻板性、机械性和重复性，缺乏沟通技能，对于复杂或较长的语句理解能力不足。

(2)认知能力：对日常事物有基本的认知概念，但逻辑思维能力较弱，不能理解数与量的关系。

(3)大运动能力：胆子较小，缺乏大运动能力，平衡感较弱。在运动过程中四肢力量较弱，欠缺灵活度。拍球和跳绳运动对于她来说十分困难且伴随畏难情绪。

(4)注意力：在共同注意力上也存在着很大的障碍，无论是在一对一的训练还是在集体教学中，注意力均不能持续较长时间，一旦不在老师的辅助下或面对自己不感兴趣的训练项目时，会频频出现目光游离且伴随频率较高的小动作，甚至会再次进入自己设立的"围墙"中，将自己与外界所有的事物隔离起来。

(5)社交能力：对于人际和事物之间的关系理解很弱，集体游戏中无法理解互动的意义，无法关注到在游戏中如何与对方协作并最终完成游戏，更缺乏体验游戏成功的喜悦。

2. 个案障碍类型

经医院诊断和教育康复机构评估，小静属于中度孤独症儿童。

（二）融合教育活动设计

1. 融合教育活动主题

幼儿园艺术、语言领域活动：美术互动活动——我有一个小牧场。

2. 融合教育活动实施学段

大班（普通儿童5—6岁）。

3. 融合教育活动设计方案

表3-6　学前孤独症儿童融合教育美术活动设计

活动名称	美术互动活动——我有一个小牧场		
项目	普通儿童	小静	融合课堂活动辅助
预设目标	1. 参与美术活动，感受美术活动的乐趣 2. 提高对动物和颜色运用的认知，提升儿童的想象力 3. 乐于与同伴分享，能够较完整地介绍作品，讲述作品间的差异	1. 参与美术活动，感受美术活动的乐趣 2. 能够在老师的引导下画出不同的小动物并运用不同的颜色 3. 让小静和同伴进行交流互动，在老师的言语提示下使用较流畅的语言，大胆描述自己的观察	1. 提醒小静集中注意力 2. 老师辅助小静观察同伴操作并模仿完成动作 3. 老师示范描述小静的作品，然后让小静模仿表达
活动准备	1. 经验准备：对动物和颜色有基础认知；愿意与小朋友进行作品互换；能够独立完成动物绘画；已有初步使用剪刀的技能；具备观察和陈述画面的能力；能够演唱与动物相关的儿歌 2. 物质准备：PPT、剪刀、固体胶、油画棒、农场背景图、垫板	1. 经验准备：对动物和颜色有基础认知；愿意与小朋友进行作品互换；能够独立完成动物绘画；能接受新的音乐；有10个字左右语言模仿表达能力；能够听从指令；能够静坐；可以使用剪刀；能理解"不同"的概念；能够对两幅作品大小、颜色等方面进行观察比较	1. 提前引导小静认知颜色 2. 愿意按照指令的位置和椅子落座 3. 提前练习分享作品的语言表达

续表

项目	普通儿童	小静	融合课堂活动辅助
活动准备		2. 物质准备：PPT、剪刀、固体胶、油画棒、农场背景图、垫板	
活动过程	1. 播放PPT《老麦克唐纳有个农场》，让小朋友知道什么是农场，农场里有什么 2. 让小朋友说一说，爷爷的农场都有一些什么小动物。老师提示，如：叽叽叽的鸡宝宝、咕咕咕的母鸡妈妈、喔喔喔的公鸡爸爸、喵喵喵的小猫咪、汪汪汪的小狗、咩咩咩的小羊等。或从颜色角度提示：黄色的鸡宝宝、五彩缤纷的公鸡爸爸、黑白的小狗等 3. 绘画创作 (1) 引导儿童画出自己喜欢的动物(轮廓画) (2) 引导儿童给自己的小动物穿上各种颜色的衣服(填色) (3) 用剪刀把各自画的小动物剪下来，正确使用固体胶，将动物们粘贴在事先准备好的农场背景中 4. 展示作品和简单交流 老师肯定和接纳孩子们独特的审美感受和表现方式，鼓励儿童讲述画面、和同伴共同欣赏别人的作品。互相观察和讨论自己和对方的画中有哪些不一样的地方，让孩子们进行发言交流。老师进行点评	1. 播放PPT《老麦克唐纳有个农场》，让小朋友知道什么是农场，农场里有什么 2. 让小朋友说一说，爷爷的农场都有一些什么小动物。老师提示，如：叽叽叽的鸡宝宝、咕咕咕的母鸡妈妈、喔喔喔的公鸡爸爸、喵喵喵的小猫咪、汪汪汪的小狗、咩咩咩的小羊等。或从颜色角度提示：黄色的鸡宝宝、五彩缤纷的公鸡爸爸、黑白的小狗等 3. 绘画创作 (1) 在老师的辅助下让小静端正握笔姿势 (2) 在老师的引导或辅助下让小静画出小动物的轮廓 (3) 在老师的辅助下用剪刀把自己画的动物剪下来，使用固体胶贴在牧场背景画的合适位置上 4. 欣赏交流 在同桌小伙伴的引领下，小静乐意与同伴互动和交换作品；能在老师的鼓励和辅助下大胆地对自己的作品进行简单的介绍；可以说出自己的作品和同伴的作品之间的不同之处。老师进行点评	1. 老师提示小静关注老师的语言，关注同伴的回答 2. 在老师示范动物描述时，呈现动物卡片降低儿童接收语言信息的难度 3. 提醒儿童握笔姿势 4. 绘画时再次提醒绘画主题，并描述画面中适合出现的内容 5. 儿童不能绘画出某一形象时，老师可提示或示范进行 6. 辅助儿童拿好剪刀并提示剪、贴等动作 7. 老师提醒并示范进行作品分享时的语言表达并让儿童进行模仿，老师示范时根据儿童信息接受度把控语速和语句长度

续表

项目	普通儿童	小静	融合课堂活动辅助
延伸活动	把作品带回家跟爸爸妈妈一起分享	为特需儿童在美工区投放动物的涂色卡和各色油画棒	老师在儿童涂色时进行适当辅助指导

参与编写人员：刘娟、张伊佳、张海伦

【本章练习题】

1. 什么是学前教育课程？试述学前融合教育课程的内涵。

2. 简述融合教育课程调整的目的和原则。

3. 举例说明融合教育课程调整的内容。

4. 简要评价学习通用设计。

5. 试述高宽课程及其评价。

6. 简述关键经验及评价。

7. 论述学前融合教育中的嵌入式教学。

8. 使用 UbD 模式对一名无语言、呼名不反应的孤独症儿童设计一份融合教育课程。

9. 自主选择一类障碍儿童，做一个学前融合教育活动设计方案。

第四章

学前融合教育实施

教学目标

1. 师德养成目标

通过本章内容的教学,使学生掌握学前融合教育实施要遵循的基本原则;充分理解学前融合教育实施中的支持策略。认识到原则与策略是做人、做事的准则和方法,从而逐渐学会遵守准则、掌握方法意识和养成良好师德。

2. 知识与能力目标

(1) 知识目标:通过教学,使学生掌握学前融合教育实施中的干预反应模式和差异教学模式;熟知学前融合教育实施中要注意的几个关键性问题。

(2) 能力目标:通过教学,使学生初步学会使用学前融合教育中的两个模式。

3. 情感与意志目标

(1) 情感目标:通过教学,使学生深刻理解学前融合教育的顺利实施,需要各方人士统一思想、团结合作,从而有意识地培养自己换位思考和理解他人的能力。

(2) 意志目标:通过教学,使学生充分理解学前融合教育实施的关键因素是人,立志为学前融合教育努力读书,培养自身良好的心理素质。

教学重点与难点

1. 教学重点:学前融合教育实施的原则
2. 教学难点:学前融合教育实施的主要模式

艾伦和考德里(Allen & Cowdery)总结出融合教育具有三方面优势：第一，融合教育与正常儿童及残疾儿童的基本权利息息相关，即所有儿童都有受教育的权利；第二，融合教育为残疾儿童提供优质的教育资源；第三，融合教育为残疾儿童提供获得社会技能的机会。① 因此，融合教育是特需儿童争取教育公平权利的极其重要的手段。对于学前融合教育来说也是如此。融合教育的意义重大、理念先进，从事融合教育工作的教师不应只对其意义和理念有充分的认知，最根本的是要在学前融合教育的实施方面下功夫，即"知行合一"。

第一节　学前融合教育实施的原则

学前融合教育的实施不能随意而为之，其关系到学前融合教育在我国实施的可行性、关系到普通儿童与特需儿童的共同成长与发展水平。所以为了使普通儿童和特需儿童都得到良好的发展，特别是使特需儿童能和普通儿童一样，平等地参与到幼儿园的活动中，学前融合教育的实施要遵循以下原则。

一、计划性与变通性统一原则

学前融合教育的实施要遵循的第一条原则就是计划性与变通性统一原则。

所谓计划性是指在学前融合教育实施前不仅要做好一学期融合教育活动开展的计划安排，还要对每次融合教育活动从课程活动内容、融合方式与方法、融合重点与难点把握以及融合过程中突发情况的解决预案进行详细计划，以保证在学前融合教育实施过程中把不可控情况降到最小范围，保障学前融合教育的平稳、高效实施。

---

① Allen K., Cowdery G. E. The Exceptional Child: Inclusion in Early Childhood Education [M]. Belmont, CA: Wadsworth Publishing Company, 2022: 338 - 370.

所谓变通性是指在融合教育实施过程中,一方面要严格执行融合活动的计划,另一方面为了达到最佳融合效果或更有效地把握局面,保证融合活动的顺利开展,教师要视实施过程中的实际情况,运用教育机制改变原有计划。例如,就学前融合课堂活动实施的时间安排来说,由于对特需儿童的配合度以及理解力的预判不会那么精准,在活动中某一个环节用时可能会超出或缩短,这就要求教师在活动过程中视情况调整计划或活动方案,即临时增加或减少活动内容,以保证融合课堂的时间限定在特需儿童注意力保持的有效范围内。

因此,计划性与变通性是一个辩证统一体。在学前融合教育实施过程中做到有计划、有变通,才能使得学前融合教育的实施得到质量保证。

二、支持性与自主性统一原则

学前融合教育从整体上讲是一个系统工程,需要融合教育幼儿园全园的配合,包括人力、物力和财力的支持。从学前融合教育实施的主体来说,要发挥教师的主体性或主动性。只有支持性与自主性统一,才能使学前融合教育顺利实施。

所谓支持性原则是指学前融合教育是一项非常复杂的、不是单方或几个人能完成的工作。学前融合教育需要得到融合幼儿园机制、体制、制度、措施等多方面的支持,特别是需要跨学科团队的共同支持。一个支持系统往往包括多领域、多学科的人员和资源,跨学科合作是支持系统的主要实施方式。跨学科合作包括普通幼儿教师、融合教育教师/特殊教育教师、特殊教育专家和相关医学专家等的合作支持。因此,学前融合教育的实施要求幼儿园负责人做好整个支持系统的调配和协调工作,在融合教育实施前确保各方支持、运转到位。

所谓自主性原则是指承担融合教育的幼儿园要把融合教育工作作为本园的常规工作来主动承担,虽然有"外援"的支持,但是要发挥独立自主的精神,无论在相关业务培训或学习、融合教育的课题研究、融合教育的效果评估等方面,都能有自己的骨干或带头人。特别是在学前融合教育的实施过程中,能在课程活动计划安排、活动内容调整、效果评价等方面做到自主、合理和科学的安排和操作。

因此,支持性与自主性是一个辩证统一体,需要学前融合教育全体人员站在整体工作的角度,积极配合与协作。发挥协同与自主的作用,顺利完成学前融合教育的实施工作。

三、整体性与针对性统一原则

学前融合教育的主要实施方式是把特需儿童全天或适时放在普通班级中开展融合教育。因此,学前融合教育班级既是一个整体,又有需要特别关注的个体。

所谓整体性是指教师要把学前融合教育活动班级作为一个活动整体来看待。无论是活动计划安排、活动内容选择、活动方式方法设计等都要考虑普通儿童和特需儿童的整体发展需要与能力水平。特别是要考虑融合教育的目的是促进普通儿童和特需儿童的共同进步。

所谓针对性是指在考虑融合教育的整体活动安排时,还要兼顾普通儿童和特需儿童不同的需要和能力水平,来安排总与分相结合的活动计划。这就是融合教育活动针对性的体现。无论是总的活动计划还是分的活动计划,都是有针对性地开展,目的是真正实现学前融合教育实施,以促进全体儿童发展。

因此,整体性与针对性是一个辩证统一体。既要把学前融合教育活动作为整体活动来安排,又要有针对性地因材施教,照顾到不同类儿童的能力水平和发展空间,摒弃"一刀切"的目标指向,用正确的儿童发展观完成学前融合教育任务。

第二节　学前融合教育实施中的支持策略

学前融合教育的支持策略是指为了使学前融合教育能顺利且有效地开展,需要为其提供各种包括多领域、多学科的人员和资源支持。就我国目前来说,虽然严重缺乏对学前融合教育的支持系统,但是已经开始初步地探索和尝试。

一、教师的支持策略

融合教育不仅仅意味着为特需儿童提供平等的入学机会,更重要的是为特需儿童提供高质量的教育。教师是融合教育实施过程中影响融合教育质量的关键因素。研究结果显示,许多幼儿教师表示自己不了解和没有接触过学前融合教育。[①] 我国目前学前融合教育教师支持情况是怎样的?

(一) 教师支持现状

我国普通幼儿园班级的教师配备要求是"两教一保",即 2 名有幼儿教师资质的教师加 1 名保育员。班级人数一般不得超过 36 人,师生比不得超过 1∶15。特殊学校教师的配备比一般是 1∶3,一般不得超过 1∶5。按工作需要,学前融合教育的班级,教师配备一般的做法是"两教一保"加一名融合教育教师。融合教育教师的主要任务是对特需儿童的融合教育全面负责。但是目前我国幼儿教育的现状是缺少专业的融合教育教师,融合教育教师的配备是一个亟待解决的问题。学前融合教育班级很难因为班级里多了特需儿童而增加特殊教育教师。

已有的研究发现,我国幼教工作者对残疾儿童的接纳度低、幼教工作者缺少实施学前融合教育的相关知识和技能、幼儿园实施融合教育缺少有力的社会支持。[②] 陈秀敏、刘妍等人通过访谈研究发现,学前融合教育专业方面的支持不足,表现在园长及幼儿教师基本上没有专业人士的支持。无论是公办园还是民办园,学前融合教育还处于摸索前行的状态,多数园长及幼儿教师对融合儿童的障碍类型及行为表现似懂非懂,对融合教育教学活动设计及课程调整无从下手,对融合儿童的管理伤透脑筋,甚至对融合教育评价指标置之不理。[③] 支持学前融合教育的幼儿教师就是支持融合教育环境中的所有儿

---

① 杨雄,杨晓萍,张骞.AR 技术与幼儿园课程整合的内涵价值与实践路径[J].学前教育研究,2020 (2):89-92.
② 赵梅菊,黄晶晶.学前融合教育的实践与探索——以北京市 A 幼儿园为例[J].残疾人研究,2016 (4):48-54.
③ 陈秀敏,刘妍,王希海,等.学前融合教育存在问题及应对策略——以 H 省为例[J].绥化学院学报,2021,41(1):25-28.

童,既包括特需儿童,也包括普通儿童;支持学前融合教育的幼儿教师就是支持学前融合教育的发展。

(二) 教师有效支持策略

研究表明,由于缺乏融合教育知识与技能,很多教师难以应对融合教育工作中的诸多挑战,无法在真实课堂中对学生的多元需求做出及时反馈。因此,对学前教师进行职前专业技能培训和在职专业技能培训是必不可少的。教师是学前融合教育的引领者和实施者。教师的有效支持对学前融合教育的质量提升起着举足轻重的作用。学前融合教育幼儿园教师的有效支持策略主要通过以下几种方式进行。

1. 培养和培训融合教育教师

融合教育教师是开展学前融合教育的核心骨干教师,他们既要为融合儿童提供特殊教育服务,还要在儿童、家长和幼儿教师之间架起联系的桥梁。因此,学前融合教育幼儿园对融合教育教师的培养和培训是支持学前融合教育实施的前提和重要的基础性工作。近些年来,我国经济比较发达的省份开始重视特殊教育教师的培养,例如浙江省。融合教育教师的培养可以通过参加本地区教师集中培训、考核,也可以通过外派学习、考察和进修来完成。融合教育教师培养和培训最经常的方式是园内的定期专题学习、研讨和培训讲座等。学前融合教育幼儿园组建一支具有融合教育情怀、掌握融合理念、身怀融合技能的融合教育教师队伍,为学前融合儿童提供专业支持服务,是融合教育有效实施的首要支持策略。

2. 加强幼儿教师的培训

学前融合教育工作的开展需要得到广大普通幼儿教师的大力支持,但是由于普通幼儿教师培养体系中缺乏相关课程,导致他们对融合教育教学以及教育康复等知识与技能缺乏最基本的了解。因此,学前教育工作者对实施学前融合教育看法的偏差可能是因为他们对融合教育的理念和作用不了解。从全球来看,大多数普通教育教师对融合教育都持消极态度,主要是因为他们缺乏相关的知识和经验。很多教师不认为残疾学生接受融合教育是一项基本人权,而把它看作一项慈善举动,因此他们对融合教育的支持大多数是基于"同情、怜悯和照料"。① 通过培训可以让每一位幼儿教师都能对学前融合教育的理念、融合方式与手段等有基本的掌握,帮助他们逐步提高学前融合教育的方法和技能,最终能让学前融合教育中的每个孩子受益。

我国一些省份近几年开始在幼儿教师在岗培训中增加融合教育相关课程或讲座,主要的培训方式,一方面是参加省内外的相关知识与技术的培训,另一方面是在特殊教育专业教师的带领下边做边学,如聘请若干名特殊教育专业教师参与学前融合教育的全过程,并对融合教育活动进行指导。在此过程中传播融合教育的知识,使幼儿教师掌握特殊教育相关知识和技能。

3. 定期开展专题研讨活动

专题研讨活动是提升学前融合教育全体教师实践操作能力的有效手段。我国目前所采用的融合教育的专题研讨形式多样,特别是线上研讨不受地域和时间限制。在各种形式的研讨中,教师们对融合教育的过程与方法、理念与技术有了进一步的认识和把握;可以逐步对特需儿童的行为、个性以及认知能力等有更加深入的了解。特别是融合个案的研讨活动,能让教师对如何指导、帮助特需儿童,如何正确处理特需儿童与普通儿童的关系,如何为特需儿童提供个性化教育服务等有更深的体会和把握。学前融合教育开展的专题研讨还可以通过融合教育课堂活动公开课的方式进行,通过观摩融合教育活动过程,使教师们相互学习、相互切磋,通过说课与评课,促进融合教育师资水平迅速提升。

拓展阅读

目前,建立多方参与的学前融合教育专业共同体既是支持学前融合教育中幼儿教师的专业发展,也是支持学前融合教育发展的有效模式。共同体的概念源自德国社会学学者滕尼斯(Tonnies)。其涵义是基于共同的理想、信念和追求而形成的一种紧密合作关系。学前融合教育专业学习共同体是学前融合教育班级的幼儿教师、接纳特需儿童的幼儿园园长、从事特需儿童教育

---

① Nidhi singal. Inclusive Education in India: International Concept, National Interpretation [J]. Development and Education, 2006, 53(3): 351-369.

和研究的特殊教育工作者以及从事特需儿童治疗和康复工作的医务工作者，在为了儿童的发展这一共同的信念和价值观的基础上，以解决学前融合教育中的问题为目标，分享彼此在与特需儿童交往过程中遇到的各种问题，通过成员之间的讨论，交流有效的经验和方法，从而实现各方成长的一种专业学习型组织。参加共同体的人员都是专业的幼儿教师工作者、专业的特殊教育工作者或专业的儿科医务工作者。参加人员的专业性决定了学习共同体的专业性。学前融合教育专业学习共同体给各方提供了一个多方共同合作学习和支持发展的平台，每一个参与者都能从与他人的协同合作中汲取智慧，实现各方的互惠、共赢。此外，幼儿教师不仅能够得到专业的医学和特殊教育的指导，同时还能够获得园长的行政支持和家长的积极配合。专业学习共同体的建立是以解决问题为目标的。幼儿教师要在每一次交流和讨论中分享案例，提出学前融合教育过程中出现的问题，通过各方的充分交流，达到有效解决问题的目的。①

二、同伴的支持策略

鲍尔和谢伊(Bauer & Shea)指出，在普通班级中为身心障碍的学生建立"自然支持来源"，是融合教育成功的要素之一。而其中普通学生是普通班级中最大的支持来源。劳斯和格拉尼克(Laws & Guralnick)等人认为，特需儿童能否成功地融入普通班级，取决于普通儿童对其的接纳程度以及特需儿童与同伴间的积极互动，当特需儿童被普通幼儿所建立的社会关系和社交网络所接纳时，融合就会自然而然地发生。② 克洛斯和特劳布(Cross & Traub)等人将残疾儿童在融合环境中受到同伴的接纳与欢迎，建立良好的同伴关系，列为衡量学前融合教育质量的关键指标。③ 另有研究者发现，在融合教育环

---

① 欧阳新梅,张丽莉.专业学习共同体：学前融合教育的有效支持模式[J]现代特殊教育,2019(22)：45-47.
② 王琳琳,邓猛.学前融合教育背景下特殊幼儿同伴交往的混合研究[J]现代特殊教育,2021(2)：12-21.
③ Cross A. F., Traub E. K., Hutter-Pishgahi L., et al. Elements of Successful Inclusion for Children With Significant Disabilities [J]. Topics in Early Childhood Special Education,2004,24(3)：169-183.

境中普通儿童并没有受到特需儿童不良行为的影响，也未发现其呈现出发展缓慢的现象，同样也让普通儿童理解了他们身患残疾的朋友。[①] 我国学前融合教育同伴支持的情况又是怎样呢？

（一）同伴支持现状

王琳琳、邓猛为探究学前融合教育背景下普通儿童与特需儿童同伴交往状况，采用混合研究范式中的嵌套型研究设计，以国内一所融合幼儿园为个案，对该幼儿园中的 59 名儿童进行调查。研究结果显示：从总体来看，特需儿童的同伴接纳状况并不理想，被拒绝和忽视的儿童占 42%，尤其是小班特需儿童被拒绝的频率更高；而受欢迎的儿童仅占 16%。特需儿童多为被孤立者的身份，难以参与社交活动。尤其是幼儿园一日活动中的自由活动，这是普通儿童与特需儿童交往中问题最明显的时期，该时间范围内特需儿童被孤立者的角色最为明显。普通儿童更倾向于选择能和自己玩到一起的同伴交往，特需儿童"落单"情况明显。在集体活动中，如果老师不要求，普通孩子还是会跟普通孩子在一起，他们不会主动去找特需儿童。本研究结果显示，12 名特需儿童中 8 名儿童处在被拒绝组、被忽视组和受争议组，仅有 2 名儿童处于受欢迎组。从总体看，特需儿童的接纳状况并不理想，这与国内外其他研究一致。[②]

（二）同伴支持的引导策略

1. 开展主题活动引导同伴支持

在学前融合幼儿园或开展融合教育的班级，要有计划地开展"认识不一样的小伙伴"的主题活动。教师在主题活动中要为普通儿童介绍特需儿童的身心发展特点及可能出现的问题行为，并且让普通儿童理解这些问题行为是特需儿童无法控制的，并不是他们故意做出的。还可以通过如蒙眼走路、单腿站立或跳动等游

开展主题活动引导同伴支持

---

① Kemp, Coral, et al. Investigating the Transition of Young Children with Intellectual Disabilities to Mainstream Classes: an Australian Perspective[J]. International Journal of Disability, Development and Education, 2003, 50(4): 403-433.

② 王琳琳,邓猛. 学前融合教育背景下特殊幼儿同伴交往的混合研究[J]现代特殊教育, 2021(2): 12-21.

戏,用非常刺耳的声音等,让普通儿童可以切身体验特需儿童的生活及经历。教师也可以运用角色扮演或情景表演的方式,让普通儿童身处与特需儿童交往的情境中,并引导或示范怎样帮助特需儿童,以此引发普通儿童的共情。这种策略不仅可以激发普通儿童自身的社会性发展,还可让特需儿童感受到融合班级的良好氛围,提高他们对自我的积极认知并尽快融入集体。

2. 选择适合特需儿童的同伴

特需儿童与普通儿童一样,不是所有的儿童都会成为他们的同伴或好朋友。特需儿童同伴支持的前提是教师在深入了解他们的情况下,为他们搭建良好关系桥梁。选择什么样的同伴,要考虑特需儿童的"喜好"。不能简单地认为只要是能力强的、性格互补的、异性的同伴就是适合的。教师首先要观察特需儿童对哪

选择适合特需儿童的同伴

些同伴不排斥、可以与他们在一个相对小的环境下活动;然后再仔细观察他们与哪个或哪些普通儿童在一起时参与活动比较顺利,并且这些或这个普通儿童不排斥特需儿童,如果还能主动地帮助特需儿童,这个普通儿童或这些普通儿童就可以成为特需儿童的同伴。

3. 注重生活常规的同伴支持

特需儿童进入幼儿园的班级集体环境,遇到与普通儿童不同的困难是能力弱导致无法与普通儿童同步活动,其中孤独症儿童还会明显地表现出不能融入集体,甚至抗拒人多的环境等。教师的责任是引导特需儿童的同伴为特需儿童主动示范,如如厕、吃餐点、午睡等,教特需儿童学会模仿并一起参与集体活动。目的

注重生活常规的同伴支持

是帮助特需儿童理解活动规则、集体的意义,逐渐形成集体归属感。同时,教师在日常生活中要特别关注、及时处理普通儿童与特需儿童发生的矛盾,这是提升普通儿童接纳特需儿童的程度,使特需儿童尽快融入集体的重要手段。

4. 关注区角活动的同伴支持

幼儿园的区角活动是一种自主性很强的游戏活动,是儿童非常喜欢的一种自主性游戏活动。但是区角活动对儿童能力要求比较高,如游戏主题的选择能力、与他人的协作能力、游戏过程中的角色扮演能力,特别是对自身的语言沟通能力要求比较高。特需儿童往往在某一方面或在某些方面的能力比较弱,区角活动时

关注区角活动的同伴支持

往往容易被普通儿童"抛弃",造成他们在区角活动时间无所事事。一般来说,区角活动由于多数普通儿童不需要教师的过多关注,教师在班级的区角活动时间,有精力和时间去引导特需儿童的同伴带领特需儿童参与区角游戏中。如教师可以加入特需儿童区角游戏的一个角色中,以自身的示范作用教会普通儿童如何带领特需儿童参与其中,帮助区角游戏中参与的儿童共同找到游戏的乐趣。

三、家庭的支持策略

学前融合教育的家庭支持是指幼儿园普通儿童家长与特需儿童家长的共同支持。由于我国融合教育的推进相对较晚,各种渠道的宣传力度不够,因此许多家长还不了解融合教育的意义、理念及作用。大多数家长认为融合教育仅仅是为特需儿童服务的,对于普通儿童没有多大作用,甚至认为特需儿童的加入会让普通儿童受到干扰,使普通儿童无法拥有良好的学习环境。[①] 因此,我国近些年学前融合教育的家庭支持现状如何呢?

(一)家庭支持现状

在普通儿童家长方面,目前相关研究表明,普通儿童家长对于幼儿园招收特需儿童持保守甚至反对的态度。严冷调查发现,在所调查的家长中,赞同幼儿园招收特需儿童的仅占17.7%,38.7%的家长明确表示反对。[②] 虞洁研究发现,普通儿童家长对融合教育的了解程度不及特需儿童家长;与普通儿童家长相比,特需儿童家长更倾向于认为特需儿童会从融合教育中受益,而普通儿童家长会比特需儿童家长更担心普通儿童的教育质量受到影响;特需儿童家长更希望特需儿童多一些时间接受融合教育。[③] 由于家长的态度会直接影响到普通儿童对待特需儿童的态度,普通儿童家长的支持现状会给我国学前融合教育的开展带来一定的不利影响。

[①] 王智云.学前融合教育中的家园共育[J].学前教育研究,2018(12):67-69.
[②] 严冷.北京普通幼儿家长全纳教育观念的调查[J].中国特殊教育,2009(9):8-13,18.
[③] 虞洁.对教师、家长融合教育认识的调查及智障儿童的个案研究[D].上海:上海师范大学,2013.

在特需儿童家长方面。由于3岁前大多数学龄前特需儿童是在家中接受教育,很少接触外界,特需儿童家长长期面对孩子的现状与异常行为,容易产生自卑和防御心理,特别是干预后无明显效果的情况下,对孩子的康复常常会持消极态度。研究表明,很多特需儿童家长并没有意识到自己在孩子融合教育中的作用。同时受传统观念的影响,他们往往认为教育就是教师的工作,主动参与儿童融合教育的热情不高。[①] 因此如何提高普通儿童家长与特需儿童家长学前融合教育的参与度,是需要重点关注的问题之一。

拓展阅读[②]

刘晓红、邓宇超对河南省15所城市幼儿园900名家长进行了学前融合教育相关方面的调查。

1. 对相关法律法规的接纳度方面

约40%的家长"十分同意""特需儿童享有与正常儿童同等的权利"。42%的家长"十分同意""特需儿童应当与正常儿童共享教育资源"。45%左右的家长"十分同意""特需儿童有权参与社区的各类活动"。60%的家长认为国家应加强立法,保障特需儿童平等参与社会、社区生活,共享文明进步的成果。可见,家长在情感意愿上比较认可国家要立法保障特需儿童权利。但是,却有高达90%的家长对特需儿童法律法规的认知偏低,均值达到2.99(反向计分)。

2. 对学前融合教育相关概念的接纳度方面

只有20%的家长"十分了解"或"了解"这个概念,56%的家长对此概念表示"不太了解"或"完全不了解"。26%的家长表示"了解"什么是特需儿童,38%的家长表示"不了解"或"完全不了解"。总体上,只有不到三成的家长对融合教育和特需儿童表示"十分了解"或"了解",相当比例的家长对融合教育和特需儿童的认识还在"一般"或者"不了解"的程度上。

---

① 陈秀敏.关于家长参与特殊儿童早期干预的几点思考[J].绥化学院学报,2013,33(1):148-149.
② 刘晓红,邓宇超.城市家长对学前融合教育的接纳度[J].学前教育研究,2018(11):27-39.

3. 对学前融合教育的消极认知接纳度方面

仅有15%的家长认为"特需儿童是社会的负担",20%的家长表示中立;10%的家长认为"经常与特需儿童接触会影响正常孩子的智力发展",20%的家长表示中立;11%的家长认为"重度特需儿童有碍社会进步",22%的家长表示中立。

(二)家庭有效支持的策略

如何让普通儿童家庭与特需儿童家庭对学前融合教育给予有效的支持?这需要教育工作者站在学前融合教育实施的承担者角度为他们之间搭建"友谊之桥"。让参与学前融合教育的所有家长积极地为融合教育宣传、出力。

1. 转变普通儿童家长的儿童观和教育观

近几年的相关研究表明:普通儿童家长多数不能接纳学前融合教育。其原因是多方面的,一是从自己孩子的发展考虑,认为特需儿童的行为会影响自己孩子的学习和发展;二是担心幼儿园教师无法兼顾到自己孩子的成长;三是不了解融合教育对全体儿童发展的意义,认为特需儿童就该去特殊学校,在普通学校对他们的发展没有帮助;四是认为有"问题"的儿童再接受教育也没有多大帮助等。由此可见,学前融合教育能否有效地开展,普通儿童家长的支持起着重要的作用。改变普通儿童家长的儿童观和教育观以及对学前融合教育的看法是融合教育工作者重点要做好的工作。

学前融合教育工作者可以采取的方法:一是可以通过家长学校向普通儿童家长介绍学前融合教育的相关知识和理念,可以组织"如果我的孩子是特需儿童,我需要什么帮助"这样的专题讨论,让普通儿童家长换位思考,理解特需儿童家长与儿童的感受和需要;二是通过请普通儿童家长做学前融合教育志愿者的方式,让家长们深入了解班级中特需儿童的表现与需要,使普通儿童家长从思想上产生助人想法,从而能鼓励自己孩子助人;三是通过观察、了解,在征得普通儿童家长和特需儿童家长同意后,让两个家庭"结对",增加彼此沟通交流的机会。沟通交流可以让普通儿童家长了解到特需儿童家长的不易,进而产生体谅与关怀的情绪。特需儿童家长与普通儿童家长增进交往后,特需儿童和普通儿童相处的机会也会增多,使学前融合教育延伸到校外,这也更利于融合教育的实施。

2. 争取特需儿童家长的支持和全力配合

研究显示：多数特需儿童家长对融合教育持积极的态度，他们认为特需儿童可以从融合教育中获益，并且希望特需儿童能够全天候进入普通儿童班级里接受教育。① 然而，刘晓红、邓宇超的调查表明：四成以上的家长认为融合教育对特需儿童发展不利。② 这个调查结果说明目前我国学前融合教育的质量普遍亟待提高。特需儿童家长的态度在融合教育中占有举足轻重的地位，当特需儿童家长对学前融合教育持积极态度时，其效果会大大提升。

学前融合教育工作者可以采取的方法是：一是运用自己的专业知识和爱心，帮助特需儿童家长调整心态、树立信心；二是通过家访或与家长面谈，争取特需儿童家庭全体成员的积极配合；三是利用自己的身份协助特需儿童家长整合特需儿童改善问题的各种资源，如有利于改变特需儿童生理问题的医院或医生、有利于特需儿童改善核心症状的正规的教育康复机构、有利于特需儿童家庭教育的专业家庭教师等；四是引导特需儿童家长主动与普通儿童家长沟通。当特需儿童家长愿意走出去与普通儿童家长沟通交流时，便是"普通"与"特需"融合的真正开始。

争取特需儿童家长的支持和配合

拓展阅读③

表 4-2 融合教育多方合作支持模式

组织部分	多学科	学科间	跨学科
团队互动的哲学	认可多个学科所做贡献的重要性	团队成员之间共同分担学科之间的服务责任	团队成员致力于跨越学科界限进行教学、学习和工作，以便规划和提供综合服务

---

① 虞洁. 对教师、家长融合教育认识的调查及智障儿童的个案研究[D]. 上海：上海师范大学，2013.
② 刘晓红，邓宇超. 城市家长对学前融合教育的接纳度[J]. 学前教育研究，2018(11)：27-39.
③ [美]安·M. 格林伯格，[美]瑞吉娜·米勒. 儿童早期融合教育实用指导[M]. 苏雪云，吴择效，译. 上海：上海人民出版社，2018：64.

续表

组织部分	多学科	学科间	跨学科
家庭角色	家人根据学科,分别与不同团队成员见面	家人可能加入也可能不加入团队,由整个团队或其中的代表与家庭合作	家人也是团队中的正式成员,自己决定他们在团队中的角色
沟通	沟通方式通常是非正式的,成员间的团队意识不是很强	团队会议定期举行以沟通孩子的发展情况	定期举行团队会议以分享资讯,学科间为了咨询协商、团队建设等进行交叉教学与学习
人员发展	专业化发展通常聚焦在各自的学科	专业化发展在学科之间交叉互享	跨学科的专业发展对于团队发展及角色转变至关重要
评估过程	不同学科/领域的专家分别完成相应评估	对特定领域进行评估,结果共享	团队进行场域评估,跨越学科界限进行观察及记录
IEP的制订	每个学科分别制订干预计划	团队合作指定各学科目标,然后共享目标,形成计划	专业人员和家人基于家庭关心的问题、优先事项及资源共同制订计划
IEP的实施	团队成员按学科不同各自实施计划	团队成员各自完成所对应学科领域的计划	团队成员与家人共同分担责任并有专人负责计划实施

第三节 学前融合教育实施主要模式介绍

1944年的《萨拉曼卡宣言》强调,融合教育是要将每个特需儿童最佳程度地融合在普通课程里接受适合的教育;每个人都有其独特的特性、兴趣、能力和学习需要。学校应接纳他们的差异并满足他们的不同需要,为所有特需儿童提供优质的教育。怎样才能真正实现融合教育的目标?这是摆在全体教育工作者面前的一个需要认真思考和研究并付诸实施的课题。实施学前融合教育,首先要考虑的是将普通儿童与特需儿童融合在普通幼儿园的活动之中要如何共同成长;其次要研究保证他们共同成长的手段或方法。以下简要介绍学前融合教育实施的两种主要模式。

一、干预反应模式

(一) 干预反应模式产生的背景

长期以来,通常是由教师或家长在日常生活或教育实践中发现儿童的问题,将儿童转介到特殊教育学校或服务机构中。往往这时,儿童已经严重偏离正常发展轨迹,因为只有在学业和行为方面严重落后于同龄人时,才被家长"认可"或被教师确认。特别是一直以来,人们对于儿童存在阅读障碍问题的诊断与干预存在一些争议,认为学校教育中存在大量的"教育不足",仅仅鉴别出阅读困难的个体远远不能满足教育实践的需求,指向教育干预的诊断成为重要的现实需求。因此一些研究者提出,在阅读困难的诊断中应当将教育的充足性作为一个条件,在提供有质量保证的短期干预训练基础上,通过观察个体对于干预的反应性来鉴别不同的阅读困难。[①] 2001年美国学者格雷沙姆(Gresham)就是在传统的"智力—成就差异模式"(见拓展阅读)受到质疑的基础上,提出"干预反应模式"。与阅读困难的"智力—成就差异模式"相比,这一模式的信度和效度更好。[②] 随着美国《不让一个孩子掉队法案》和《个体障碍者教育促进案》要求美国各地方教育部门在进行教育评估时,采用科学的程序判断学生是否对循证的教育干预做出反应,干预反应(Response to Intervention,RTI)在美国教育领域占据越来越重要的地位,这个模式由最初的单纯针对学习障碍学生扩展为针对全体学生的服务系统。

拓展阅读[③]

20世纪60年代以来,人们普遍接受了对阅读困难的差异性定义,将阅读

---

① Fuchs D., Mock D., Morgan P. L., et al. Responsiveness to Intervention: Definitions, Evidence, and Implications for the Learning Disabilities Construct[J]. Learning Disabilities Research and Practice, 2003, 18(3): 157-171.

② Jack M. Fletcher, Carolyn D., et al. Validity of Alternative Approaches for the Identification of Learning Disabilities: Operationalizing Unexpected Underachievement[J]. Journal of Learning Disabilities, 2005, 38(6): 545-552.

③ 刘云英,陶沙. 阅读困难诊断标准与模式的"后智力—成就差异"趋势[J]. 北京师范大学学报(社会科学版), 2007(5): 13-21.

成绩和儿童智力测验分数的差异当作诊断阅读困难的关键指标。但随着研究的深入，阅读困难的差异诊断标准和模式受到了质疑。

在目前通行的阅读困难界定中，智商(Intelligence Quotient，IQ)发挥着关键作用。如《美国精神障碍诊断与分类手册》(第四版)中对阅读困难的诊断有三项标准，而其中最核心的标准是：必须进行个别的智力及阅读测验，只有两者间差别明显，即实际的阅读成绩低于其智力预期的阅读成绩，才会被诊断为阅读困难。

对IQ在阅读困难诊断中作用的质疑首先来自对"智力—阅读成绩差异模式"前提的挑战。"智力—阅读成绩差异模式"实际上隐含了至少两个重要前提。前提一：儿童的阅读学习表现由一般潜能决定，智力测验能够反映这种潜能；前提二：智力测验成绩与阅读成绩的不平衡性造成了阅读困难。这一模式假设正常情况下智力与阅读成绩水平应当是一致的，智力测验成绩差是造成阅读成绩测验结果差的原因。在这一假设下，阅读成绩差而且智力测验分数也低的孩子不是阅读困难；只有阅读成绩差，但是智力测验分数达到正常或较高水平的才被认为存在阅读困难，因为这些个体没有达到其能力应该达到的水平。这就是阅读困难的"智力—阅读成绩差异模式"诊断方式。虽然"智力—阅读成绩差异模式"在阅读困难的研究中得到广泛应用，但是该模式所依赖的前提却不断受到挑战。对于前提二，多项研究反复证实智力并非阅读成绩的关键影响因素，IQ与阅读技能存在一定偏离。首先，阅读困难儿童和阅读正常儿童分布在IQ的不同等级中，IQ高或低的儿童中都存在阅读成绩低下者。其次，智力测验对阅读成绩没有独立的预测作用。一项持续七年的追踪研究结果显示，儿童智力测验成绩的变化与阅读成绩的变化并不同步，智力测验不具备对阅读成绩的独立预测作用。最后，虽然脑结构的异常对称为阅读困难的重要生理机制，但却并不是智力问题的生理基础。总之，"智力—阅读成绩差异模式"前提的合理性受到了严峻的挑战，IQ在阅读困难诊断中的作用因而受到质疑。

(二)干预反应模式的内涵

干预反应模式是指在普通学校中实施的、通过层级递进的动态评估方式与干预方法来鉴别和满足特殊学生教育需要的系统和教育模式,[①]即干预反应模式就是一个"鉴别—评估—干预—评估—干预"层层递进的、动态的教学实践过程,重点在于教师对学生的进步实施监控,并针对学生的反应做出教学调整。该模式具有以下特点。

1. 层级性干预

干预反应模式是将干预分成不同的层次,从而为不同程度的特需儿童提供针对性的教育服务。具体来说,干预反应层级结构图(见图4-1)特点如下:第一层面向所有学生,具有预防性和筛查性的作用;第二层是针对在第一层中筛选出的问题儿童进行目标性的小组干预;第三层是针对在第二层中筛选出的个别学生,进行高密度和长期性的干预。

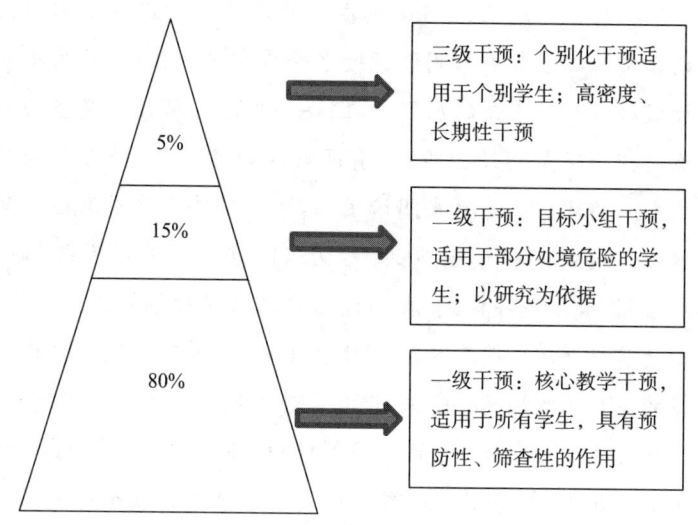

图4-1 干预反应层级结构图

2. 预防性干预

在干预反应模式实施初期,由教师对全体学生实施符合课程标准的优质的教学(即核心教学计划),之后再通过课程本位测量的评估方式对学生进行筛查,检测学生对教学的反应。一般来说,实施核心教学计划的预期,对80%左右的学生有效,而20%左右的学生则没有达到学业要求的最低标准。这部

---

① 韦小满,杨希洁,刘宇洁.干预反应模式:学习障碍评估的新途径[J].中国特殊教育,2012(9):9-12,23.

分学生可能就是要干预的有特殊教育需要的学生,要对他们进行及早的干预,这样就实现了早发现、早干预的目的。

3. 科学性干预

干预反应模式的科学性表现在:这是一个循证(Evidence-based)干预系统,是以分析学生学习或发展中的评估数据为基础,采用的是形成性评价。在实施过程中,如果发现干预方案的效果不佳,会及时终止或调整实施方案;这还是一个"评估—干预"一体模式,程序是根据学生对教学实施后的表现情况进行评估,然后再根据评估的结果制订接下来的教学实施干预计划。

4. 协作性干预

干预反应模式强调在运行过程中学校干预系统参与人员的积极协作。如学校要为教学实施的干预提供良好的后勤保障;家长要知晓并参与到干预过程中等。教学实施干预中,如果一个环节出现了问题,就会影响其质量。

通过以上干预反应模式特点的介绍,不难发现该模式的优点是及时筛查学生学业、行为方面的问题,并在差距拉大之前进行干预,促进特需儿童在正常班级中的融合。该模式一经推广就在中小学阶段广泛运用并取得了良好效果。并且该模式的理念和做法与早期教育及学前融合教育的思想和实践不谋而合,越来越多的教育专家、学者们也开始研究早期教育阶段(0—8岁)和学前融合教育干预反应模式的应用,且已经在多个项目上取得了良好的效果。[①]

(三)干预反应模式与融合教育

自20世纪90年代提出融合教育开始,要在一切可能的情况下促使全体儿童在一起共同学习和成长的理念推动着融合教育在各国发展。20世纪初干预反应模式的提出与融合教育的思想十分吻合。可以说,干预反应模式与融合教育的理念和目标是相通的。

1. 两者都立足于普通学校

干预反应模式在实施过程中一方面强调其目的是提高普通教育的质量,另一方面更加重视用有效的方法来帮助来自不同背景和有不同需求的儿童,

---

① 何立航,张丽敏.干预反应模式:美国早期融合教育新模式[J].苏州大学学报(教育科学版),2014,2(4):111-118.

使得特需儿童尽可能地在普通教育环境下得到发展与进步。干预反应模式正是考虑到所有学生在普通学校就学中可能遇到的问题,通过层级干预模式使他们能够从不同层级的干预中获益,顺利在普通学校接受教育。同时,又能将不能从普通教学中获益的学生挑选出来,考虑为其提供特殊教育。① 融合教育主张让特需儿童与普通儿童真正地一起参加学校教育,包括学前教育、基础教育和高等教育,而不是将特需儿童隔离在封闭的教室、学校或者家庭环境之中。② 无论是干预反应模式还是融合教育,两者都强调特需儿童在普通学校的环境中接受教育。

2. 两者的儿童发展目标一致

如上所述,干预反应模式在评估学生学业表现和干预反应基础上,指导教师系统化进行教学干预的三级模型。在这三级干预中,二级干预和三级干预体现出对特需儿童的干预强度,三级干预更是以个别化教育为指导,通过各种有效的干预方法对学生进行高强度的密集训练,以此最大限度地激发学生的潜力,争取使每位学生都能够获得比较充分的进步。融合教育是减少社会不平等现象,并为实现教育公平而努力的一种教育形式。如何更好地帮助特需儿童真正地实现教育平等,更好地融入学校、融入社会?最关键的因素是帮助他们发挥自己的潜能,通过教学中的干预,提升他们的学业成绩、认知水平以及社会适应能力等。③ 无论是干预反应模式还是融合教育,两者实施的目标都是要有针对性地采取有效措施,促进全体学生的整体发展和进步。

3. 两者均反对"一刀切"

干预反应模式是一种回应多样性的干预模式。它从学生表现的不同之处入手,根据学生对干预的反应来判断学生对干预的偏好。在干预反应中,教师认识到学生不同的需要并对此做出反应,通过适当的课程组织安排、教学策略、资源使用,来满足学生不同的学习风格和强度,并确保每个人受到高质量的教育。④ 融合教育以公平和平等为基础,强调"零排斥、零拒绝",为每

---

① 邓猛,颜廷睿.融合教育理论反思与本土化探索[M].北京:北京大学出版社,2015:112.
② 方俊明.融合教育与教师教育[J].华东师范大学学报(教育科学版),2006(3):37-42,49.
③ 魏燕珂,黄丽娇.干预反应模式及其对融合教育的启示[J].绥化学院学报.2020,40(4):25-28.
④ 邓猛,颜廷睿.融合教育理论反思与本土化探索[M].北京:北京大学出版社,2015:113.

位学生提供适合的教育,这里的平等不是形式上的平等,而是实质上的机会均等,即让每一位有特殊需要的学生都能够得到充分的帮助和支持,针对学生的不同需要给予不同的支持,因材施教,进行差异化教学,力求共性与个性的辩证统一。① 所以说,无论是干预反应模式还是融合教育,两者都反对对班级中的所有学生采用一种方式教学的"一刀切"的教育做法。两者都强调每个接受干预的学生都是独特的,要用有效的方法使他们能够获得对自己有效的干预,从而促进全体学生的整体发展和进步。

拓展阅读②

干预反应模式在具体操作过程中还存在一些问题。

第一,普通教育教师的积极性问题。学者发现只有一小部分与干预反应模式有关的文章发在普通教育的期刊上,即普通教育工作者很少关注干预反应模式。在我国也是如此,干预反应模式相关的文章,多数发表在《中国特殊教育》上。这种普通教育与特殊教育分离的形式,仍是干预反应模式实施的一个很大障碍。干预反应本身就是一个干预系统,没有给出明确系统的理论基础,而是直接自上而下地给出了一个完整的干预流程,这也使得普通教育教师只是作为该系统操作的一员,而没有成为教师理解并认可之后实行的一种教育手段。所以如何让普通教育工作者能够用积极的态度去支持、实践干预反应程序是目前存在的重要挑战之一。

第二,普通教育的质量问题。干预反应模式十分强调过程的监督和目标教学,但是研究者们往往忽视了调查或者描述干预反应模式实施的情境以及普通教室教学的质量。从已有干预反应效果研究的文献来看,研究者们往往关注学生的学业、情绪及行为反应,但忽视了自身研究中普通教育质量及其形式,以及它对普通教育产生的影响。

第三,是否需要改进的问题。干预反应用于鉴别学生的学习、行为和情绪障碍等表现,因此除学习障碍儿童外,智力落后、情绪与行为障碍以及注意

---

① 华国栋.实施差异教学是融合教育的必然要求[J].中国特殊教育,2012(10):3-6.
② 邓猛,颜廷睿.融合教育理论反思与本土化探索[M].北京:北京大学出版社,2015:113-114.

缺陷多动障碍等障碍儿童，都可能表现出这些问题。但是这些障碍类型差异较大，所需要的干预方法也不同，因此富克斯（Fuchs）等人认为，需要在初级干预阶段引入二次动态测试，以减少因错误判断学生而产生的后期干预花费，又为真正需要密集型干预的学生提供更多的支持；此外，他们还提议让初级干预之后测试水平明显落后的学生直接进入三级干预。

二、差异教学模式

我国春秋时期的教育家孔子，其弟子在记录他的语录《论语·雍也》中有一句："圣人之道，粗精虽无二致，但其施教，则必因其材而笃焉。"这就是两千多年前的孔子在他创办的私学中，在教授诸生的实践中创立的"因材施教"之说。其蕴意是指教师要从学生的实际情况、个别差异出发，有的放矢地进行教学，使每个学生都能扬长避短，获得最佳发展。可以说，"差异教学"早在我国的春秋时期就已经应用于教育之中。中华民族可谓是智慧的民族。

拓展阅读

有一次，孔子讲完课，回到书房，学生公西华给他端上一杯水。这时，子路匆匆走进来，大声向老师讨教："先生，如果我听到一种正确的主张，可以立刻去做么？"孔子看了子路一眼，慢条斯理地说："总要问一下父亲和兄长吧，怎么能听到就去做呢？"子路刚出去，另一个学生冉有悄悄走到孔子面前，恭敬地问："先生，我要是听到正确的主张应该立刻去做吗？"孔子马上回答："对，应该立刻去做。"冉有走后，公西华奇怪地问："先生，一样的问题你的回答怎么相反呢？"孔子笑了笑说："冉有性格谦逊，办事犹豫不决，所以我鼓励他临事果断。但子路逞强好胜，办事不周全，所以我就劝他遇事多听取别人意见，三思而行。"

（一）差异教学的内涵

1961年沃德（Ward）在论述超常儿童教育时，首次提出了"差异教学"这个概念，并提出根据差异化的原则设计超常儿童的课程，尽可能地激发学生多方面的思维和能力。随着回归主流与融合教育的发展,普通教室中的残疾儿童以及其他各种有特殊教育需要的学生日益增多,"差异化"的理念也不再局限于超常儿童课程设计,开始渗透到包括残疾儿童在内的各种有特殊教育需求的学生的教学之中。①

1. 差异教学的概念

对于差异教学概念的阐述有不同的说法。汤姆林森(Tomlinson)认为,差异教学是教师针对学习者独特的教育需要所做出的教学反应;在差异教学中,教师根据学生的准备水平、认知能力、学习兴趣和风格主动设计和实施多种形式的教学内容、教学过程与教学成果。② 戴安·赫克斯(Diane Heacox)认为,差异教学是教师对学生的学习需要进行深思熟虑后,针对学生的需要有目的地设计出来的教学活动,它需要教师改变教学的速度、水平或类型以适应学习者的需要、学习风格或兴趣。③ 我国学者华国栋认为,差异教学是指在班集体教学中立足学生个性差异,满足学生的不同学习需要,以促进每个学生最大限度发展的教学。④ 虽然各国专家对差异教学概念的界定表述不尽相同,但是可以看出,其核心内涵是相同的,即差异教学就是教师所做的关于教学各方面的差异化调整以适应课堂教学中学生多样化需要的过程。

差异教学的核心理念是:教师要对作为个体的学生的差异做出灵活性反应,通过多渠道、多路径的课程与教学调整来为不同能力层次的学生和其他有特殊教育需要的学生提供更高程度的课程准入与教学融合,塑造个性化的学生,最大限度地发掘他们的潜力。⑤

拓展阅读

为了进一步厘清差异教学的概念,汤姆林森从差异教学"是什么,而不是

---

① 邓猛,颜廷睿. 融合教育理论反思与本土化探索[M]. 北京:北京大学出版社,2015:142.
② [美]汤姆利,[美]阿兰. 差异教学的学校领导管理[M]. 杨清,译. 北京:中国轻工业出版社,2005:3.
③ [美]荷克丝. 差异教学:帮助每个学生获得成功[M]. 杨希洁,译. 北京:中国轻工业出版社,2004:16-18.
④ 华国栋. 差异教学论[M]. 北京:教育科学出版社,2001:24.
⑤ 颜廷睿,关文军,邓猛. 融合课堂中差异教学与学习通用设计的比较分析[J]. 中国特殊教育,2015(2):3-9.

什么"做了具体阐释。汤姆林森认为：① 差异教学是群体性教学，面向全班所有学生的差异，而不是过去常常强调的"个别化教学"；② 差异教学采用弹性动态分组，而不是固定的同质分组；③ 差异教学是对教学内容的深度和性质进行澄清，而不是简单地增加、减少学习内容或提高、降低学习难度；④ 差异教学是建立在精心策划的、以教学目标为导向的课堂活动的基础之上，而不是将完整的教学过程分解得支离破碎的混乱教学。综上所述，差异教学是一种通过调整课程、教学方法、教学资源、教学活动和评估方式来适应学生差异化需要、最大限度地增加他们学习机会的教学方式，它通过对传统教学过程的改变，来应对混合能力班级中学生的差异，包括学生的学习准备水平、兴趣和学习风格等方面的差异。

2. 差异教学的理论基础

差异教学是一种认同人的差异、追求公平的教育理念，针对个体差异而教学的模式。它也是建立在多元智能理论、学习风格理论与社会建构论基础之上的，是谋求学生个体发展最大化的教学模式。

多元智能理论和学习风格理论表明，每个学生都是具有自己的智力特点、学习类型和发展方向的潜在人才，教师应做出多样化的教学选择，以适应个体差异的需要。社会建构主义也同样要求教师在教学过程中组织学生积极参与学习，强调知识的个体属性。由此，罗克、埃利斯和格雷格（Rock, Ellis & Gregg）等人提出了差异教学的四个基本指导性原则：① 对作为个体的学生差异要做出灵活性反应；② 对教学内容、过程和学习产出进行持续的调整从而适应学生个体已有的知识水平、认知能力和学习风格，以教学的差异适应学生的差异；③ 差异化必须是对高质量课程的拓展与提升，而不是代替或降低；④ 差异教学通过向每个学生提供最恰当、最有效的差异化课程调整，通过辅助学生的学习，满足每个学生的需要，来最大限度地挖掘学生的潜力，促进学生的发展。[①]

[①] Rock Marcia L., Gregg Madeleine, Ellis Edwin, Gable Robert A., et al. Reach: A Framework for Differentiating Classroom Instruction[J]. Preventing School Failure, 2008, 52(2): 31-47.

拓展阅读

多元智能理论(Theory of Multiple Intelligences, MI)由美国教育学家和心理学家加德纳于1983年提出。该理论认为,智能是解决某一问题或创造某种产品的能力,而这一问题或这种产品在某一特定文化或特定环境中是被认为有价值的。就其基本结构来说,智能是多元的。

学习风格这一概念最早由赛伦(Celon)提出。长期以来这一概念没有形成一个统一的界定。西方许多学者从各自的角度阐释着学习风格的内涵。1979年基夫(Keefe)从信息加工角度界定:学习风格由学习者特有的认知、情感和生理行为构成,它是反映学习者如何感知信息、如何与学习环境相互作用并对之做出反映的相对稳定的学习方式。

社会建构论是现代西方心理学中一种新的思想潮流。早期形态是产生于20世纪20年代的知识社会学。文化人类学家迪尔凯姆(Durkhelm)、社会学家马克斯·韦伯(Max Weber)、社会心理学家米德(Mead)等是该理论的早期代表人物。社会建构论反对经验实证主义在解释心理现象时所持有的反映论观点,认为心理活动现象是社会建构的产物,主张知识是建构的,是处于特定文化历史中的人们互动和协商的结果。

3. 差异教学与个别化教学的不同

个别化教学是为了适合个别学生的需要、兴趣、能力和学习进度而设计的教学方法。在学校教学过程中,面对统一的教材、教法,教师要考虑到个别能力、兴趣、需要不同的学生,为他们制定个别化的教学方案。其核心是为其实施嵌入式学习机会(embedded learning opportunities),即将日常的活动或事件进行拓展调整或改造,同时保持其意义和趣味性,在此过程中提供儿童练习完成目标的机会。[1]

可见,它与差异教学有相同之处,如都关注学生个体差异,都是为了促进学生个性健康发展,但是两者又有本质的不同。

---

[1] Bricker D. An Activity-based Approach to Early Intervention[M]. Baltimore: Brookes Publishing Company, 1998:13.

众所周知,个别的问题反映在群体中就是差异。两者的不同首先是关注的面不同。差异教学关注的是群体,考虑的是教学过程中共性与个性的辩证统一。在关注学生个体发展的同时,重视集体主义精神的培养。个别化教学更关注个体的问题,它强调教学的个别化,要求教学目标、内容、方法等尽可能地符合个别学生的具体情况。其次,追求的目标不同。差异教学重视集体主义精神的培养,而个别化教学追求的是学生个性的发展。最后,着眼点不同。差异教学着眼于教育观,从课堂内外等方面整体考虑教学,而个别化教学主要着眼于课堂教学方法、策略等方面。

(二) 差异教学模式与融合教育

从上述内容可以看出,差异教学模式与融合教育的理念和关注点是相通的。以我国为例。早在1994年国家教委就颁发了《关于开展残疾儿童少年随班就读工作的试行办法》,其中曾明确规定:"残疾儿童少年随班就读的对象,主要是指视力(包括盲和低视力)、听力语言(包括聋和重听)、智力(轻度,有条件的学校可以包括中度)等类别的残疾儿童少年。"2006年修订的《义务教育法》中规定:"普通学校应当接收具有接受普通教育能力的残疾适龄儿童、少年随班就读,并为其学习、康复提供帮助。"我国一直以来实施的"随班就读"就是国际上倡导的"融合教育"。只不过在特需儿童进入普通学校方面要求"具有接受普通教育能力"。这一要求是站在特需儿童首先是儿童的观念基础上,认为他们和同龄的普通儿童在学习目标、认知准备水平、学习方式等方面有许多相同之处。同时认为,特需儿童随班就读必定会扩大普通班级学生的差异。但是这种差异并不是不能在班集体教学中兼顾的。只要在学习目标、内容、方式方法上给予他们必要的支持,他们是可以达到一定的学习标准的。这实际上就是在"随班就读",即融合教育的实施过程中,采用了差异教学。

因此,差异教学是融合教育的必然要求,或者说融合教育的实施需要差异教学模式的支撑。其理由:一是融合教育追求的是教育平等。真正的平等不是对人人同样要求,人人享有同样的学习条件和结果,而应是尊重差异,建立在平等基础上的区别对待,最大限度地满足每个人的学习和发展的需要。[①]

---

① 华国栋.实施差异教学是融合教育的必然要求[J].中国特殊教育,2012(10):3-6.

二是融合教育强调学校要给全体学生提供平等参与的机会,让他们接受有效的教育。融合教育要完成这两个任务,就要在实施过程中处理好共性和个性的关系,而差异教学则能满足融合教育的基本需要。

拓展阅读

差异教学模式存在的争议问题:

1. 差异教学是否是实现公平教育的手段

差异教学模式实施的核心内容是给班级内不同学生安排不同的教学内容,实现课程差异。韦斯特伍德(Westwood)认为,课程差异会导致学习者"强者愈强、弱者愈弱"的现象,这并不公平。

2. 差异教学模式实施的现实问题

我国学者邓猛等人认为差异教学模式极具理想化色彩。他们认为教师在课堂上将教学内容、教学方法与学生的能力和需要相匹配,是很难做到的。并且教师会认为差异教学是强加于他们身上的行政指令。汤姆林森认为,即使是非常有经验的教师也不会很容易地就能做到将学生个体的不同需要和能力与恰当的目标、方法和材料相匹配。

3. 差异教学中差异学生的认定

差异教学主张教师要根据学生的能力和学习风格来调整教学内容、方法与评估方式。哪些学生是有差异的?如果没有认定的支持系统,教师很容易根据自己的主观感受来认定,这显然是不科学的。

4. 差异教学的有效性

目前来说,对差异教学的有效性研究是远远不够的。仅凭逸闻趣事、班级案例、随笔和博士学位论文是没有足够说服力的。

第四节 学前融合教育实施中注意的问题

学前融合教育的实施是一个理念提升驱动实操、理论认知引领融合实践

的复杂过程。学前融合教育实施的效果和质量与诸多因素有关,但从多年学前融合教育的实践中发现,所有的问题归根到底就是要解决好人的问题,如幼儿园对融合教育的领导力、教师对融合教育的知识与技术的掌握、普通儿童家长的支持与配合和普通儿童的接纳等。因此,在学前融合教育实施过程中要注意以下几个关键性问题。

一、幼儿园层面要注意的主要问题

实施学前融合教育的幼儿园,一定是园长负责制下的融合教育办学体制。这是学前融合教育自上而下实施,从决策到落实顺利开展的重要保障。因此幼儿园层面要注意的主要问题如下。

(一)领导者的意识形态问题

这里的领导者主要指幼儿园领导班子的成员。实施学前融合教育是指在普通幼儿园或托幼机构中,以园长带领下的领导团队为主要负责制,以特需幼儿班负责教师为主导、全园教职工共同参与的全园性工作。领导者们在实施融合教育前要增强全园教职工的融合教育意识、创设和优化全园教育环境、把握实施方向、组织学术交流和评估等。因此,领导者们对融合教育理念、意义的高度理解,领导者们对融合教育组织形式、实施环节和操作方式的掌握,领导者们对融合教育参与全体人员积极性的调动、分工协作的安排,领导者们对融合教育实施过程中遇到问题的解决方式和决策等,都直接关系到学前融合教育实施的质量。要做到以上这些,归根到底要使领导者们对教育观、儿童观、人才观和融合观等有正确的认知和高度一致的认可度。这是幼儿园实施融合教育要注意的首要问题。

(二)各部门的重视与配合问题

学前融合教育并不是领导者们或教师们单方就能完成的工作。学前融合教育是一个复杂的系统工程。这个工程需要多方人员、多部门协作完成,如幼儿园的保教、科研、人事、后勤等部门人员的共同配合。因此各部门的本位主义、各自为政、主次意识等问题是阻碍学前融合教育顺利实施的障碍。

只有打破部门间的壁垒,知晓并认同各自在学前融合教育实施中的地位和作用,才能真正起到对学前融合教育实施积极影响的效果。

二、班级层面要注意的主要问题

(一) 教师的理解和合作意识问题

这里的教师主要指学前融合教育的主要实施者,即特需儿童教师和普通儿童教师。他们在幼儿园融合教育的各项活动、安排集体干预和个别化教学、与其他教师进行沟通合作等方面发挥着主导作用。因此教师们对各类特需儿童的接纳度、对融合教育意义和作用的理解度、与他人合作共事的协作意识和能力等,直接关系到学前融合教育实施方案或活动方案的执行效果或质量。教师们自身的信仰、师德、性格、人际意识与能力、对学前融合教育的观念和态度、对融合教育实施过程中方法和效果的理解等是学前融合教育实施要重点考虑的问题。

(二) 家长的理解和支持问题

这里的家长指全体儿童家长,即特需儿童家长和普通儿童家长。家长作为儿童的监护人和养育者,对儿童的发展全权负责。所以家长在儿童的教育方面起着非常重要的作用。由于家长,特别是普通儿童家长中多数人对学前融合教育没有深入的了解,因此从多项调查反映的情况来看,普通儿童家长内心深处不太能接纳学前融合教育,认为其会影响普通孩子的学习和健康成长,这是可以理解的。但是调查中也发现,特需儿童家长也不是都赞同融合教育,他们担心幼儿园无法兼顾特需儿童,或者不了解什么是融合教育而产生不接纳的态度,甚至还有家长认为融合教育对特需儿童的发展不利。[①] 学前融合教育实施过程中家长要知晓、理解和支持,这是学前融合教育实施需要注意的重要问题之一。

---

① 刘晓红,邓宇超. 城市家长对学前融合教育的接纳度[J]. 学前教育研究,2018(11):27-39.

(三) 儿童的接纳和互助问题

学前融合教育参与的主要是3—6岁的儿童。儿童作为融合教育的主体，其在学前融合教育实施过程中的状态非常重要。普通儿童是否能接纳特需儿童、是否能主动与特需儿童互动、是否能成为融合教育活动实施的积极配合者，特需儿童能否接受普通儿童的友谊、能否愿意与普通儿童一起参与活动、能否共同完成活动任务等，都关系到学前融合教育活动实施的效果和质量。由于儿童认知能力的限制，他们对他人的接纳一般受家庭或养育者的教育方式、班级教师接纳特需儿童的程度影响。因此学前融合教育实施过程中儿童接纳和互动问题的解决，关键点还是儿童的家长和教师。

【本章练习题】

1. 试述学前融合教育实施的原则。
2. 举例说明学前融合教育实施中的同伴和家庭支持策略。
3. 什么是干预反应模式？谈谈它与融合教育的相关性。
4. 什么是差异教学模式？谈谈它与个别化教学的不同以及与融合教育的关系。
5. 举例说明学前融合教育实施中要注意的问题。

第五章

学前融合教育管理

教学目标

1. 师德养成目标

通过本章内容的教学,使学生掌握学前融合教育管理的基本知识;充分理解学前融合教育管理的重要性;深刻认识管理的职责大于权力,从而有意识地培养自己的责任意识和管理者应具备的修养。

2. 知识与能力目标

(1) 知识目标:通过教学,使学生了解融合教育管理者的影响力、权力与责任;理解融合教育幼儿园管理的原则、内容与过程;掌握融合教育班级管理的基本知识。

(2) 能力目标:通过教学,使学生初步学会使用融合教育班级管理的基本方法。

3. 情感与意志目标

(1) 情感目标:通过教学,使学生深刻感受到学前融合教育管理在融合教育工作中的重要性;体会到管理者的素质、知识与能力对融合教育管理工作的意义,从而有意识地培养自身对融合教育管理的兴趣与热爱。

(2) 意志目标:通过教学,使学生充分理解融合教育管理不仅是园长的工作,更多的是班级教师的工作,立志要为学前融合教育的班级管理培养自身良好的管理能力。

教学重点与难点

1. 教学重点:融合教育幼儿园管理的原则、内容与过程
2. 教学难点:学前融合教育的班级管理

拓展阅读

科学管理之父

弗雷德里克·温斯洛·泰勒（Frederick Winslow Taylor）是美国著名管理学家、经济学家,被后世称为"科学管理之父"。泰勒出生于美国费城一个富有的律师家庭,中学毕业后考上哈佛大学法律系,但因眼疾不得不辍学。1875 年,他进入一家小机械厂当学徒。1878 年,他转入费城米德瓦尔钢铁厂（Midvale Steel Works）当机械

图 5-1 弗雷德里克·温斯洛·泰勒

工人,在该厂一直工作到 1897 年。在此期间,由于工作努力,表现突出,他先后被提升为车间管理员、小组长、工长、技师、制图主任和总工程师,并通过业余学习获得了机械工程学士学位。泰勒的这些经历,使他有充分的机会去直接了解工人的种种问题,并看到提高管理水平的重大意义。

泰勒一生大部分时间关注的是如何提高生产效率。这不但要降低成本和增加利润,而且要通过提高劳动生产率增加工人的工资。泰勒把生产效率看作取得较高工资和较高利润的保证。他相信,应用科学方法来代替惯例和经验,人们可以不用花费更多的精力和努力,就能取得较高的生产效率。泰勒在代表作《科学管理原理》中提出了科学管理理论。20 世纪以来,科学管理在美国和欧洲大受欢迎。100 多年来,科学管理思想仍然发挥着巨大的作用。

第一节　学前融合教育管理概述

马克思在他撰写的《资本论》中指出,一切规模较大的直接社会劳动或共

同劳动，都或多或少地需要指挥，以协调个人的活动。比如，一个单独的提琴手是自己指挥自己，一个乐队就需要一个乐队指挥。管理是人类社会普遍存在的一种现象，它是社会共同劳动的产物。学前融合教育工作需要团队合作完成，因此其有效的管理是学前融合教育工作顺利开展的重要保障。

一、管理的概念与特征

（一）管理的概念

管理的英文单词是"administration"，是指那些有帮助功能的、有服务性能的、有照顾责任的、有促进作用的相互关联的活动，其实质是帮助组织达到目标，服务组织成员，照管组织中的物资，促进与协调组织成员的工作等一系列活动。《左传·僖公三十二年》中就有"郑人使我掌其北门之管"之说。《辞海》中"管"为"细长的圆筒之物"，"理"为"玉石的纹路"。"管理"一词从汉语词义上讲是管辖、处理、调理、理顺之意，其意是负责处理某事，使之顺利完成。

因此，管理是指一定组织中的管理者通过实施计划、组织、领导、协调和控制职能，合理组织和充分利用人、财、事、物、时间、空间、信息等相关资源，优质高效地实现组织目标的社会活动。简单地说，管理是通过计划、组织、领导、协调和控制等活动的过程，使组织或团队优质高效地实现工作或生产目标。

（二）管理的特征

管理作为一种社会现象，区别于其他社会现象之处就在于其特有的现象。

1. 自然属性与社会属性并存

在人类社会生活中，生产力与生产关系一直是一对相生相息的统一体。管理的自然属性与社会属性就与生产力和生产关系密切相关。

管理的自然属性主要反映的是人与生产力的自然关系。在单位或组织经营过程中必然要强调时间的节约、资源的节省、质量的提高和成果的增加等方面，而集约化、专业化、社会化是其实现的手段。只有管理过程达到了科学化、合理化、系统化的水平，才能最终将有限的资源最大限度地使用到单位或组织中，产生"放大倍率"的作用。因此说，管理的自然属性具有永恒性。

管理的社会属性主要反映的是人与人之间的社会关系，是一定生产关系的体现，并与社会制度相联系。任何单位或组织在管理的过程中必然要受一定社会形态的性质、占统治地位的社会关系所左右。在管理中起决定性作用的是经济关系，所有制关系规定着管理特有的社会性质与管理所要达到的预期目的，即"为谁管理"的问题。因此说，管理的社会属性会随生产关系的变化而变化，不具备永恒性。

管理就是生产力，是人类的共同财富。在同一管理活动中应自觉地促进生产力和生产关系之间的适应关系，这样才能最大限度地促进生产力的发展。

2. 科学属性和艺术属性共生

管理是科学性和艺术性相统一的活动。人类对管理科学的研究与追求的目标是既科学又艺术地做好各项管理工作。

管理的科学性主要体现在管理具有客观存在的内在规律性。如管理活动的最终目的都是又好又快地实现人类活动的目标；管理与社会生产力和社会生产关系之间，管理与人的活动和人的发展之间都存在着诸多必然的联系等。因此，当人们发现了这些规律且知道只要按照规律实施，即符合管理本质的要求、符合管理基本原理的要求、符合管理基本职能的要求、符合管理对象的特点、符合一定的社会要求后，管理就是科学的，就能实现活动目标。

管理的艺术性主要表现在管理具有灵活性和创造性方面。管理作为人类社会活动的重要手段，是一项极其复杂且烦琐的活动。这也是人类本身的复杂性所决定的。管理对象要素的多样性和外在影响因素的复杂性，使得管理活动的内外环境充满着变数。管理者只要能根据管理内外环境的变化，灵活地和创造性地使用各种管理方式、方法和手段做好各项管理工作，就能更好更快地实现管理目标。因此说，管理是一门需要学习和研究的学问。

拓展阅读

泰勒的科学管理理论

泰勒在总结前人研究成果的基础上，通过管理方面许多重要的试验研究，提出了科学管理理论。泰勒科学管理理论的主要思想可以概括为：① 科学管理的目的是提高劳动生产效率，实现劳资共同富裕；② 科学管理的真谛是开展一场重大的劳资双方的精神革命;③ 研究标准化原理以提高劳动生产效率;④ 实行差别计件工资制度;⑤ 科学地选择一流的工人以提高劳动生产效率;⑥ 设置计划层,实行职能组织制;⑦ 实施例外原理对组织机构进行管理控制。

其中泰勒认为,一位"全面"的管理者应具备九种品质,即有智能;受过教育,具备专门的知识;手脚灵活,有力气;机智老练;有干劲;有毅力;忠诚老实;具备判断力和一般常识;身体健康。并指出要找到一个具备上述三种品质的人并不太困难,而要找到一个能具备七八种上述品质的人,那几乎是不可能的。为解决这种矛盾,泰勒提出了分层级的职能组织制度,即将管理工作予以专业化细分,使所有的管理者只承担一两种管理职能。与此同时,泰勒把计划职能和执行职能分开,使工人和管理部门分别执行不同的职能。每一个工人在其工作中的任何一个具体方面都只有一个职能管理者领导,因此不会因多位领导而无所适从。

泰勒的科学管理理论和实践是人类管理活动史上的一次变革,它使人类的管理由经验走向科学,并对以后的科学管理理论和实践的发展产生了重要影响。但是他的科学管理实践在客观上把工人看作机器的附属物,忽视了人的社会性和群体因素对管理的影响。他提出的所谓高效率是以工人极度紧张的劳动为代价的。

二、学前融合教育管理的相关概念与特征

(一) 相关概念

1. 教育管理

学前融合教育管理是教育管理的下位概念,即教育管理所属的组织部分之一。要了解什么是学前融合教育管理,首先要掌握什么是教育管理。教育管理就是管理者通过组织协调教育队伍,充分发挥教育的人力、财力、物力等信息作用,利用教育内部各种有利条件,高效率地实现教育管理目标的活动过程。教育管理是一门科学,是研究教育管理过程及其规律的科学。按照教育管理对象的特点,其有广义和狭义之分。广义教育管理是以整个国家教育系统的管理作为研究对象,而狭义教育管理则是以一定类型的学校组织作为

研究对象。我们重点要学习的是狭义的教育管理,以幼儿园这个组织作为研究对象,主要研究幼儿园实施融合教育的管理。

2. 幼儿园管理

学前融合教育管理实施的主要载体是幼儿园。幼儿园泛指一切托幼机构,主要是面向0—6岁儿童进行保育和教育的各类学前教育的组织机构。幼儿园管理的概念也可以分为广义和狭义两种。广义的幼儿园管理,是指对幼儿园所实施的一切管理活动,包括相关行政部门的管理和幼儿园的内部管理。相关行政部门的管理,是指各级各类的相关行政部门,如教育、卫生、物价、妇联等,通过制定学前教育方针政策与制度法规,规定学前教育行政体制,自上而下地实施教育规划,开展督导与宏观调控等活动,以实现对幼儿园的指导、调节与控制的管理活动。狭义的幼儿园管理,是指幼儿园的内部管理人员依据国家相关教育方针政策及保教工作规律,科学地运用各种管理方法与手段,充分发挥各项管理职能,组织协调幼儿园的人、财、物等各种管理要素,优质高效地实现幼儿园工作目标的管理活动。在此我们要重点了解和掌握的是狭义的幼儿园管理。

3. 学前融合教育管理

学前融合教育管理是指开展融合教育的幼儿园内部的管理活动和过程。由于融合教育幼儿园处于一定的社会系统或社会环境中,是开放的组织,所以开展融合教育的幼儿园管理工作不仅要组织、协调好内部因素,还要注重考察外部因素对融合教育组织机构的影响,如国家的教育方针和融合教育的政策、行政体制、制度法规、教育规划督导,社会需要与全体家长的需求,以及融合幼儿园所处的社会环境、与有关部门的关系等,进而采取相应的管理方式。

(二)管理特征

学前融合教育管理同属于教育科学范畴,是从管理的角度来研究融合教育现象。学前融合教育管理既有一般管理的共性,更有与融合教育紧密联系而形成的独特性。

1. 融合性

学前融合教育重点在融合,融合性体现在融合教育幼儿园从办园理念、宗旨、师资队伍、活动设计、设施设备以及环境创设等，无不渗透着普通教育与特殊教育的"融合"。管理者在其中要充分理解"融合"的内涵，把"融合"的意义与价值通过管理实践得到最大程度的体现。

2. 复杂性

融合教育幼儿园是普通儿童与特需儿童接受教育的场所。融合教育幼儿园管理工作不仅涉及全体儿童的生活、饮食、学习、成长、健康等多方面，还要通过对各种资源的整合达到融合教育幼儿园作为一个专门教育组织而应达到的综合效益，是一项非常复杂的管理工作。

3. 教育性

融合教育幼儿园是一种特殊的教育机构，其管理要遵循国家的教育方针、保教工作的客观规律以及达到融合教育的目的，在不断提高融合教育质量的基础上，使得全体儿童通过融合教育得到各自的全面发展。

4. 程序性

融合教育幼儿园管理的实质与一般幼儿园管理一样，都是组织全体成员按照计划有步骤地进行共同活动的程序。有效的管理活动总是按照计划、执行、检查、总结这四个环节，阶梯式地向前循环推进。因此，融合教育幼儿园管理作为管理的一个分支也不例外。

三、学前融合教育管理的意义、任务与方法

（一）学前融合教育管理的意义

1. 融合教育事业发展的必然要求

学前融合教育事业在我国刚刚起步，无论数量的扩大还是质量的提高，管理都是重要保障。融合教育幼儿园管理是管理者在科学管理理论的指导下，依据融合教育要求与目标，结合本园实际，逐个排除不利于融合教育发展与全体儿童健康成长的因素，最终使融合教育幼儿园的各项工作按计划和目标达到最佳状态。因此，每一个从事或即将从事融合教育管理工作的人，都要加强对融合教育管理方面知识的学习和研究，善于总结规律和经验，使自身的融合教育管理工作能力得到不断提升。

2. 融合教育质量提高的根本保证

学前融合教育在我国目前还是一个新兴的教育形式。由于融合教育本身的理念与意义、教育的形式与内容以及教育方式等都与普通儿童教育有本质上的不同，因此，融合教育幼儿园管理与普通幼儿园管理既有相似之处，又有根本上的差异。融合教育幼儿园管理对于多数普通幼儿园管理者来说，还是一项需要深入学习和探讨的工作。幼儿园如果开展了融合教育或者把融合教育作为幼儿园的一项重要工作，那么融合教育的管理就应是幼儿园管理者工作的重要组成部分。因为只有有效的管理才能使融合教育的质量得到逐步提升。

3. 融合教育理论深化的重要依据

社会学学科本身就是一门既需要理论又需要在实践中验证理论的学问。学前融合教育在幼儿园中的实施，对幼儿园管理实践提出了新的要求或新的挑战。融合教育幼儿园通过长期的实践，对学前融合教育相关理论提供了验证依据，特别是对幼儿园管理理论的丰富与深化在某种程度上必然会提供一些新的概念化、系统化和程式化的借鉴依据。因此，融合教育幼儿园管理者要积极探索提高融合教育管理质量，努力创建具有中国特色的学前融合教育管理的理论体系。

（二）融合教育幼儿园管理的任务

融合教育幼儿园的管理与普通幼儿园的管理相比，有相同之处也有其特殊的任务。主要表现在以下几方面。

1. 对融合教育目标的管理

融合教育幼儿园管理的首要任务是在深入领会融合教育理念的前提下确定管理目标。融合教育幼儿园管理目标是通过管理活动使融合教育幼儿园的各项工作达到融合教育应达到的标准。融合教育幼儿园园长是幼儿园管理的第一责任人。他们要与本园的其他人员一起研究、商讨和明确本园的管理目标。一般来说，融合教育幼儿园目标的确定需要经历一个过程。一是对学前融合教育的内涵深入理解后，明确本园融合教育的管理思路。二是要全面了解国内外发展情况，特别是国内学前融合教育发展的走向或趋势，国家对学前融合教育发展的政策、法规和制度文件等，这是制定管理目标非常重要的依据。三是要客观地分析并立足于本园实际,如园舍、各种物资设备、经费、师资队伍的状况等。四是在本园全体人员的参与下,确定明确具体、具有可操作性的融合教育管理目标。

2. 对融合教育组织系统的管理

融合教育幼儿园组织系统是按照幼儿园融合教育的任务、内容、工作范围和工作规律进行科学规划,其中主要包括融合教育目标管理、计划管理、融合教育与保育业务管理、融合教育科研管理、行政事务工作管理、规章制度管理、工作质量管理、融合教育与保育队伍管理、园长自身建设以及融合教育幼儿园工作评价等。融合教育幼儿园组织系统的各部分之间既相对独立,又相互联系、相互作用、相互制约,并在工作中为了共同的目标分工、协作。

3. 对融合教育各方关系的管理

学前融合教育是需要多方合作才能完成的工作。其中包括园外特殊教育和普通教育的教育专家、医学专家和与融合教育相关的业务与职能部门人员以及园内的融合教育教师、普教教育教师、保育员和园内管理人员等。融合教育的组织系统建立后不等于管理工作就能顺利开展。只有在此基础上协调各方关系方能保证融合教育工作有效开展。首先,明确各方岗位的责任,使各岗位有明确任务和责任。其次,提高全体人员,特别是管理人员的业务水平,这也是融合教育管理工作效果得以保证的有力措施。最后,形成融合教育的良好园风。融合教育的开展与园内全体人员对融合教育的理念及意义的理解和全体人员的素养关系密切,他们的爱心和情操、教育观、儿童观、人才观等都将会成为融合教育良好园风形成的重要因素。

(三) 融合教育幼儿园管理的方法

学前融合教育在我国幼儿园实施的数量并不多,我国对融合教育幼儿园的管理研究也才刚刚开始。对于融合教育幼儿园的管理研究方法,目前还在不断地摸索中。

1. "田野"观察法

"田野"观察法是指融合教育幼儿园管理和研究人员在融合教育幼儿园这个"田野"上,通过感官或借助于辅助仪器,在一定的时间内有目的、有计划地对处于自然状态下的融合教育现象进行感知、考察,并收集资料的一种科学研究方法。"田野"观察法的特点是在融合教育自然发生的条件下进行观察，对所观察的对象不加任何干预和控制，这样收集到的信息比较真实、全面和客观。

2. "实地"调查法

"实地"调查法是研究者在融合教育幼儿园这个现实场所，以融合教育现象的客观事实为对象，通过问卷、访谈、测试，收集分析有关现象和资料以了解真实情况的一种研究方法。调查的一般步骤是确定调查目标、制订调查计划、设计调查工具、实施调查、整理调查数据资料、撰写调查报告。这种方法的特点是研究的样本大、误差小，具有定量性、间接性。这种方法的实施要保证调查问卷与访谈提纲设计的科学性；被调查者的合作态度是积极的，具有实事求是的精神。

3. "样本"比较法

"样本"比较法是根据一定的标准，将某一类或者不同类的融合教育管理现象在不同情况下或在相同情况下进行比较，如把孤独症儿童的融合教育与智力落后或情绪行为问题障碍儿童的融合教育进行比较，以研究不同或相同对象的同类性、可比性和差异性。这种方法通过比较，从事物的相互联系和差异中观察事物、认识事物、探索事物发展的规律。"样本"比较法的一般步骤是明确比较的主题、统一比较的标准、解释比较的内容、得出比较的结论。

4. "个别"个案法

"个别"个案法是通过对一些真实的、能够反映融合教育幼儿园管理活动中矛盾和问题的"个别"现象进行分析，主要是用来研究融合教育幼儿园管理的基本理论和实践问题的一种研究方法。它也是理论联系实际的一种研究方法。该方法要求研究者选择的个案要有代表性、时代性、有效性。其不足之处在于研究不能重复。

5. "经验"总结法

"经验"总结法是根据融合教育幼儿园管理实践提供的事实，即"经验"，来分析概括融合教育幼儿园的管理现象，并揭示其管理规律。"经验"总结法的一般步骤是确定研究课题和对象、检索和掌握相关资料、制订总结计划、收集具体事实、进行分析综合、总结研究成果。运用"经验"总结法时应当注意要全面系统地对"经验"进行深入研究，坚持求实的科学态度，尽可能地将理论分析与量化数据相结合。

6."历史"研究法

"历史"研究法也叫文献法,是通过对融合教育管理的相关文献进行查阅、鉴别、整理、分析,揭示融合教育管理事物属性的一种研究方法。这种方法实际是通过研究前人的成果,希望从中获得新发现。这种研究方法要求研究者把握好历史性、批判性、创新性的研究方向,还要在研究中掌握所研究的历史文献的内容真实性和可靠性。

四、学前融合教育管理的原则、内容与过程

融合教育幼儿园的管理是一个系统工程,也是会随着各种因素的变化而变化的一个发展过程。实践表明,在融合教育幼儿园管理过程中只有遵循科学的客观规律与原则,才能做好各方面的管理工作。

(一)融合教育幼儿园管理的原则

原则是人们行动的行为准则、指导思想和基本要求,也是人们经过长期总结经验所得出的合理化要求。融合教育幼儿园管理原则就是为实现融合教育幼儿园管理目标,正确处理融合教育管理过程中的一系列矛盾、关系和问题时所遵循与依据的基本要求。它是融合教育幼儿园管理工作的行动准则和指导思想。

1. 把握方向的原则

这一原则是指融合教育幼儿园管理必须依照国家的教育方针,坚持融合教育的理念与办园方向。教育方针是我国现阶段教育发展的指路明灯,融合教育是融合教育幼儿园开展一切教育活动的基点和教育目标。融合教育幼儿园的管理,如果离开了这两个方向,轻者会使整个幼儿园的教育活动失去融合教育的意义,重者会产生失责、失职等严重后果。

2. 着眼整体的原则

这一原则是指融合教育幼儿园的管理要遵循全体儿童的身心发展规律,坚持融合教育和保育工作一体化。要整体安排、全面规划融合教育幼儿园的工作,使融合教育幼儿园管理的各个要素、各个部门、各项工作协调配合,有序运行。这一原则的执行要求管理者在不断丰富各方面知识经验的基础上，掌握普通儿童和特需儿童发展的能力、水平，以及融合教育管理的步骤和基本规范，对融合教育幼儿园全体儿童的发展全面负责。

3. 强调民主的原则

这一原则是指融合教育幼儿园管理中要充分调动全体教职员工的力量，听取大家在融合教育管理方面的意见和建议，促进融合教育幼儿园办园目标的顺利实现。这一原则要求管理者相信和尊重广大教职员工的经验与智慧。在融合教育管理中做到健全规章制度，建立融合教育幼儿园教职工参与决策、咨询、监督的组织和制度，如教职工代表大会制度、园务委员会制度、党政工团联席会制度等，坚持实行民主管理。

4. 遵循有效的原则

这个原则是指融合教育幼儿园管理工作要运用科学管理方法，合理组织人、财、物等资源，高质量、高效益地实现融合教育培养目标。对于管理而言，其根本的目的就是以最小的投入创造最大的社会效益和经济效益。因此，这一原则的执行要求融合教育幼儿园管理者坚持将融合教育幼儿园的社会效益摆在第一位，幼儿园的一切工作应以全体儿童的身心和谐健康发展为教育目标。

5. 坚持协调的原则

这一原则是指，融合教育幼儿园管理要坚持做好与融合教育相关方的协调和联络工作。一方面管理者要主动、定期地与融合教育家庭、社区和相关部门保持联系；另一方面管理者要注意处理好园内各部门、各类人员及各项工作之间的关系。通过园内外协调使教育管理有秩序地开展，其目的是不断提高融合教育工作质量和管理水平。

（二）融合教育幼儿园管理的内容

融合教育幼儿园与普通幼儿园在管理任务方面有相同之处，其管理的基本内容是人、财、物、事、时间、空间和信息等。

1. 对人的管理

人是融合教育幼儿园管理的核心内容。对人的管理也叫"人力资源管理"，这一概念最早在 1954 年由彼得·德鲁克（Peter Drucker）在其著作《管理的实践》中提出并加以明确界定。人力资源是指在一个国家或地区中的人口总体所具有的劳动能力的总和,或者是指能够推动整个经济和社会发展的、具有智力劳动与体力劳动能力的人们的总和。融合教育幼儿园的人力资源主要包括管理者、教师、后勤人员。

融合教育幼儿园人力资源管理是指采用现代化的科学方法,对融合教育幼儿园教职员工进行合理的培训、组织与调配,统一思想、调整心理和行为,充分发挥人的主动性和积极性,以实现融合教育幼儿园管理目标的过程。

从融合教育幼儿园人力资源管理的概念中可以看出,融合教育幼儿园的人力资源管理有量的管理和质的管理两方面。其中融合教育幼儿园量的管理是根据人力和物力及其变化,对融合教育幼儿园的人力进行培训、组织和协调,使二者保持最佳比例和有机结合,使人和物都能充分发挥出最佳效能。融合教育幼儿园质的管理是指采用现代化的科学方法,对融合教育幼儿园教职员工的思想、心理和行为进行有效的管理(包括对个体和群体的思想、心理和行为的协调、统一和管理),充分发挥每个教职员工的主观能动性,以实现组织管理的目标。

融合教育幼儿园人力资源管理具体来说主要包括人力资源的战略规划、决策管理;人力资源的成本核算与管理;人力资源的招聘、选拔与录用管理;人力资源的教育培训与职业发展设计管理;人力资源的工作绩效考评管理;人力资源的薪酬福利管理与激励管理等。

2. 对财的管理

财是指资金,是融合教育幼儿园的经济命脉,也是融合教育幼儿园发展的物质基础。对财的管理即为财力资源管理。财力资源是融合教育幼儿园人力资源与物力资源消耗的货币反映,财力资源管理效率的高低在一定程度上反映出融合教育幼儿园的发展潜力与前景,混乱的财力资源管理势必导致融合教育幼儿园的混乱,乃至无法运营。

财力管理最核心的是财务管理,财务就是资金运转及其所产生的经济关系。财务管理是基于企业再生产过程中客观存在的财务活动和财务关系而产生的,它是利用价值形式对企业再生产过程进行的管理,是组织财务活动、处理财务关系的一项综合性管理工作。具体来说,财务管理就是利用资金、成本、收入等价值指标,来组织企业中价值的形成、实现和分配,并处理这种价值运行的经济关系。因此,财务管理区别于其他管理的特点在于,它是一种价值管理,是对企业再生产过程中的价值运行所进行的管理。

融合教育幼儿园的财务管理,是指融合教育幼儿园组织财务活动与处理财务关系的管理,是按照国家财政法规的要求,依据融合教育和幼儿教育事业的发展规划,对预算内外资金的筹措、计划、组织、使用、监督、调节以及由此产生的各种经济关系的管理。

财务管理工作是整个融合教育幼儿园工作的重要组成部分,很多方面涉及国家在经济活动中的法律法规。其各项资金的安排和使用,如特需儿童的教育经费直接关系到政策的贯彻和执行,关系到融合教育幼儿园各项工作的有效开展。因此,融合教育幼儿园管理者要尽快熟悉经费使用的政策,掌握财务管理必须遵循的法规制度,要运用管理学的原理,指导专业财会人员管理好融合教育幼儿园的经费。

融合教育幼儿园财务管理的主要内容是财务体制管理、预算管理、决算管理、收支管理、财务分析管理等。简单地说,融合教育幼儿园的资金管理最主要的是做好开源节流工作。此外,还应严格执行国家的财务纪律要求,要合理使用有限的资金,最大限度地提高融合教育的办园效益。

3. 对物的管理

物本义指万物,引申指具体的物品。对物的管理也叫物力资源管理。物力资源是指投入于生产领域用来生产出各种产品或服务的物资资源总和。融合教育幼儿园的物指各种仪器设备、教具、材料、能源等物质,这是办好融合教育幼儿园的硬件条件。一般来说,对物的管理要选择购置、科学保管、合理使用、维护保养等,做到物尽其用,充分发挥物质条件的效能。

融合教育幼儿园物力资源管理是指对融合教育幼儿园各种物资条件、物品、财产等的管理,主要包括建筑物、融合教育专用设备和一般设备、教具、图书、其他固定资产等。物力资源管理是融合教育幼儿园管理的有机组成部分。《幼儿园管理条例》第八条规定:"举办幼儿园必须具有与保育、教育的要求相适应的园舍和设施。幼儿园的园舍和设施必须符合国家的卫生标准和安全标准。"因此,融合教育幼儿园应按照要求,特别是要按照融合教育中全体儿童的身心发展的需要,从安全、卫生和教育的角度来创设融合教育需要的环境,修建园舍,安装设备和购置用具。

4. 对事的管理

融合教育幼儿园的"事"主要指融合教育活动和管理工作，具体说是在遵循国家法规、方针、政策和地方教育行政部门要求的基础上，研究融合教育幼儿园发展建设规划；对融合教育活动、保育活动、卫生保健等工作进行安排；建立融合教育幼儿园常规制度；协调各种关系；开展工作评价，提高融合教育工作质量等。

5. 对时间的管理

融合教育幼儿园的"时间"是指管理活动的持续性，时间是一种无形资源。融合教育幼儿园管理要以高效的时间管理为目标。管理者要充分了解时间对融合教育儿童的重要性和紧迫性，务必要抓住时机，珍惜时间，力求在有限的时间内，最大限度地做好融合教育各项工作，使融合教育利益各方获得最大的收获。

6. 对空间的管理

融合教育幼儿园的"空间"特指管理活动的广延性，即物理空间和心理空间。其物理空间的管理，主要指园舍的规划布局、空间环境的设计布局等；心理空间管理，主要指融合教育幼儿园的组织机构和文化建设，维护干群、师生、家园关系等。建立或营造一个和谐友善、积极向上的心理环境是领导者和管理者做好管理工作的重要手段。

7. 对信息的管理

融合教育幼儿园的信息主要指园内教育管理信息和园外大环境信息及其沟通、处理、运用与储存等。信息也是融合教育幼儿园管理工作不可缺少的特殊资源。从管理理论的角度来说，信息同资本、劳动力并列为生产的三要素。因此，融合教育幼儿园对于信息的管理不可轻视，应尽量及时、迅速、准确地传递各种信息，特别是针对融合教育方面的信息，以便领导者和管理者更好地为融合教育活动的决策、计划和调控服务。

总之，融合教育幼儿园的管理工作复杂，牵一发动全身。领导者和管理者应当围绕融合教育工作目标，全面统筹、协调好各种相关内容，使管理活动有序运转，获得理想的管理效能，最终实现融合教育工作目标。

（三）融合教育幼儿园管理的过程

融合教育幼儿园管理作为管理的一个分支，同样是一个有自身发展规律的不断发展变化的过程。融合教育幼儿园管理过程是指融合教育幼儿园管理者为了实现融合教育的工作目标，组织全园教职工以融合教育工作为中心所进行的有计划、有步骤的共同活动的过程。融合教育幼儿园的管理过程如下。

融合教育幼儿园的管理过程与普通幼儿园管理一样，同样要遵循戴明环管理理论，一般由计划、执行、检查和改进四个环节构成，是一个循环、动态的管理过程。

1. 计划

计划是一切工作的起点，也是后续工作开展的依据。它是保证融合教育幼儿园工作顺利开展的前提。因此制订科学、合理和可实施的计划，是至关重要的工作。融合教育幼儿园的计划与种类很多，如依据工作要完成的时间，可以分为长期计划、中期计划和短期计划或学年计划、学期计划、月计划、周计划及日计划；依据融合教育的工作范围，可以分为全园计划、部门计划、班组计划及个人计划。当然，融合教育幼儿园的一切工作计划都要围绕着融合教育活动的开展来设计。虽然每种类型的计划都有其独特的作用，但是不同的计划相互联系、相互补充，共同构成了融合教育幼儿园的工作计划体系。

在制订融合教育幼儿园工作计划时要注意的是：要坚持融合教育的理念和工作目标，发动全园教职工的力量，制订符合本园实际情况、符合制定程序的计划。一般来说，制定程序包括调查分析、确立目标、拟订方案、选择方案、制订派生计划等。同时还要注意计划内容表述要规范简明，简要说明计划制订的背景、计划目标、工作内容、方法步骤、时间安排、保障条件等。

2. 执行

执行是融合教育幼儿园在计划制订完成之后开展的一项时间长、变数大的重点工作，也就是实行计划。这一过程管理者在健全组织机构的基础上，首先要做好各方面的组织协调工作；其次就是要合理分配各种资源、协调各种关系，通过各种有效方法激励各方力量为本园的融合教育出力。在这一过程中，管理者要深入融合教育各层面，了解第一手资料，并有能力对各个岗位和各类人员的工作给予指导，帮助融合教育计划的全体执行人员进一步明确融合教育工作目标,不断对照目标,检查工作路径的方向并改进工作方法。

3. 检查

检查是融合教育幼儿园管理过程中,为了保证融合教育目标的达成而采取的一种阶段性的对照工作计划和目标进行工作调整和优化的过程。融合教育幼儿园的检查也是多种多样的,如按照不同的标准有不同的检查类型,依据检查内容有全面检查、单项或专题检查;依据检查时间有定期检查和不定期检查;依据检查主体有自检、他检和互检等。管理者在使用时要根据工作需要来选择。在这一环节中,要遵循的要求为:检查目的要明确;检查形式要多样化;检查与指导要紧密结合;检查评价要科学化、规范化等。

4. 改进

改进是融合幼儿园管理活动的最后一个环节。这个环节一般是在工作目标完成后或工作到一个阶段对融合教育工作的"回头看"。也就是对前面三个工作进行全面的分析与评价、对融合教育工作的过程及其结果做出质和量的分析过程。其目的是通过总结得出一些更有价值的经验教训,为下一阶段融合教育工作计划的制订提供更有针对性的参考依据。总结这一环节也有多种类型,如周期性总结、阶段性/过程性总结或终结性总结等。总结要遵循的要求是一定要对前面三个环节所做的工作进行全面的、客观的和对标性的回顾。必要的情况下可以聘请第三方代表,如融合教育专家、教育行政部门领导等,参与到融合教育的总结工作中,以保证总结工作的真实性和为后续计划制订提供有价值的依据等。

拓展阅读

戴明环管理理论

戴明环又叫 PDCA 循环,是美国质量管理专家、统计学家威廉·爱德华兹·戴明(W. E. Deming)博士在现代质量管理奠基者——沃特·阿曼德·休哈特(Walter A. Shewhart)构想的基础上提出来的。戴明认为一切有过程的活动如生产活动、科学研究都是由计划、执行、检查和改进四个环节构成的。这四个基本环节或阶段构成了管理活动的周期(见图 5-2),其中"计划"起确定方向和目标的作用;"执行"是对计划展开实施;"检查"是对所执行的计划进行总结，找出不足之处；"改进"是在检查基础上对成功经验给予肯定并形成标准进行推广，对失败的教训加以总结并找出解决的办法，在下个循环中进行调整。

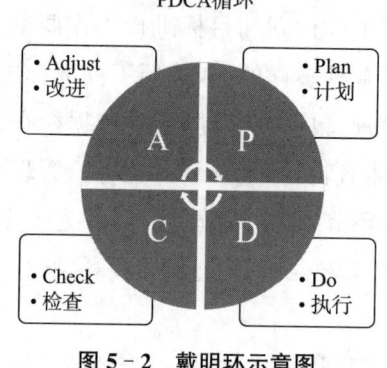

图 5-2　戴明环示意图

第二节　学前融合教育的管理主体

一、相关概念

（一）管理者与领导者

1. 管理者

管理是指人类各种组织活动中最普通和最重要的一种活动。实际上，它是在组织内部进行的一种"服务"性工作。一般来说，管理工作有一定的规律可循，它带有一定的机械性和程序性。为此，管理者的角色必然是由管理工作本身的特质决定的。管理者是指通过自身的角色和知识经验，在组织内部服务他人工作以使该组织的工作有成效的人。所以管理者对组织负有责任，其作用在某种程度上能影响组织经营及达成什么样的成果。管理者必须对组织负责，而不仅仅是监督指导他人。

2. 领导者

领导是指在一定条件下，指引和影响个人或组织，实现某种目标的行动过程。它是一种"领头羊"的工作，带领着一个组织或团体。领导工作应带有计划性、前瞻性、创造性，并具有人文性的特点。因此，领导者是在某一组织的职位上拥有该职位的领导职权，并承担一定责任的人。所以领导者通常要具有高素质和高能力。

3. 管理者与领导者的关系

（1）相同点

首先，管理和领导两个概念互相包含。从两个概念中可以看出，领导是管理的一个职能。其次，管理和领导的最终目的是一致的，都是通过一系列的努力，最终来实现组织的既定目标。最后，管理和领导的行动路径是一致的，领导的任务是确立目标、制订远景规划和执行方法，管理的任务是进一步设计完成任务的具体事项，将现有的资源合理配置，通过具体管理方式达到领导所制定的目标。

（2）不同点

首先，管理者从事的是经营管理工作，领导者从事的是开创性或创新性的工作。其次，管理者可以把他人的经验在工作中进行复制或使用，领导者必须在创新中为组织或单位找到生长点。最后，管理者重在关注组织系统和结构的合理性以及运行的效率，领导者要特别关注组织内部人的各方面问题，如人的整体素质、内在需求以及发展空间等。

总之，管理者与领导者各有自己的工作重心和工作性质。作为管理者，在一定时间内提高组织或单位的工作效率和成效是其工作目标。作为领导者，其自身的影响力和为组织或单位未来发展着想是其工作重心。所以领导者要想有效地行使领导职能，仅靠制度化的、法定的权力是远远不够的，必须拥有令人信服和遵从的高度权威，才能对他人产生巨大的号召力、磁石般的吸引力和潜移默化的影响力。

（二）融合教育幼儿园园长

融合教育幼儿园园长是指在知识和能力方面能够胜任管理和指导融合教育工作的人。融合教育幼儿园园长是管理者还是领导者呢？

2016年3月1日实行的《幼儿园工作规程》中提出，幼儿园实行园长负责制。园长是幼儿园的主要行政领导者，对园所工作全面负责。园长具有与其责任相一致的权力，即具有决策指挥权、人事财务权、奖惩权等。园长负责指挥协调全园各项工作和管理活动,是园所工作的计划者和组织者。融合教育幼儿园是幼儿园的一种发展趋势,其园长的工作内容和目标有变化,但其责任和作用没有变化。因此,融合教育幼儿园园长是融合教育幼儿园的第一责任人,也是融合教育幼儿园的领军人物。从他们的角色和工作性质上来说,融合教育幼儿园园长既是管理者,也是领导者。

(三) 领导力

近年来,关于领导力(Leadership)的研究受到重视。北京大学国家发展研究院管理学教授杨壮认为,领导力是职场人自身所散发出的气质,而领导则是外界赋予的权力。领导力的实质既不是权力,也不是谋略,领导力的实质是影响力。① 詹姆斯·库泽斯(James Kouzes)等人提出了五大领导力实践,即以身作则、共启愿景、挑战现状、使众人行和激励人心。② 诺埃尔·蒂奇(Noel Tichy)认为,领导力关涉四个方面:思想方面,培养掌握知识的能力和技巧;价值观方面,培养个人的学习价值观;情绪方面,学会激励自己和他人;魄力方面,学会如何做出艰难而勇敢的决断。③ 约翰·科特(John Kotter)指出,领导者的个人素养突出地表现为个人的领导魅力,其由六个方面的素质综合形成,分别是面广而扎实的行业知识、广泛而稳固的人际关系、突出的信誉和业绩、优秀的能力和技能、正派的个人价值观、充足的进取精神。④ 简言之,领导力是指在管辖的范围内充分地利用人力和客观条件,再以最小的成本办成所需的事,以提高整个团体的办事效率的能力。

拓展阅读

领导力的四个维度

领导力是一种积极正向的相互影响,一种生机勃勃的生命张力,是领导

---

① 杨壮.后危机时代的领导力变革[J].商务周刊,2009(24):72-73.
② [美]詹姆斯·库泽斯,[美]巴里·波斯纳.领导力:第3版[M].李丽林,杨振东,译.北京:电子工业出版社,2004:15-19.
③ [美]诺埃尔·蒂奇.领导力循环:伟大的领导者引领企业制胜的关键[M].杨斌,译.杭州:浙江人民出版社,2014:3.
④ [美]科特.领导力革命[M].廉晓红,栾涌泉,译.北京:商务印书馆,2005:8-12.

者个人和团队成员之间的一种发展合力。领导力的陀螺模型,共四个维度:愿景、思变、行动和共情。愿景,一个没有共同愿景的团体,就是乌合之众,缺乏明确的目标指向,没有凝聚力。思变,穷则思变,变则通,通则久。外在环境瞬息万变,组织内部也在不断变化,如果陈陈相因、抱残守缺,就必定停滞不前甚至消亡。行动,仅有思维上的创新还远远不够,还需要强大的行动力。一旦形成正确的决策,就需要立即行动。共情,人之所以区别于其他生物,就在于人有超越生存的情感需要和远离功利的价值追寻。为了实现共同的价值诉求,将心比心、感同身受地为共同的事业而竭力奉献。通俗地说,一个陀螺的强大生命力体现于平稳快速地运转。共情是基础、根底,只有共情脚踏实地,愿景才能仰望星空。要维护共情与愿景在一条竖立向上的直线上,静止是不可能的,必须靠思变和行动来抽动,从而达到稳定的动态平衡。①

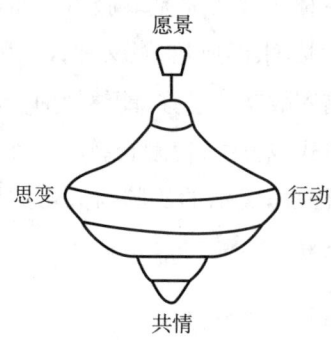

图 5-3 领导力的陀螺模型

二、融合教育幼儿园园长影响力的构成

融合教育幼儿园园长既是管理者,更是领导者,其影响力相当程度上决定了融合教育幼儿园教师的工作积极性、全体儿童身心的健康发展及融合教育幼儿园的办园质量。融合教育幼儿园园长的影响力由以下几方面构成。

---

① 吴晗清.领导力的构成要素及其运行机制:陀螺模型[J].领导科学,2021(12):49-52.

（一）坚定的信仰与先进的理念

推行融合教育，信仰与理念是引导人们坚持做下去的精神支柱。融合教育本身强调教育公平、人人平等，尊重差异性和生物多样性。融合教育的领导者应树立正确的教育观、人才观和特需儿童观等，应有独立的思考。融合教育的领导者只有坚定融合教育一定能使全体儿童都能得到更好的发展、能使教育满足不同人需要的公平得以实现的信念，才能带领人、影响人、培养人。因此坚定的信仰与先进的理念是融合教育幼儿园园长影响力形成的基础。

（二）灵活的头脑与战略的思维

融合教育幼儿园的整体工作首先是靠脑力来布局。领导者的布局如同战场上统帅的布阵，关系到战事的成败，意义重大。因此，融合教育幼儿园园长应具有高度灵活的头脑和战略的思维，能够及时分析与理清工作重心并找到达成工作目标的最佳方式或方法，使融合教育工作在幼儿园的开展步步落到实处，逐步得到发展。因此，灵活的头脑与战略的思维是融合教育幼儿园园长影响力形成的基本条件。

（三）丰富的知识与快速的行动

美国西点军校强调，没有知识的人是愚蠢的，没有行动的人是可悲的。我国教育家陶行知先生早就提出了"知行合一"的主张。融合教育幼儿园园长也需要具备比一般教师更广博的、更专业的融合教育知识，因为"知识就是力量"。广博的专业知识能使所带领的员工更加信服带头人。但是只有丰富的知识是不够的，身体力行、快速行动更是其影响力的彰显。只有带头示范，才能带出一批批有能力、有干劲的员工。所以丰富的知识与快速的行动，是融合教育幼儿园园长影响力的充分体现。

（四）良好的品格与人格魅力

作为有影响力的人，自身的素质和修养是影响力的重要组成部分。我国周恩来总理的影响力至今无人能比。尼克松（Nixon）在他的《领导人》一书中对周总理做出的评价是:无与伦比的品格给我带来深刻的印象,他的言谈举止、待人接物方面都显示出巨大的魅力和泰然自若的风度。1954年日内瓦会议上就有人屡次向总理表示:虽然在谈判中我们在很多问题并且包括一些重要问题上,出现了严重分歧,但是这并不妨碍我们同你建立起一种亲密的关系。周恩来总理几乎完美的人格和时刻为他人着想的品质,使他赢得了全世界人民的爱戴和崇拜。融合教育幼儿园园长的品格与人格魅力也应体现在诚实、开朗、博爱、自信、自律等方面。只有具备良好的品格与人格魅力,才能具有越来越大的影响力。

拓展阅读

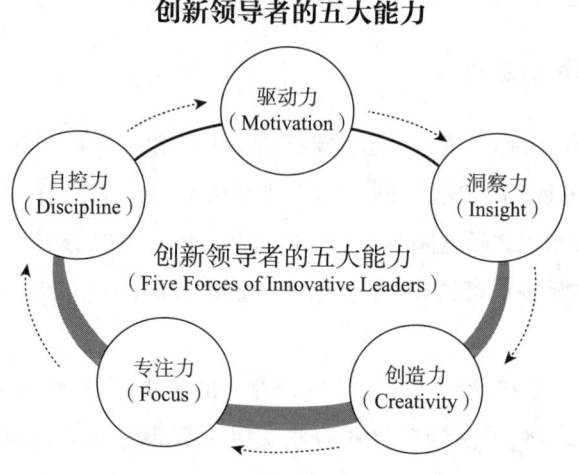

图 5-4 创新领导者的"五力"模型

新时代创新领导者的五大能力是由驱动力、自控力、洞察力、创造力和专注力组成。其中驱动力是最基本的能力,它是由领导者的信仰和理念决定的;自控力是由其性格和意志力决定的;洞察力与人的思维和判断力有关;创造力是领导者最重要的工作能力;专注力的内涵是持之以恒、一心一意地做事。

三、融合教育幼儿园园长权力与责任的明晰

权力与责任是领导者必须认清且把握好其关系的重要问题。

（一）权力与责任

权力是人与人之间的一种特殊影响力，是一些人对另一些人造成他所希望和预定影响的能力，或者是一个人或许多人的行为使另一个人或其他许多人的行为发生改变的一种关系。① 责任是指个体作为社会成员对组织或他人应承担的义务，如作为父母有养育子女的义务、作为子女有赡养父母的义务、作为公民有维护公共秩序和遵纪守法的义务等。从两者的概念中可以看出，权力和责任是不可分割的，有权力就必须有对应的责任。权力为其责任而执行，责任为其权力而负责。作为领导者理解、把握、处理好权力与职责的关系，才能以高度的事业心和责任感，谨慎地用好权力，恪尽职守，在自己的职责范围内敢想敢干，大胆决断，不负期望。

（二）园长负责制

1989年，当时的国家教育委员会颁布的《幼儿园管理条例》中规定了，"幼儿园园长负责幼儿园的工作"。1996年，正式颁布了《幼儿园工作规程》，其中第九章第52条明确指出，"幼儿园实行园长负责制。园长在举办者和教育行政部门领导下，依据本规程负责领导全园工作"。所以我国的幼儿园管理实行园长负责制。

园长负责制是指幼儿园在上级主管部门的宏观领导下，园长作为幼儿园主要领导核心，在党支部的监督和教职工民主管理相结合的管理体制下，为实现幼儿园的目标任务，肩负主要管理责任。因此园长对幼儿园工作承担最大责任，也具有最高行政权、决策权、奖惩权等。

（三）融合教育幼儿园园长的权力与责任

1. 融合教育幼儿园园长的权力

融合教育幼儿园园长的权力也叫职权，与普通幼儿园园长没有什么不同，是由他们的职位决定的，即是由外部赋予的。

一般来说，融合教育幼儿园园长与普通幼儿园园长都是由上级组织或主

---

① 林崇德，姜璐，王德胜. 中国成人教育百科全书　经济·管理[M]. 海口：南海出版公司，1994：452.

办者任命赋予。赋予这个职位后,他们在这个职位的工作中对他人就具有强制性,即在这个职位的人必以外部压力的形式发生作用,在其作用下组织成员的心理和行为主要表现为被动和服从。这是由他们的职位本身的权力决定的。他们的权力主要表现在以下几方面。

（1）决策指挥权。园长有权决定融合教育幼儿园的具体教育目标和规划融合教育幼儿园的发展,并统筹融合教育幼儿园的全面工作。

（2）人事管理权。园长有权向上级提出人事方面的"组阁"意见,改变融合教育幼儿园机构组织和权限关系;有权聘用、考核和奖励工作人员;有权在符合国家要求的范围内制定规章制度。

（3）财务管理权。园长有权在国家规定的范围内支配融合教育幼儿园财经费用,规划和使用融合教育幼儿园的财产设备。

从园长这个职位应有的权力可以看出,这是他们领导工作得以顺利开展的外部保证和必要条件。然而,如果一个融合教育幼儿园园长只具有外部赋予的权力,或者只凭借权力去工作,势必会产生诸多问题,如被领导者往往会消极被动地适应或应付,不能充分调动其积极性;领导个人也会有一定负面效应,造成干群关系对立或紧张,阻碍融合教育工作任务的完成,甚至会导致腐败。因此,融合教育幼儿园园长只有权力是无法保证融合教育工作开展的质量和效益的。

2. 融合教育幼儿园园长的责任

责任也是职责,是对管理者的基本要求,管理者被授予权力的同时,应该对组织或团体的命运负有相应的责任,对组织或团体的成员负有相应的义务。权力和责任同步消长,权力越大,责任越重。幼儿园园长的职责在1996年中华人民共和国国家教育委员会颁布的《幼儿园工作规程》中就加以明确了。结合融合教育幼儿园的工作性质与要求,融合教育幼儿园园长的工作职责有以下几个方面。

（1）贯彻执行党和国家有关学前教育的方针、法律法规和学前融合教育的政策以及上级主管部门的规定,坚持正确的融合教育办园方向;负责建立并组织执行融合教育幼儿园各项规章制度。

（2）负责教职工的政治思想工作、职业道德教育,组织文化、业务学习;维护教职工的正当权益,关心并逐步改善教职工的生活和工作条件;发挥教职工（或教职工代表）工会在融合教育幼儿园民主管理中的作用，调动和发挥教职工的主动性、积极性和创造性。

（3）主持幼儿园的融合教育工作。贯彻执行国家学前融合教育的政策和法规，促进在园全体儿童身心和谐发展。

（4）领导和组织好融合幼儿园的安全保卫、卫生保健工作，确保在园全体幼儿的安全、卫生和健康。

（5）领导和组织融合教育幼儿园行政工作，负责聘任、调配工作人员，负责工作人员的考核与奖惩，负责园舍、设备和经费的管理等。

（6）做好各方联系工作。向家长宣传正确的融合教育思想和科学育儿知识，配合社区开展社会服务活动，争取家长和社区对融合教育幼儿园工作的大力支持。

总之，从以上的阐述中不难看出，对融合教育幼儿园园长来说，其责任比权力更重要。如果一个管理者仅有权力，而没有承担相应的职责，那么他是做不好管理工作的。

第三节　融合教育幼儿园的组织管理与制度

一、融合教育幼儿园的组织管理

（一）相关概念

1. 组织

组织（Organization）是指人们为实现一定的目标，互相协作结合而成的集体或团体。从静态角度来看，组织是一个集团内各种关系系统的总和；从动态角度来看，组织是人与人之间的行为构成模式，是人们为了完成共同的目标而彼此分工合作、相互影响的活动系统，是一个复杂的、永远处于活动状态的，又不断在自我调整和自我发展的综合系统。从管理学的角度来看，组织是指这样一个社会实体：它具有明确的目标导向和精心设计的结构与有意识协调的活动系统，同时又同外部环境保持密切的联系。

组织作为社会各机构的系统,对人类社会的存在和发展起着巨大的作用。它是实现组织机构目标的工具,可以满足机构成员的需要,确立了机构成员的位置以及在机构中发挥着沟通和教育等作用。

2. 组织管理

组织管理(Organizational Management)是管理活动的一部分,故也称组织职能,它是通过建立组织结构,规定职务或职位,明确权责关系,以使组织中的成员互相协作配合,有效实现组织目标的过程。首先,组织管理要设计、建立并保持一种组织结构;然后,使各组织成员明确其在组织中的工作和责任;最终,确立各成员在组织中的各种关系,如上下级关系、同级关系、同盟关系、竞争关系等。其目的是避免职责不清,从而影响组织目标的实现。组织管理是使人们明确组织中有什么工作,谁去做哪些工作,工作者承担什么责任,具有什么权力,与组织结构中其他人员的关系如何。其宗旨是避免由职责不清造成的执行中的障碍,保证组织目标的实现。

3. 融合教育幼儿园的组织管理

融合教育幼儿园的组织管理是通过建构本园的组织机构、明确各职务的权力和责任,通过组织内外部的共同努力,实现融合教育工作目标的过程。具体来说,融合教育幼儿园的组织管理是要建构一个结构合理、层次清晰、权力下放、责任明确的管理机构,组织领导者充分调动组织内外的力量开展高效率的工作,从而实现学前融合教育的目标。由此,可以看出在融合教育幼儿园的组织管理中,建构组织机构是非常关键的第一步。

拓展阅读

管理幅度与组织层次

管理学家孔茨(Koontz)认为:我们之所以要进行组织工作,是为了使人们能有效地进行合作,而与此同时,我们却发现由于管理幅度的限制而形成了组织机构中的等级层次。换句话说,由于一个主管人员所能管理的下属人数有限(尽管这个限度因情况不同而异),因而出现了组织层次。[①]

---

① [美]哈罗德·孔茨,[美]西里尔·奥唐奈.管理学[M].黄砥石,陶文达,等译.北京:中国社会科学出版社,1987:384.

管理学家们经过大量的研究发现,一个组织的管理幅度以七个人为宜,这是一个领导所能保持彼此间有效沟通的最大数目。较小的管理幅度意味着主管能更有效地控制属下,但如此需要雇用较多的管理人员,支付较高的费用。较大的管理幅度虽可为组织省下部属管理的人事费用,但如此也需冒较大的风险,因为多数员工的操作未受到充分的监督,且管理人员无法确知什么人正在进行什么工作。

(二) 融合教育幼儿园的组织机构设置

1. 组织机构

组织机构是指组织的内部结构形式,其设计应以组织目标为基础,用以协调组织内外资源和流程,以便更有效地完成组织任务、实现组织目标。一般来说,一个组织从建立到发展比较完善的时期,自然会形成一种较严密的结构,以保证信息、能量等在组织内部的传递或转换。因此,组织机构的形式是纵横交错式的,是依靠组织机构内的职位、职责、职权及它们之间的相互关系确立实现的,并形成不同类型的结构体系。组织机构一般分为职能结构、层次结构、部门结构和职权结构四种。

(1) 职能结构:是指实现组织目标所需的各项业务工作、比例和关系。其考量维度包括职能交叉(重叠)、职能冗余、职能缺失、职能割裂(或衔接不足)、职能分散、职能分工过细、职能错位、职能弱化等方面。

(2) 层次结构:是指管理层次的构成及管理者所管理的人数(纵向结构)。其考量维度包括管理人员分管职能的相似性、管理幅度、授权范围、决策复杂性、指导与控制的工作量、下属专业分工的相近性。

(3) 部门结构:是指各管理部门的构成(横向结构)。其考量维度主要是一些关键部门是否缺失或优化。组织总体形态可以由各部门一、二级结构进行分析。

(4) 职权结构:是指各层次、各部门在权力和责任方面的分工及相互关系。主要考量部门、岗位之间权责关系是否对等。

2. 融合教育幼儿园组织机构的特点

融合教育幼儿园的组织机构是指幼儿园为实现融合教育的目标,通过建立合理且科学的结构及工作规则,确定领导关系和职权分工,将融合教育幼儿园拥有的人、财、物等组织起来，形成的组织结构系统。健全融合教育幼儿园的组织机构也是实施其管理职能的一种管理机制。融合教育幼儿园组织机构的特点有以下几方面。

（1）整合性

整合性是由融合教育幼儿园的工作性质决定的。融合教育幼儿园的工作需要整合园内外、普通教育和特殊教育等各方的力量，完成融合教育的目标。如融合教育幼儿园内部由很多人力、物力等组成，下属有融教组、保育组、教研组、后勤组等部门，各个部门有着内在的联系，并密切合作。

（2）目标性

目标是指行为主体根据自身的需要，借助意识、观念的中介作用，预先设想的行为结果。融合教育幼儿园组织机构的目标性是指融合教育幼儿园通过各部门的共同努力，为社会提供早期融合教育的服务，进而获得一定的社会效益和经济效益。

（3）规则性

规则是在一定社会条件下形成的一种集体成员必须遵守的行为标准，是要求人们在集体生活中遵守秩序、执行命令和履行职责的一种行为准则。融合教育幼儿园组织的规则性是指融合教育幼儿园通过一定的准则来约束教职工的思想与行为，并伴随一定的奖惩制度。

（4）协作性

协作是组织分工后必须采取的达成目标的手段。特别是融合教育幼儿园需要园内与园外成员以及园内教师们的通力协作才能顺利实现融合教育目标。

（5）稳定性

一个好的组织机构在相当一段时间内应有一定的稳定性，因为这种稳定的状态会使人在所处的环境中心境不会轻易变化，有利于工作计划的完成和下一个工作目标的设定。融合教育幼儿园组织的稳定性是指融合教育幼儿园的组织结构、人员构成以及制度都具有一定的稳定性。

3. 融合教育幼儿园组织机构的相关情况

融合教育幼儿园管理的基础性和前提性工作就是建立合理、科学和高效的幼儿园组织机构，并通过它来开展融合教育幼儿园的各项活动。

(1) 组织机构设置的依据

组织机构的设置是一项专业性较强的工作,设置的依据有以下几方面。

第一,依据国家和地方政府的相关规定。学前教育是国家教育体系中的一个重要组成部分。近年来,国家和地方政府对学前教育越来越重视,相继出台了一系列的政策和条例,提出了不同类型幼儿园组织机构设置的基本要求。例如,《幼儿园管理条例》《幼儿园工作规程》《幼儿园教职工配备标准(暂行)》等法规文件,对幼儿园的基本条件、审批程序、招生编班、教职工配备等方面做了明确的要求。融合教育幼儿园与普通幼儿园在组织机构设置方面略有不同,如在融合教育幼儿园配备融合教育教师。因此,在其机构设置方面必须把握国家和地方教育及相关行政部门有关文件的内容及精神,并将其作为融合教育幼儿园组织机构设置的基本依据。

第二,依据机构设置的基本原则。融合教育幼儿园组织机构的设置是一项严肃且关键性的工作,必须要遵循融合教育的任务与目标原则,坚持以融合教育为中心,因"事"设职,因"职"设岗;遵循分工协作原则,在协作的前提下分工,倡导责任人带头建立良好的横向和纵向关系;遵循责任权力原则,做到职务要实在、责任要明确、权力要恰当、利益要合理;遵循有效跨度原则,要集中领导、宽度适当、层次合理;遵循统一领导原则,领导线路要清晰、联系渠道要畅通,确保每一个部门或个人只对一个领导负责,避免多头领导。

第三,依据融合教育幼儿园的实际情况。融合教育幼儿园组织机构的设置要依据融合教育幼儿园的办园需要和本园的实际情况来设置。一是要依据融合教育幼儿园的办园宗旨,因为办园宗旨不同,设置的机构也不同,如融合教育幼儿园除了要设置保教部外,更要设置融教部。二是要依据本园在当地所处的地理位置。因为所处的地域不同、招生人数不同,地方政府给予的政策也不同。

(2) 组织机构设置的类型

融合教育幼儿园组织机构设置的类型相对来说比较简单,有行政组织、非行政组织、党群组织和其他组织四种类型。

第一,行政组织。融合教育幼儿园行政组织机构的核心是园长,园长负责主持全园的行政工作。幼儿园的行政架构主要依据工作性质和范围分设相应的职能组织和职务。一般来说,规模较大的融合教育幼儿园通常设有园务委员会,由园长主持工作,研究决定幼儿园工作的重大问题。下设融教部、保教部与总务部等职能组织。班级或班组是融合教育幼儿园的基层行政单位,在园长、融教和保教部主任的领导下,承担融教和保育的双重责任与其他具体工作职责。

第二,非行政组织。非行政组织机构在融合教育幼儿园中主要承担着融合教育工作研究和育人的工作,如融合教育课程研讨组、融教和保教协调组等,通常专设业务园长和教研组长等。

第三,党群组织。党群组织主要由党组织、团组织、教代会、工会等组成,对行政工作起着监督、制约并审议决策的作用,该组织机构是幼儿园管理活动不可缺少的组成部分。

第四,其他组织。目前多数融合教育幼儿园还设有家长委员会、园务委员会、治安保卫组等,它们配合幼儿园共同完成融合教育任务。

拓展阅读

幼儿园教职工配备标准(暂行)

教师〔2013〕1号

幼儿园教职工配备标准是幼儿园办园标准的重要内容,是促进幼儿园教师队伍建设的重要手段。为规范幼儿园办园行为,促进幼儿园教师队伍建设,满足幼儿在园生活、游戏和学习的需要,确保幼儿接受基本的、有质量的学前教育,促进幼儿健康成长,特制定本标准。

一、教职工与幼儿的比例

幼儿园应当按照服务类型、教职工与幼儿以及保教人员与幼儿的一定比例配备教职工,满足保教工作的基本需要。不同服务类型幼儿园教职工与幼儿的配备比例见表1。

表1 不同服务类型幼儿园教职工与幼儿的配备比例

服务类型	全园教职工与幼儿比	全园保教人员与幼儿比
全日制	1∶5—1∶7	1∶7—1∶9
半日制	1∶8—1∶10	1∶11—1∶13

二、专任教师和保育员配备

幼儿园应根据服务类型、幼儿年龄和班级规模配备数量适宜的专任教师和保育员,使每位幼儿在一日生活、游戏和学习中都能得到成人适当的照顾、帮助和指导。

全日制幼儿园每班配备2名专任教师和1名保育员,或配备3名专任教师;半日制幼儿园每班配备2名专任教师,有条件的可配备1名保育员。

寄宿制幼儿园至少应在全日制幼儿园基础上每班增配1名专任教师和1名保育员。

单班学前教育机构,如村学前教育教学点、幼儿班等,一般应配备2名专任教师,有条件的可配备1名保育员。

对所辖社区或村级幼儿园(班)负有管理和指导职责的中心幼儿园,应根据实际工作任务和需要增配巡回指导教师。

招收特殊需要儿童的幼儿园应根据特殊需要儿童的数量、类型及残疾程度,配备相应的特殊教育教师,并增加保教人员的配备数量。

幼儿园应根据当地学前教育发展的实际情况,增设教师岗位类别和数量,满足本园发展和保教工作的需要,并确保在教师进修、支教、病产假等情况下有可供临时顶岗的保教人员。

不同服务类型幼儿园各年龄班和混龄班班级规模、专任教师和保育员的配备标准见表2。寄宿制幼儿园每班幼儿人数酌减。

表2 幼儿园班级规模及专任教师和保育员配备标准

年龄班	班级规模(人)	全日制		半日制	
		专任教师	保育员	专任教师	保育员
小班(3—4岁)	20—25	2	1	2	有条件的应配备1名保育员
中班(4—5岁)	25—30	2	1	2	
大班(5—6岁)	30—35	2	1	2	
混龄班	<30	2	1	2—3	

三、其他人员配备

园长:6个班以下的幼儿园设1名,6—9个班的幼儿园不超过2名,10个班及以上的幼儿园可设3名。

卫生保健人员：根据《托儿所幼儿园卫生保健工作规范》配备。

炊事人员：幼儿园应根据餐点提供的实际需要和就餐幼儿人数配备适宜的炊事人员。每日三餐一点的幼儿园每40—45名幼儿配1名；少于三餐一点的幼儿园酌减；在园幼儿人数少于40名的供餐幼儿园（班）应配备1名专职炊事员。

财会人员：根据国家和地方有关财会工作规定配备。

安保人员：根据国家和地方有关安保工作规定配备。

幼儿园应根据实际需要配备数量适宜的教职工，积极实行一岗多责，提高用人效益。

四、本标准为各级各类幼儿园的合格标准。各地可根据当地经济社会发展水平和学前教育发展的实际情况，制定适合本地的具体实施方案。

五、本标准自发布之日起实行。

二、融合教育幼儿园的制度

（一）相关概念

1. 制度

制度（Institution），或称为建制。从社会科学的角度来理解，它泛指以规则或运作模式，规范个体行动的一种社会结构。制度是一种人们有目的建构的存在物，是要求大家共同遵守的办事规程或行动准则。建制的存在，都会带有价值判断，从而规范、影响建制内人们的行为。

制度的内涵很丰富，一般是指在特定社会范围内所达成的共识，用以调节人与人之间社会关系的道德、法律（包括宪法和各种具体法规）、戒律等的总和。它由社会认可的非正式约束和国家规定的正式约束所组成。从管理学角度来说，制度是为了组织和管理人们活动的有效性、公正性和可持续性而制定的一组规则、规定或程序。

2. 管理制度

管理制度（Management System）也就是管理的规章制度，是组织、机构、单位管理的工具，对一定的管理机制、管理原则、管理方法以及管理机构设置的规范。它是实施一定的管理行为的依据，是社会再生产过程顺利进行的保证。合理的管理制度可以简化管理过程，提高管理效率。管理制度具有权威性、完整性、排他性、可执行性、相对稳定性和公平公正性等特点。

3. 融合教育幼儿园管理制度

融合教育幼儿园管理制度是幼儿园为了实现融合教育目标，根据国家有关法律法规以及本园的实际工作需要，采用条文的形式，对融合教育幼儿园各项工作和各类人员的行为活动提出的具有约束力和一定强制性的准则与规范。这对完成融合教育幼儿园各项任务，建立正常秩序，减少人力和物力资源的浪费，提高管理效率，具有重要的意义。融合教育幼儿园管理制度应具有合法性、科学性、可行性、民主性、稳定性和简约性等特点。

（二）融合教育幼儿园管理制度的类型

融合教育幼儿园的管理制度主要由所依据的政策法规和园内制定的规章制度组成。一方面，政府政策法规是指国家立法机关和各级教育行政部门为了指导和规范融合教育幼儿园工作，统一制定的有关幼儿教育和融合教育方面的法律、法规和规章制度，如《中华人民共和国教师法》《教育法》《幼儿园管理条例》《幼儿园工作规程》《幼儿园教育指导纲要（试行）》等。另一方面，政策法规还包括各级地方教育行政部门制定的法规、管理办法、制度规章等。国家和地方政府通过制定法律和相关政策，实现对学前教育机构的宏观指导和监管。园内规章制度是融合教育幼儿园依据国家立法机关和教育行政部门制定的政策法规，结合本园实际，自行制定的规章制度。制定园内规章制度是办好融合教育幼儿园的一项基础性工作。以下简要介绍幼儿园内规章制度的类型。

1. 全园性规章制度

全园性规章制度，即适用于整个融合教育幼儿园的规章制度，是为了组织和指导全园的融合教育活动，统一各类人员行为，建立全园融合教育工作常规和行为规范，面向融合教育幼儿园所有教职工的规章制度。其内容包括从事融合教育教职工的职业道德规范、从业行为规范、教职工考勤制度、交接班制度、值班制度、学习制度、个人卫生与环境卫生制度、接送制度、安全制度、家长联系制度等。

2. 部门性规章制度

部门性规章制度，即规范某部门工作，适用于部门所辖领域的规章制度。

这是融合教育幼儿园明确各层次、各部门工作任务和职责,加强科学管理,是融合教育工作有效开展的保障。其内容包括融教部的规章制度、保教部门的规章制度、卫生保健部门的规章制度、总务部门的规章制度等等。

3. 岗位责任制

岗位责任制是规定融合教育幼儿园每个岗位的工作任务、内容、质量与数量,并将它落实到具体负责人的一种制度。这个制度对每个岗位的人来说是最直接、最具体也是要首先遵守的制度。它是融合教育幼儿园各项规章制度的核心,是其他制度执行的保障。

4. 考核与奖惩制度

考核制度是对融合教育幼儿园各岗位工作人员履行岗位职责和完成工作任务的情况进行检查评定的制度。奖惩制度是对集体或个人考核结果给予肯定或否定的评价制度。奖惩制度是考核制度的深化和拓展。没有考核就可能造成有章不循,只有考核没有奖惩就会挫伤广大教职工的积极性。建立考核与奖惩制度,能够保证岗位责任制和其他规章制度的贯彻执行。

5. 会议制度

会议是一种重要的管理手段,融合教育幼儿园的管理也不例外。建立会议制度,可以使园内领导之间、园内管理层级之间以及各部门之间互通信息,有助于园长统一指挥,研究部署工作,实现对各部门的情况掌握和工作协调。长期的实践证明,会议也是科学决策和民主管理的重要形式之一。融合教育幼儿园的会议制度包括园务会议制度、融教与保教部长会议制度、教研组长会议制度、教工代表大会制度、家长会或家长委员会制度等。

拓展阅读

融合教育幼儿园晨检制度

融合教育幼儿园是普通儿童和特需儿童集体保教的机构。其根本任务是保障和促进全体儿童的身心健康。融合教育幼儿园实行来园晨检制度,是要通过"一摸""二看""三问""四查"的工作程序,及时了解儿童当天来园的身体健康情况及精神状态,便于在园的一日活动中安排适合儿童的活动。晨检步骤与要求如下:

一、儿童每天早晨入园时都要接受卫生保健教师的观察和咨询,既要张开嘴看看咽喉、腮部是否有异常,又要伸出手臂观察手指甲及皮肤是否异常,一切正常则可领一个"红色晨检牌"。身体不适的或家长带药的,领一个"黄色晨检牌"。

二、儿童领好晨检牌,即到自己的教室里,班级教师或保育员要将儿童的晨检牌插在"儿童健康保健栏"里,以便班级教师和保育员能及时了解儿童当天来园情况。

三、晨检时家长的配合:① 来园时必须带孩子参加晨检;② 儿童若疑有疾病或传染病迹象,应主动与卫生保健教师联系,幼儿园会视病情进行全日观察、追踪、隔离。

四、教工晨检的要求:① 为避免儿童感染,教工每日来园后要如实填写教工晨检记录并签名。若有疑似传染病症状,必须告知卫生保健教师和园长,不得隐瞒。② 若教职工的家属发生传染病,必须告知卫生保健教师和园长,不得隐瞒。

第四节　融合教育的班级管理

融合教育幼儿园各项融合教育活动的开展绝大多数都是以班级为单位进行计划、实施和评价。这就需要融合教育幼儿园的教师了解融合教育班级管理的基础知识和基本技能,掌握融合教育活动在班级开展的内容、方法和不同类型障碍儿童融合教育的管理知识等。这是融合教育幼儿园教师做好融合教育工作的基本条件。

一、融合教育班级管理概述

(一)相关概念

1. 班级

班级是幼儿园的基层组织,是实施幼儿园保教任务的基本单位。它是由儿童和保教人员共同组成的集体,其作为儿童所处的最直接环境和最具体的生活场所,对儿童的发展具有最直接的影响。

幼儿园班级一般是按年龄划分,分小班(3—4岁)、中班(4—5岁)和大班(5—6岁)三个年龄段。近些年,随着国家对0—3岁托幼培养的重视,有些幼儿园设有托班(2—3岁)。

2. 融合教育班级

融合教育班级是融合教育幼儿园开展融合教育活动的基层组织,是实施融合教育活动、完成融合教育目标的最小单位。它是由儿童与成人组织的,其中儿童有普通儿童和特需儿童;成人有普通教育教师、特殊教育教师和保育员。

融合教育班级中的普通儿童基本上都是与普通幼儿园一样,按年龄划分。对于特需儿童,一般不按其年龄而是按其能力来划分,插入到融合教育班级中,即特需儿童由于发展落后,一般的年龄都比普通儿童稍大。

3. 融合教育班级管理

基于管理学和班级管理的基本理论,幼儿园班级管理有狭义和广义之分。广义的幼儿园班级管理认为,凡班级教师进行的一切活动都称为班级管理。狭义的幼儿班级管理是指为了完成园所的教育目的及各项教育活动并使其能够顺利进行,而将班级的人、事、物等各项条件做出整顿、改善与处理的过程。

融合教育班级管理是什么?融合教育班级管理与一般幼儿园班级管理有相通性。根据《幼儿园工作规程》的规定:"幼儿园教育工作的原则是体、智、德、美诸方面的教育应互相渗透,有机结合。遵循幼儿身心发展的规律,符合幼儿的年龄特点,注重个体差异,因人施教,引导幼儿个性健康发展。"《幼儿园教师专业标准(试行)》基本理念要求:"幼儿教师应该以幼儿为本,尊重幼儿权益,以幼儿为主体,充分调动和发挥幼儿的主动性;遵循幼儿身心发展特点和保教活动规律,提供适合的教育,保障幼儿快乐健康成长。"基于上述分析可将融合教育幼儿园班级管理理解为融合教育班级的融合和保教人员将班级的人、财、物、时间、空间和信息等各种要素,通过计划、组织、实施和调整,从而促进全体儿童身心全面发展的管理活动过程。具体理解如下:

(1)融合教育班级管理者。在融合教育班级中,其管理者是所有融教和保教人员,即普通教育教师、特殊教育教师和保育员,他们共同承担融合教育班级的管理工作。

(2) 班级管理的过程和要求。其管理过程是通过对融合教育活动的计划、组织、实施、调整等环节来实施,各个环节相对独立,但在管理过程中又相互协作、环环相扣,共同实现管理的过程。

(3) 融合教育班级管理的内容。与普通幼儿园一样,融合教育班级管理的内容总体上是人、财、物、时间、空间和信息等。但是不同的是,融合教育活动中的要素在单纯保育要素的基础上增加了一些内容,如人的方面增加了特需儿童,物品方面增加了融合教育活动需要的玩具和教具以及相关的设施设备等。因此,融合教育班级管理具体包括融合班级全体儿童的管理、班级财务的管理、班级物品的管理、班级时间的管理、班级活动空间的管理和班级信息的管理等。

(二) 融合教育班级管理原则

融合教育幼儿园班级管理的原则是管理者进行班级管理时必须遵守的基本行为准则。融合教育班级管理过程中需要遵循的原则主要有以下几个方面。

1. 发挥"双主体"的原则

融合教育活动与单纯的保育活动的实施主体不同。在融合教育活动中普通教育教师和特殊教育教师两者是班级管理的"双主体";普通儿童和特需儿童则是融合活动的"双主体",两个"双主体"的地位都要得到保障,才能顺利完成融合教育活动任务。

2. 尊重"差异性"的原则

融合教育活动的宗旨是通过把特需儿童与普通儿童放在一个班级里开展游戏与学习活动,促进"双主体"儿童都得到健康发展。因此,融合教育活动的实施并不是对活动对象的"一刀切",而是要在尊重全体儿童差异的基础上,从每个儿童不同的特点和水平出发,提出不同的发展目标,让每个儿童都平等地享有各种学习资源,给予每个儿童参与管理的机会。保证班级中全体儿童的共同发展,确保班级中各种管理要素的充分利用。

3. 坚持"平等性"的原则

融合教育班级管理的平等性原则是指"双主体"教师在管理过程中不能以管理者的身份高高在上,而是以多种形式和活动内容参与到"双主体"儿童的活动中,并民主、平等地对待全体儿童,与他们共同开展各种有益于融合教育的活动。要求"双主体"教师依据融合教育活动的内容、形式及具体的情境,注意自身角色身份的转换,以便适时、适宜地对全体儿童的活动进行指导。如在融合教育活动的课堂上,普通教育教师扮演的更多的是活动"主持者"和"引导者";特殊教育教师更多的是扮演"观察者""指导者""示范者"的角色。在融合小组的活动中,"双主体"教师扮演的角色更多的是所有儿童的"合作者",当儿童遇到困难需要帮助时,教师们要组织儿童在小组内讨论,尽量引领小组内全体儿童共同参与和思考。

4. 追求"效率性"的原则

融合教育班级管理,同样需要追求效率,且把效率作为衡量融合教育活动开展的质量与全体儿童健康发展成效的重要保证。融合教育班级管理的效率性原则与普通班级管理一样,是要以最经济的人力、物力和时间等投入,使全体儿童获得更全面、更好的自身发展。这条原则的遵守对融合教育班级管理来说,是一条必须遵循,但是又比较难以很好落实的要求。这与融合教育活动对象主体的差异性较大有关。融合教育的教师追求效率,首先要明晰融合教育班级管理的主要矛盾和关键问题,如活动参与主体的差异性、活动实施节奏的适宜性等。其次,针对不同的问题提出解决问题的预案,并在融合教育班级管理中和活动实践过程中不断实践、总结,最终提高融合教育班级管理的工作效率。

(三)融合教育班级管理内容

融合教育幼儿园的班级管理内容与普通幼儿园相比更加复杂和宽泛。以下主要介绍融合教育班级管理中的一日常规管理和人际关系管理。

1. 一日常规管理

融合教育班级的一日常规管理是班级管理的重要内容,它是融合教育活动在班级中顺利实施的重要保障。儿童一日常规的建立是促进其身心健康和谐发展,培养良好的情绪情感,帮助儿童适应班级集体环境和生活的重要手段。

一日常规是指需要全体儿童遵守的班级规则和规定,是全体儿童在班级里一日生活中要遵守的基本行为规范。融合教育班级的一日常规与普通班级大致相同,主要涵盖全体儿童从来园到离园的整个过程,涵盖一日中班级生活的方方面面。因此从常规涉及的活动范围来看,主要有生活常规、融合教育常规、运动常规和游戏常规。各种常规教育有自己的实施要求,教师们在相应的管理活动内要求熟悉其实施要点。

(1) 生活常规

生活常规主要指融合教育班级在生活自理、交往礼仪、自我保护、环境卫生和生活规则等活动中有关内容、时间和程序的明确规定。《幼儿园教育指导纲要》指出:"幼儿园日常生活组织,要从实际出发,建立必要的合理的常规,坚持一贯性、一致性和灵活性的原则,培养幼儿的习惯和初步的生活自理能力。"生活常规主要涉及来园、饮水、盥洗、就餐、睡眠、如厕和离园等环节。建立有序的生活常规,有利于儿童在有节奏、有秩序、有规律的真实生活情境中自主、自觉地发展各种生活自理能力,形成健康的生活习惯和交往行为,在集体生活中安全、健康、愉快地成长。

(2) 融合教育常规

融合教育常规主要指在班级的融合教育活动中的行为规范,如听讲、回答、阅读、制作、表演等活动中约定的规则。建立合理的融合教育常规,有利于儿童在全体教师有计划、有准备创建的活动情境中主动探索、积极体验,使全体儿童在各方面按照自身发展的可能性得到全面而快速的发展。

(3) 运动常规

运动常规主要指融合教育班级在早操、器械运动和自然因素锻炼等活动中有关时间、内容和程序的相关规定。特需儿童建立科学的运动常规非常重要。特别有利于儿童在适宜的运动强度、密度和时间中增强身体素质,提高动作协调能力、改善大脑功能。

(4) 游戏常规

游戏常规主要指自主游戏常规,是融合教育班级儿童在自发、自主、自由的游戏活动中要遵守的行为规范。游戏常规的建立有利于普通儿童与特需儿童在游戏中建立良好的人际关系,从中发展儿童的想象力、创造力及合作能力,促进全体儿童的身心健康发展。

2. 人际关系管理

融合教育班级的人员与普通班级人员相比成分复杂。班级既有"双主体"的管理者,还有"双主体"的教育对象。因此,融合教育班级的人际关系管理是做好融合教育工作,实现融合教育目标的重要基础。

(1) 建立协作式"双主体"管理者

这一关系的建立是人际管理工作的第一任务。融合教育班级内的管理者是由普通教育教师、特殊教育教师和保育员组成的。他们有各自的工作任务,团结协作是完成各自工作任务的前提。班级内教师的"三位一体",相互关爱、互帮互助,其影响就像家庭中父母对孩子的影响一样,使融合教育班级内的所有儿童受到潜移默化的影响,对普通儿童和特需儿童的社会性发展具有重要的影响。

(2) 建立平等的师幼关系

良好师幼关系的建立是保证融合教育在班级顺利实施并取得良好效果的关键因素。在师幼关系的建立中,教师起着决定性作用。教师要观察、了解每个儿童的兴趣、能力、需要和身心发展特点,掌握他们的发展规律;尊重、接纳和包容每个儿童的特殊性与不足。创设能满足儿童不同愿望和需要的环境或活动场所,让儿童用他们自己喜欢的方式游戏或活动。只有儿童能主动地向教师表露自己的喜、怒、哀、乐,愿意将自己内心真实的情感展现在教师面前时,建立的师幼儿关系才是民主、平等、宽松和亲密的。

2. 建立包容接纳友爱的同伴关系

融合教育班级的儿童是"双主体"儿童,比较明显的分区是普通儿童与特需儿童。实际上,在普通儿童的群体中,儿童的性格、能力和兴趣爱好等的差异性也是必然存在的。因此,融合教育班级儿童之间良好关系的建立更需要教师的引导。让儿童学会了解他人的不同需要,特别是让他们理解、接纳和包容特需儿童,使之产生助他、亲和与友爱的心理与行为。

(四) 融合教育班级管理方法

融合教育班级管理与普通班级管理相比更加复杂,就目前而言,对它的研究还不成熟,更没有固定的管理模式。但是融合教育班级管理一定遵循了教育学、学前教育学和管理学的基本理论,针对融合教育与班级全体儿童的身

心发展特点,选择和运用科学的管理方法。以下介绍几种最基本的管理方法。

1. 示范法

示范是做出榜样或典范,供人们学习,起示范作用。示范法是融合教育班级管理工作最常使用且贯穿始终的方法。它是教师在儿童最初入园时通过言语和行为的示范使儿童习得在园一日生活的行为规范、各种活动的规则以及了解社会生活的行为标准等。这种方法的特点是以教师为榜样,将其作为儿童学习的典范。

2. 游戏法

游戏是所有哺乳类动物,特别是灵长类动物学习生存的第一步。因此,游戏必然成为幼儿园活动的主要形式,它是儿童心理发展的需要,所以游戏也就成为教师在融合教育班级管理中借助的手段。游戏法是教师借助融合教育班级儿童感兴趣的、有意义的游戏活动,有计划、有目的地开展的教育和管理活动。这种方法的特点是在教师的指导和协助下,儿童参与度高,教师以儿童对游戏感兴趣为基础,灵活地将普通儿童与特需儿童融入一个游戏中,促进儿童彼此了解、包容和接纳,从而学会社交的行为规范。

3. 引导法

引导是指通过行为帮人走出困境,或是带着人向某个目标集体行动。引导者总是在被引导者的前方,可以是行为、动作上先行,或者是思想上或技术上先进等。由于融合教育班级的儿童在身心发展、知识与能力提升等方面正处于需要有经验的教育者循循善诱引导的阶段。因此,引导法同样是融合教育班级管理常常使用的方法。这种方法可以在融合教育活动之中,在融合教育班级的一日常规之中随处可以使用。这种方法的特点是教师作为引导者处于主动地位,儿童作为被引导者处于被动位置。但是教师的主动地位不是要凌驾于儿童的被动位置之上,而是指教师引导在前,儿童跟随在后,教师与儿童的关系是平等的。

4. 随机法

随机是指不预设场所,没有特定的对象。随机法是指随机抓住偶然出现的契机,从不同的角度完成教育目标的管理方法。幼儿园融合教育班级儿童的年龄决定了对他们的教育应是全面的和随时、随机的,并不是只在安排好的融合教育活动中进行。因此,随机法在融合教育班级管理中是随时可以采用的。这种方法的特点是在使用过程中要能够因势利导。在幼儿的一日活动中，常常会出现各种偶发情况和现象，其中许多情况都蕴含着教育契机，如儿童在争抢玩具或绘本时出现攻击性行为或消极情绪。教师要有敏锐的观察力，运用教育机制因势利导，促进教育目标的实现。

5. 合作法

合作是指两人或多人一起工作以达到共同目的。融合教育班级中的管理者并不是一个人或一类教师，它是由普通教育教师、特殊教育教师以及保育员所组成的。此外，融合教育班级管理的复杂性决定了其管理需要调动班外的力量，如幼儿园其他班级的教师、幼儿园领导以及本班的家长，一起协助。因此，合作法是指班级内教师之间的协同配合、借助园内教师和领导的力量以及家长的支持，形成教育合力，共同促进融合教育班级全体儿童健康发展。这种方法的特点是融合教育班级的管理者是争取各方面力量并做好班级管理工作的主要力量，既承担着管理责任，又是联络员、协调员。

二、不同类型特需儿童班级管理实例

融合教育班级管理与普通班级不同的是，班级里有特需儿童，其工作任务是要完成特需儿童与普通儿童在同一个班级和活动中一起接受保育和教育，使他们能按照自己最佳的发展轨迹快速全面地发展。由于特需儿童的类型多、特点不同，即使同一类型的儿童，也存在着较大的差异，如孤独症儿童、言语与语言发展障碍儿童、情绪与行为障碍儿童等。所以融合教育班级管理者要了解班级内特需儿童的身心发展特点和学习需要，掌握他们的发展规律和参与活动中要注意的问题，这样才能顺利且有效地完成融合教育任务。由于孤独症儿童和情绪与行为障碍儿童在社交和规则意识方面都有明显问题，这对融合教育班级的管理具有挑战性。以下主要介绍孤独症儿童和情绪与行为障碍儿童班级管理实例。

（一）孤独症儿童及其班级管理实例

1. 孤独症概述

孤独症又称自闭症，是一种谱系障碍。孤独症谱系障碍是一组有神经基础的广泛性发展障碍,多起病于3岁以前,包括孤独症、阿斯伯格症、瑞特综合征、儿童瓦解性精神障碍、广泛性发育障碍未注明型等亚类,各亚类在症状的严重程度上位于从轻到重的连续谱上,孤独症处于最严重的一端。① 到目前为止,病因不明。

(1) 孤独症儿童的心理发展特点

① 社会交往障碍

这是孤独症儿童的核心症状之一。主要表现为不同程度地缺乏与人交往的兴趣,缺乏正常的交往方法和技巧。在不同年龄阶段,有不同的表现。

0—3岁婴儿期:孤独症患儿回避目光接触,缺乏追视能力,缺少社会性微笑,基本不观察、不模仿他人行为。对他人的呼唤及逗弄缺少兴趣和反应,没有期待被抱起的姿势,或者在被抱起时身体不愿与人贴近,表现僵硬。②

4—6岁幼儿期:孤独症患儿仍然回避目光接触,叫他时他常常不理,对主要抚养者不产生依恋,对陌生人缺少应有的恐惧,缺乏与同龄儿童交往和玩耍的兴趣,交往方式和技巧也存在问题。患儿不会通过目光和声音引起他人对其所指事物的注意,不会建立同伴关系,不能与他人分享快乐,不会寻求安慰,不会对他人表示安慰和关心,常常无法参与想象性和角色扮演性游戏。③

② 交流障碍

儿童孤独症患者普遍存在交流障碍,其中以言语交流障碍最为突出,这通常是患儿就诊的最主要原因,但也存在非言语交流障碍的情况。

言语交流障碍表现为:一是言语发育迟缓或缺失。患儿说话较晚,会说话后言语能力发展也很慢。起病较晚的患儿有相对正常的言语发育阶段,但起病后言语逐渐减少甚至完全消失。部分患儿甚至终生无言语。二是言语理解能力受损。患儿言语理解能力不同程度受损,无法理解言语内容,即使病情较轻者也难以理解幽默、隐喻等言语内容。三是言语形式及内容异常。患儿常存在即刻模仿言语,即重复说他人方才说过的话;延迟模仿言语,即重

---

① 陈顺森,白学军,张日昇.孤独症谱系障碍的症状、诊断与干预[J].心理科学进展,2011,19(1):60-72.
② 肖言.儿童自闭症的几个突出表现[J].人生十六七:家教指南,2011(7):37.
③ 儿童孤独症诊疗康复指南(卫办医政发〔2010〕123号)[J].中国儿童保健杂志,2011,19(3):289-294.

复说既往听到的言语或广告语;刻板重复言语,即反复重复一些词句、述说一件事情或询问一个问题。患儿可能用特殊、固定的言语形式与他人交流,并存在答非所问、语句缺乏联系、语法结构错误、人称代词分辨不清等表现。还有不少孤独症儿童时常发出尖叫,这种情况有时能持续至 5—6 岁甚至更久。四是语调、语速、节律、重音等异常。患儿语调通常比较平淡,缺少抑扬顿挫,不能运用语调、语气的变化来辅助交流,常存在语速和节律的问题。五是言语运用能力受损。患儿言语组织和运用能力明显受损,主动言语少,多不会用已经学到的言语表达愿望或描述事件,不会主动提出话题、维持话题,或仅靠其感兴趣的刻板言语进行交流,反复诉说同一件事或纠缠于同一话题。部分患儿会用特定的自创短语来表达固定的含义。[1]

非言语交流障碍表现为:孤独症患儿常拉着别人的手伸向他想要的物品,但是其他用于沟通和交流的表情、动作及姿势却很少。他们多不会用点头、摇头以及手势、动作表达想法,与人交往时表情常缺少变化。

③ 兴趣狭窄和刻板重复的行为方式

这也是孤独症儿童的核心症状之一。孤独症患儿倾向于使用僵化刻板、墨守成规的方式应付日常生活,具体表现在以下方面。

一是兴趣范围狭窄。患儿兴趣较少,感兴趣的事物常与众不同。患儿通常对玩具、动画片等正常儿童感兴趣的事物不感兴趣,却迷恋于看电视广告、天气预报、旋转物品、排列物品或听某段音乐、某种单调重复的声音等。部分患儿可专注于文字、数字、日期、时间表的推算、地图、绘画、乐器演奏等,并可表现出独特的能力。二是行为方式刻板重复。患儿常坚持用同一种方式做事,拒绝日常生活规律或环境的变化。如果日常生活规律或环境发生改变,患儿会烦躁不安。患儿会反复用同一种方式玩玩具,反复画一幅画或写几个字,坚持走一条固定路线,坚持把物品放在固定位置,拒绝换其他衣服或只吃少数几种食物等。三是对非生命物体的特殊依恋。患儿对人或动物通常缺乏兴趣,但对一些非生命物品可能产生强烈依恋,如瓶、盒、绳等都有可能让患儿爱不释手,随时携带。如果被拿走,则会烦躁哭闹、焦虑不安。四是刻板

---

[1] 张纪水,丁昌红.儿童孤独症的三大核心临床特征——社会交往障碍、言语交流障碍、兴趣范围狭窄和刻板重复的行为方式[J].中国社区医师,2014,30(3):6-7.

重复的怪异行为。患儿常会出现刻板重复、怪异的动作,如重复蹦跳、拍手、将手放在眼前扑动和凝视、用脚尖走路等。还可能对物体的一些非主要、无功能特性(气味、质感)产生特殊兴趣,如反复闻物品或摸光滑的表面等。

④ 智能障碍

孤独症儿童大多存在智力障碍,且与智力残疾儿童相比,孤独症患儿的智力上下波动范围很大。美国北卡罗来纳大学孤独症研究专家从20世纪70年代起,一项历时15年,建立在2 000个个案基础上的研究表明,其中韦氏智力测验智力在55以下约占54%,称为"低功能群孤独症";智力正常的占11%,其中3%是高智商,称为"高功能群孤独症",其余的35%为轻度的智力发育迟缓。其智商的性别差异表现也极为明显,智力34以下的低功能孤独症儿童男女比例是1∶2.5,而高功能孤独症儿童男女比例为5∶1;即男孩中智力高的孤独症儿童多,女孩中智力低的或智残的孤独症儿童多。①

⑤ 感知觉障碍

部分孤独症患者存在感知觉障碍。有的患者会对很强烈的声音刺激显得非常迟钝,但对一些特定的声音刺激又很敏感,一听到这种声音就会逃避或捂住耳朵。有的患者拒绝与沙子、泥土或水等有肢体接触,却喜欢用手去触摸或揉搓毛毯类特定物品。很多患者喜欢观看发光的物体或旋转运动中的物体,还有的经常用舌头去舔某些特定物品,或能闻到某些物品的特殊气味。

⑥ 其他精神和神经症状

多数患者合并注意缺陷和多动症状,约20%患者伴有抽动症状,部分高功能患者可能伴有强迫症状,自伤、冲动、攻击、破坏、违拗等行为也常见,部分患者还常有偏食、拒食、反刍及异食等进食问题或睡眠障碍。约1/3患者脑电图异常,12%—20%患者有癫痫发作,并以大发作类型居多,其中低智能型患者发生率更高。

(2) 孤独症儿童的学习特点

① 脑功能特点

现代认知神经科学的发展提出了有关孤独症患者脑功能的两大假设。

---

① 徐光兴.自闭症的性别差异及其与认知神经功能障碍的关系[J].心理科学,2007(2):425-427.

其一,孤独症患者脑神经联结异常的假设。该假设认为孤独症患者存在脑区局部联结过度与长距离联结不足并存的情况,一些进行初级信息加工的脑区,尤其是以视觉中枢为代表的脑区,由于局部神经联结过度及不同脑区间长距离神经联结不足,从而使相应脑区局部加工能力强,而整体加工能力弱。[1] 其二,病理性大脑半球单侧化优势的假设。该假设认为,孤独症患者可能由于左脑机能遭到特定破坏,因而右脑机能得以补偿性强化,一些以机械记忆为基础的右脑优势功能,如机械空间记忆、计算等的潜在能力得以发掘和补偿。因而形成了孤独症儿童脑功能发展不平衡,能力和缺陷并存的状态,甚至导致孤独症群体能产生10%左右的"天才"现象。

② 视觉优势

从孤独症儿童的实际情况来看,其通常的"能力和缺陷并存状态"也在一定程度上印证了其大脑的功能发展不平衡。而其中视觉功能领域正是一特定优势领域。研究者先后针对孤独症患者实施了镶嵌图、瑞文推理、韦氏积木、迷宫—地图、视觉搜索、视觉记忆、心理旋转等大量与视觉空间能力有关的心理测验,都发现他们具有与众不同的优势。[2] 近来的脑功能成像研究中,也证实孤独症患者在完成语言、记忆等高层认知任务时更加依赖初级皮质区等视空间知觉的中枢神经系统。值得注意的是,一些研究证实孤独症患者的优异视觉功能并非是自下而上异常发展的结果,而是由于其丧失了来自高级中枢自上而下的监控而导致的功能增进。如果按照脑神经联结异常假设和病理性大脑优势假设的观点,孤独症患者的视觉功能优势正是以牺牲了高级中枢机能为代价的大脑不平衡发展的结果。[3]

③ 语言认知发展

有研究关注到孤独症儿童与正常儿童一样以同样的顺序习得语法结构,他们的语法发展模型与正常儿童相似。[4] 然而,斯卡伯勒(Scarborough)等研

---

[1] 曹漱芹,费雯,孙爱军.4—6.5岁自闭症幼儿颜色偏好的实验研究[J].中国特殊教育,2012(5):46-52.
[2] 曹漱芹,费雯,孙爱军.4—6.5岁自闭症幼儿颜色偏好的实验研究[J].中国特殊教育,2012(5):46-52.
[3] 阎丽,翁强.自闭症患者具有超凡的精细视觉加工能力的最新证据及其与视觉搜索的关系[J].医疗保健器具,2007(10):10-12.
[4] Tager-Flusberg H., Calkins S., Nolin T., et al. A Longitudinal Study of Language Acquisition in Autistic and Down Syndrome Children[J]. Journal of Autism and Developmental Disorders, 1990, 20(1):1-21.

究者运用他人的跟踪研究数据,对孤独症儿童的平均语句长度与句法生成指数得分间的关系进行比较,发现孤独症儿童的平均语句长度得分虽然较高,但句法生成指数的得分却受到限制,表明孤独症儿童倾向于运用范围较窄的语法结构,①因此,孤独症儿童的平均语句长度与其他群体儿童相比并没有反映同等水平的语法知识。在语义范畴的研究方面,研究发现孤独症儿童的词汇习得,与正常儿童也有很多的相似之处。与唐氏综合征儿童相比,孤独症儿童习得的词似乎在词性上(如名词、动词、形容词等)不存在明显的差异。不仅如此,孤独症儿童在某些方面甚至有超乎寻常的表现,一些孤独症儿童表现出获得词汇和语法比正常儿童更容易的倾向,在自然情境下的跟踪数据及标准化测试也显示,一些孤独症患者的得分甚至高于平均分,表明他们有非同寻常的单词记忆能力,甚至有一些儿童能够在短期内背诵大量的词汇,记忆整本的词典。②

2. 孤独症儿童融合教育班级管理实例

(1) 个案基本情况

洲洲(化名),男孩,实际年龄 6 岁,心理年龄 3 岁。洲洲基本是奶奶带的,爸爸妈妈是下班回家后和周末陪伴他。洲洲 4 岁开始在幼儿园接受融合教育。

(2) 全面观察与评估

以下评估是洲洲准备进入融合幼儿园前,康复中心给他做的各项能力的全面评估。评估使用的工具主要是《婴幼儿智能发育阶段初步检查表》《DSM-5 注意力测验》《Conners 家长和教师行为测验》《DSM-5 儿童孤独症评定量表》《中国精神障碍分类与诊断标准第三版》等。

① 智能评估(认知能力)

不能够认识和指认常见水果、蔬菜、交通工具、颜色、形状等,不认识五官及身体部位,不能够进行不同种物品的归类,不能按照大小、多少依次摆放物

---

① Scarborough H., Rescorla L., Tager-Flusberg H., et al. The Relation of Utterance Length to Grammatical Complexity in Normal and Language Disordered Groups[J]. Applied Psycholinguistics,1991,12(1):23-46.

② Scarborough H., Rescorla L., Tager-Flusberg H., et al. The Relation of Utterance Length to Grammatical Complexity in Normal and Language Disordered Groups[J]. Applied Psycholinguistics,1991,12(1):23-46.

品,对于序列问题理解能力不足,对事物间因果、先后关系理解不足。

评估结论:综合智能1.8岁。

② 语言表达测验评估(语言与言语能力)

有模仿发音意识,能发出简单的单音节语言,如"骑""站",或不在当下情境下发出类似的"阿姨"的音等;能在强化物引导下发"要""开"等单音节;缺乏有意义语言,对于指令性语言,如"起立""给我""开门""拍手""放下"等理解能力不足,需加上手势动作才能完成;不能够利用语言表达需求、情感等,有需求时会拉人,会用手指想去的地方,不会用语言表达。

评估结论:语言发展重度落后。

③ 注意力水平评估

对于没有强烈喜好的物品或事情不关注,视觉追踪能力不足,进入注意状态不够及时;对于喜欢的事物注意力持续时间也较短暂。注意力集中度不足,一对一训练时,需要在强化物的作用和提醒下集中注意力;集体活动中共同关注能力不足,注意的指向性不明确。

评估结论:注意力障碍。

④ 大运动和精细动作评估

大运动方面:能独立行走晃桥,但不能自行上下平衡台;能够自己完成扔、推的动作,但目标不明确。不能完成抛、接、踢等动作;能在蹦床上双脚向上跳跃,双脚向前跳时动作不能跟随;不能单脚原地跳。

精细动作方面:会使用勺子进食,不会使用剪刀、筷子等;能进行简单的积木搭高,不会正确握笔,不能够进行有边界感的涂色,不会模仿画"一"和画圆。

评估结论:大运动和精细动作能力落后。

⑤ 孤独症筛查

大部分时间呼名无反应,很少会有眼神对视,与之对话时眼神躲闪;对他人的表情、手势、眼神、行为目的、肢体语言等理解能力不足;模仿意识弱,老师大量引导后,才能进行简单的模仿;指令执行力弱,需要老师语言、动作和手势一起辅助,才能执行简单的指令;不主动参与同伴游戏和集体活动;轮流、等待等意识不足。

评估结论:典型孤独症。

(3) 班级融合课采用的形式与方法

根据以上评估结果,洲洲进入融合幼儿园只能采取上午半天在幼儿园小班接受融合教育,下午半天仍在康复中心接受针对性的能力提升训练。

① 班级融合教育采用的形式

小组课:由幼儿园特殊教育教师和普通教育教师辅助完成。小组课是特殊教育教师利用儿童自行游戏或区角游戏活动时,与班级教师协商合作所进行的一种有针对性的融合教育支持和教育干预活动。课前,特殊教育教师有计划地确定好活动参与的普通儿童人数,一般2—3名普通儿童为宜,选择的普通儿童不仅在各方面能力发展比较好,并且要有爱心,能接受不同性格的小朋友。当然特殊教育教师还要准备好活动的目标、活动的内容和使用的教具等。

由于小组课主要是为洲洲量身定制的课程,活动内容主要针对提升洲洲的能力需求来安排,主要有六部分,包括社交游戏、言语语言、艺术互动、认知活动、肢体运动、生活实践。由于人数少,形式可以比较多样,让洲洲在丰富多样的活动形式中融入普通儿童。

集体课:30名左右儿童一起上课。在集体课上的融入,帮助洲洲在集体活动中生成规则意识,学习轮流与等待,建立伙伴关系意识等。

集体课的融合,就是借助幼儿园自然班的上课形式,把洲洲带入正式上课的"社会环境"中,让他与普通儿童一起活动、游戏。在集体课上课的教师是普通教育教师,但洲洲在整个集体课活动中,要有特殊教育教师陪同、辅助或引导。一方面保证洲洲能在辅助下理解活动内容并参与到集体活动中;另一方面要保证班级集体课不因洲洲的情绪或行为受到影响。

② 采用的方法

由于孤独症儿童在小组课和集体课的融合过程中,常常会出现意想不到的情况,导致活动无法继续进行。一般来说,教师和家长要学会一些有针对性的融合教育方法,以保证融合课顺利进行。

示范:以现场示范法和参与模仿为主,以小组课为例。如玩气球游戏,当其他小朋友在玩气球的时候,老师让洲洲近距离观望,并多次反复进行;如果在观看小朋友玩气球的过程中,洲洲表现出参与欲望,老师可以带领洲洲进行尝试,也就是模仿其他孩子与气球接触。

示范

引导:以集体绘本课为例,老师需要坐在洲洲的后面,当洲洲出现扭头、尖叫等一系列不符合当下环境的行为时,给予一定的手势和肢体辅助,可以适当将其头部转向绘本,并点指绘本示意,尖叫时也可轻拍其胸口进行安抚。

引导

合作:在老师和同伴合作下,要求洲洲能与老师或同伴有眼神交流,能在同一时间关注教具,有共同专注的表现。以小组课为例,当洲洲出现不配合老师或者关注不到同伴的行为时,老师要加以语言指令及手势提示,辅助其投入任务过程中,同时尽量选取洲洲感兴趣的教具和可以接受的物品,让其在与老师合作以及同伴合作的过程中感受到乐趣。

合作

激励:以正向强化为主,采取物质和精神强化结合的方式。当洲洲在各项训练中,辅助完成或者自主完成任务活动后,立刻给予其强化。强化方式为选择其喜欢的教具和口头手势鼓励,动作的呈现尽量夸张,让其感受到成功后的兴奋感。

激励

(4)洲洲融合课一年后的变化

融合课前,洲洲在集体课的绘本故事活动中,主动倾听故事的意识不足,通常会出现左右张望,自我刺激的行为。奥尔夫音乐小组活动课中,洲洲对需要模仿的动作及音乐跟随能力不足,缺乏轮流等待的能力,以自我为中心,全程处于自由发挥状态。

洲洲融合课前

融合课后,社交方面:对于感兴趣的事物有一定的主动性,比如洲洲之前看到泡泡没有太大的感觉,只是坐在椅子上观看其他人玩,现在能够主动参与游戏,抓泡泡、拍泡泡的动作增多。

认知方面:现在能认识部分水果以及常见的动物,比如香蕉、橘子,能进行相同物品的配对,比如同颜色物品放一起。

专注力方面:主动关注事物的意识有所增强,能够在老师的提示下保持安静,从座位上随意站起并走动的行为基本消失,也能够跟随老师的手势将目光转移到任务中去。

语言与言语方面:呼名时有一定反应意识,在老师呼名时能够有所回应,同时能够理解简单的肢体语言,比如手势。语言模仿的意识有所增强,在老师提示第一个音节时能够主动表达第二个音节,且表达较为清晰。

(5) 小结与反思

洲洲通过幼儿园的融合教育,在社交、注意力、认知、语言等方面有了一定的改善,尤其在社交方面会出现主动拥抱老师以及靠近小朋友的举动,呼名反应也有了较大的好转,对于大动作的模仿意识有了明显提升。由此可见,在融合教育中采用的方式方法是有效果的,特别是给洲洲提供了一个很好的学习环境,使他各方面的能力都有明显改善。当然,这些变化的重要条件是教师们的团结合作,在融合儿童小组课和集体课的管理方面,协调一致,各尽其职,实现了洲洲的融合教育目标。

(案例撰写教师:张丽艳、雷振丽、戴维、戚凤)

(二)情绪与行为障碍儿童及班级管理实例

1. 情绪与行为障碍概述

情绪与行为障碍儿童的共同特点是他们在没有智力障碍和精神失常的情况下,情绪与行为表现显著地异于常态,违背社会要求及社会评价,妨碍个人对正常社会生活的适应。这些表现不仅影响他们的社会适应和人际交往,甚至产生危害他人、危害集体、危害社会的行为倾向。[①] 对于情绪与行为障碍的定义,目前国内外并未有一个统一而严格的标准,已有的定义大多只是进行一些描述性的界定。有研究者将情绪障碍与行为障碍分开,分别下定义;有研究者则从医学的角度,认为这是一种心理疾病;有研究者从教育学的角度,认为这是一种可矫正的情绪不稳定和行为不良。近十余年来,人们越来越重视从教育的角度来认识、矫治有情绪与行为障碍的儿童,强调发挥他们的潜能并体现可教育性。

我国对情绪与行为障碍儿童的界定多从人格障碍出发,也参照了美国和苏联的界定,从情绪与行为两者之间的关系来讲,更倾向于从行为的外在表现来进行界定。例如,由朴永馨主编的《特殊教育辞典》中对行为障碍(Behavior disorders)的界定是:"主要发生于儿童及少年期的行为偏离。主要表现有:① 不良习惯动作。如吮吸手指或衣物、咬指(趾)甲或其他物品、手淫、拔头发等。② 退缩行为。表现出胆小、害怕、孤独、退缩、不愿到陌生的环境中

---

① 中国教育学会教育学研究会编. 特殊教育学[M]. 福州:福建教育出版社,1995:224.

去,也不愿与其他儿童交往,常一人独处,与玩具相伴,但没有精神异常。③ 心理生理性行为偏异。如遗尿症、遗粪症(4—5 岁后不能控制大小便)、偏食、厌食、夜惊、噩梦、口吃等。④ 习惯性品行问题或违法行为。如经常性说谎、逃学、偷窃、打架、破坏财物等。其原因与个体先天素质、环境和社会影响、特别是家庭教养方式与方法有关。矫治宜早期发现,进行心理治疗和教育矫正,必要时辅以药物治疗。"[1]

(1) 情绪与行为障碍类型

① 根据障碍程度分类

从情绪困扰和不良行为的严重程度,可将问题儿童划分为轻度、中度和重度三类。

轻度:轻度情绪与行为障碍儿童一般没有很明显的外倾行为,但情绪不稳定,多愁善感,害羞和爱乱发脾气,还可能伴有某些焦虑型的学习与生活习惯,如不自觉地咬手指头、扯自己的头发等。但这些并不太顽固的行为方式在家长和教师的提醒、教育和帮助下多半能得到纠正。这些儿童一般都被安排在普通班级学习,不需要特别的教育安置。他们的不良习惯和行为表现大多数会随着生活环境的改变和年龄的增长而自行转变。

中度:中度情绪与行为障碍儿童伴有较严重的不良情绪与行为表现。例如,在课堂上乱喊乱叫、扰乱教师授课、经常和同学吵架,但他们的行为表现多属于不被社会所接纳的非社会行为(unsocial behavior),而不是给社会造成很大危害的反社会行为(antisocial behavior)。这些不良行为习惯经过特别的教育和矫治也能得到较好的纠正。

重度:重度情绪与行为障碍儿童情绪状况非常差,多伴有长期形成的比较顽固的不良行为。有些儿童已经形成了反社会性行为习惯,如偷窃、赌博、吸毒、自杀、虐待等。这种不良行为的矫正往往需要较长的时间和特定的条件。

② 根据自我控制能力分类

根据儿童对自身情绪与行为的控制能力和表达方式来划分,可分为超控制型与低控制型两类。

超控制型(over controlled):这类儿童由于对自己的情感和行为过分地加

---

[1] 朴永馨.特殊教育辞典[M].北京:华夏出版社,1996:264.

以控制和限制,从而表现出害羞、焦虑、孤独、胆怯等行为特征。他们常常很不合群,从而也就失去了许多与人交流和沟通的锻炼机会。这类儿童中女孩占的比例较大。首先应当为这类儿童提供一个相对比较宽松和自由的教育环境,帮助他们树立信心,减少心理防卫,鼓励他们勇敢地参与社会活动,在实践中锻炼自己。

低控制型(under controlled):这类儿童对自己的情感和行为缺乏控制,在行为上经常表现为多动、侵犯、攻击等行为特征。他们常常习惯将自己受到的挫折发泄到他人身上。这类儿童中男孩占的比例较大。对这类儿童的教育,主要是培养他们的自控能力,学会心平气和地从多方面观察、分析事物,弹性灵活地处理各种问题。

③ 行为的性质和后果分类

按行为的性质和后果差别,情绪与行为障碍儿童可分为非社会行为和反社会行为两类。

非社会行为:指虽然不合乎社会规范,但对社会影响程度不大的行为。例如,外倾型非社会行为表现为上课不遵守纪律,和同学吵架、和教师对抗、与家长斗嘴。内倾型非社会行为多表现为内向性行为和逃避性行为。个人的自怨自艾、抑郁自责、内疚焦虑、自暴自弃等。这种非社会行为较反社会行为更容易得到教育和矫正。

反社会行为:指违反了社会生活准则,对社会造成一定的危害和不良影响,甚至触犯了法律,为社会所不容的行为。例如,偷窃、赌博、吸毒、酗酒、诈骗、聚众斗殴、网络犯罪、用暴力手段伤害他人等,有些行为已经触犯了法律。我国未成年犯管教所收容的青少年多有反社会行为表现。

被美国《所有残疾儿童教育法》鉴定为有"情绪与行为障碍",并需要接受特殊教育的儿童主要涉及以下障碍类型:焦虑症,恐惧症,强迫症,神经性厌食症和神经性狂食症,创伤后应激障碍,社交焦虑症和社交回避症,抑郁症,攻击性行为等。

(2) 情绪与行为障碍儿童的心理发展特征

情绪与行为障碍儿童有的表现为超控制型的害羞、焦虑、孤独,有的表现为低控制型的多动、侵犯、攻击。从情绪稳定和行为失调的严重程度上来看,也有轻度、中度、重度之分。尽管他们在外在行为表现上千差万别,具有异质性,但是情绪与行为障碍儿童具有一些共同的或类似的心理特征。

① 认知不协调

认知不协调是情绪与行为障碍儿童主要的心理特征之一。认知不协调包含三个方面的含义。

一是认知内容与认知过程的不协调。这主要是指认知过程,如感觉、知觉、记忆、思维等本身的不协调。在情绪与行为障碍儿童的认知发展中,理性思维所占的比重相对较小,记忆不能为理性思维提供充分的信息;相对来说,感觉在认知决策中所占的比重较大。这种认知上的不协调使这类儿童缺乏从纵向和横向分析复杂问题的能力,加上情绪的不稳定,易于凭借一时的感觉冲动对问题做出判断和处理。这种认知不协调倾向于将复杂的问题简单化,又缺乏灵活的思维、恰当的判断和选择,其行为的外化形式多表现为冲动、草率与鲁莽。

二是认知成分与认知方式的不协调。这是弗斯廷格(Festinger)提出的认知不协调理论的原意,他揭示了个体从态度到行为等认知成分与推理过程的矛盾。他认为,个体认知的不协调将会产生焦虑和其他类型的情绪失调及行为失控。心理和情绪处于失衡状态的人,原来的应付机制和解决问题的方法通常不能满足他们的需要,他们亟须使自己的情绪恢复到原先稳定的、可控制的、灵活的状态,需要寻找失去的平衡。例如,当个体原有的信念破灭时,便可能产生失落感、孤独感和逆反心理。改变思维方式,调整认知结构,积极地影响客观环境,是消除这种认知不协调的主要途径。

三是认知、情感、意志三者之间的不协调。这是心理结构和人格特征之间的不协调,也是认知、情感、意志这三种心理信息系统之间的不协调。这种不协调的表现形式主要有两种。其一是认知不能对情绪和行为产生控制的效果,或者说认知导向在稳定情绪和制约行为方面没有起到应有的作用。其二是行为的结果没能及时地反馈到认知结构中来,以增加认知的合理性。明知故犯、任性胡闹,多属于这种类型的认知不协调。认知、情感、意志三者发展的不平衡是形成这类认知不协调的主要原因,这种认知不协调会直接导致人格障碍。

② 挫折感强

挫折是个体在从事有目的的活动中遇到了无法克服的障碍和干扰,导致个人目标不能实现,需要无法得到满足时的情绪状态。情绪与行为障碍儿童由于客观与主观两方面的原因,经常遭受挫折,加上缺乏正确地对待和解决问题的能力,往往使挫折感不断增强,形成需要—挫折、行动—挫折、目标—挫折之间的恶性循环。过强的挫折感会助长儿童的攻击性行为。弗里德兰德(K. Frieldlander)等人的研究认为,人们在摆脱挫折带来的心理冲突时常常采用两种错误的方法:一是借用幻想来逃避现实,并从中获得满足,但当幻想破灭时,便会增加挫折感;二是采用攻击性行为或呆板的重复性行为来掩盖挫折感。情绪与行为障碍儿童常常无意识地采用了上述两种方式。例如,有的情绪与行为障碍儿童常采用转向攻击的方式,把自己的挫折转嫁到那些无辜的人和事身上;有的则以退缩、躲避的方式来逃避挫折。挫折感的增强会产生显性的或隐性的自卑感,造成人格发展的障碍。

③ 心理冲突过强

由于认知的不协调和挫折感的增强,情绪与行为障碍儿童的心理冲突加剧。过强的心理冲突既可能影响认知能力的发展,造成认知判断的失误,也可能导致他们采用回避矛盾的方法来减轻内心的冲突和压力,或采用不正当的行为方式来解脱、转移、掩盖内心的苦闷、焦虑和恐惧。这些不正确的减轻内心冲突的方法还会导致赌博、酗酒、打架等反社会行为。

④ 自我意识发展滞后

自我意识是主体对自身的意识,是人格结构中重要的组成部分,是人区别于低等动物心理的高层次的自我调节系统。自我意识的发展是个体不断社会化的过程。人的自我意识通常包括三个层次:一是对自己的机体和形态的意识;二是对自己肢体活动状态的意识;三是对自己的思想、情感、意志等心理活动的意识。自我意识包括对自我的评估、体验、调节、控制等。

(3) 情绪与行为障碍儿童的学习特点

① 学习过程依赖直观形象材料

根据皮亚杰(Piaget)的认知发展理论,幼儿期处于前运算阶段(2—7岁),包括儿童的前概念期(2—4岁)和儿童的直觉期(4—7岁)。在前运算阶段,儿童理解事物时要以事物最显著的知觉特征(事物的表面特征)为基础,即儿童的学习具有直观形象性的特点。在语言指导下使用直观材料进行教学或者让儿童直接操作实物有助于儿童理解和学习。情绪与行为障碍儿童学习时更依赖学习材料和内容的直观形象性,更偏向于图片和实物。

② 学习坚持性差

情绪与行为障碍儿童在学习过程中存在注意力不集中的问题,他们难以把注意力高度聚焦在学习内容上。儿童在学习过程中易受干扰而注意力分散,造成目标行为或任务执行中断。儿童容易轻易放弃当前未完成的任务而开始另一项任务,所以情绪与行为障碍儿童在学习过程中表现出较差的坚持性。

③ 学习主动性差

大部分情绪与行为障碍儿童的学习主动性较差,容易出现习得性无助。这类儿童在学习的过程中往往因为自身的不良情绪或问题行为造成任务完成失败。而当他们面临这些失败时,可能会比其他的儿童产生更大的情绪波动,有些儿童可能表现出攻击性、不顺从、破坏物品等外倾型的问题行为;有些儿童则可能表现出沮丧、焦虑、抑郁、退缩等内倾型行为,无论是哪种行为表现,都会对儿童的自尊与自信产生消极影响。所以情绪与行为障碍儿童往往会因为任务失败而怀疑自己,自暴自弃,长此以往就会形成习得性无助,影响其学习的主动性,表现出拒绝学习、退缩等问题。

④ 学习合作性差

情绪与行为障碍儿童对合作学习以及其他学习活动反应淡漠,不会协作,主观意识强烈,常常歪曲教师和同伴的意见。大多数情绪与行为障碍儿童存在两种社会关系上的困难:师生关系协调困难和同伴关系协调困难。有外倾型行为特征的儿童,无法遵守班级秩序、难以集中注意力学习和完成作业,而他们的种种表现,反过来会影响他们与教师和同伴之间的关系。而内倾型行为倾向的儿童,经常表现出一些退缩和消极的行为,他们害怕与人交往、与教师或同伴目光接触。他们甚至可能从这个大教室中"消失"掉,逃避与教师和同伴之间的人际交往。因此情绪与行为障碍儿童或因外倾型行为无法与他人合作,或因内倾型行为被忽视,这些都会使得儿童无法正常进行合作性学习。

⑤ 敏感与过度反应

情绪与行为障碍儿童对外部事件和与学习本身无关的事情反应过度敏感,常常因小事造成情绪、心理,甚至生理上的不适。比如,有的儿童可能会觉得自己很丑,没有能力做好任何事情,感觉生活好无助;有的儿童可能会觉得别人都不喜欢他(她),拒绝与他人交往,拘谨与淡漠等。这些儿童可能还会因为恐惧或焦虑,患有身体上的疾病(如胃疼、恶心、头晕、呕吐等)。

2. 情绪与行为障碍儿童班级融合教育管理实例

(1) 个案基本情况

小毅(化名),男孩,实际年龄5岁,心理年龄3岁半。小毅和妈妈及外婆一家住在一起,妈妈照顾小毅的生活起居。爸爸常年在外地工作,陪伴小毅的时间少且性子急。小毅平时生活中比较任性,脾气大,不顺心的时候就会躺在地上哭闹。上幼儿园不久,老师反映小毅在幼儿园不听指令、喜欢大喊大叫、不能和他人和平相处,常常有抬手打同伴以及举起身边可见物品砸同伴的行为。老师与家长商量去陪读,陪读了两个星期左右有一定效果但不明显。另外,小毅在幼儿园不睡午觉,每天中午12点家长都会接回去,慢慢地家长考虑到下午幼儿园没有太多的活动就没再送去,每天只上半天幼儿园。由于小毅马上要上小学,家长非常着急。在幼儿园老师的建议下,下午半天到康复中心进行针对性的训练。针对小毅的实际情况,幼儿园与康复中心共同商议,小毅在幼儿园上午的时间由康复中心派专业人员协助幼儿园给小毅做班级融合教育。

小毅的情绪表现

(2) 全面观察与评估

评估使用的工具主要是《3—7岁儿童智力测验》《Conners家长和教师行为测验》《DSM-5注意力测验》《学习、社交沟通及情绪表现问卷》《DSM-5儿童孤独症评定量表》《中国精神障碍分类与诊断标准第三版》等。

① 言语与语言能力发展

有一定的语言理解及表达能力,但是模仿性语言较多。无法较好地理解人称代词"你、我、他",表达时容易混淆;对陈述句和疑问句的理解能力不足;完整句子的语言组织能力较弱,常常出现停顿、不连贯的情况;部分字、词的发音不准确,尤其是平舌音和翘舌音;对抽象词汇,例如涉及情感、品质、精神等内容的词汇理解度不足;对图画内容的表达较为直观,也不能进行延伸、猜测等内容的表达;在传话游戏中表现能力不足。

小毅言语与语言能力的发展

语言交流以表达自己不满和需求性内容较多,语音语调较为机械且语速缓慢,缺乏生动及灵活性;语言交流时缺乏眼神对视。

评估结论:言语与语言能力发展较晚,目前相当于3岁儿童的发展水平。

② 认知能力发展

对常见水果、蔬菜、动物、颜色等有一定认知;能够依据特征、功能等进行归类;能够完成生活场所及物品功能认知;对于两项内容交替呈现的,找规律和独立完成任务的能力不足,需要提示;数量关系理解度较好,但不能在教具混乱状态下完成点数。

小毅认知能力的发展

评估结论:具备简单、初级逻辑思维能力。目前相当于4岁儿童的发展水平。

③ 社交能力发展

对游戏规则有一定理解能力,但是遵守集体规则意识不足;对他人表情、行为目的、肢体语言等有一定理解,但是常常理解得不全面;对他人眼神和肢体动作等的期待理解能力较弱;集体中自我意识强,轮流、等待意识欠缺。在不被满足时,不良情绪爆发情况较多且不易安抚;集体活动中推人、拍打他人、破坏玩教具等不良行为出现频繁。

小毅社交能力的发展

评估结论:情绪管理和行为控制能力处于低幼儿童水平。

④ 艺术力发展

动手能力、乐感和模仿力较好。小毅在艺术课的练习中,手工方面能力较好,拆装、粘贴、折纸都能较好完成;绘画方面,控笔能力不足,例如直线线条不顺畅,呈弯曲状,圆会画成椭圆等;音乐方面,听节奏做动作时反应较慢,多个动作的记忆容易混淆,如音乐游戏中要求小毅记忆五官顺序并用手触摸五官,加上背景音乐就会手忙脚乱,无法按照音乐速度完成正确动作等;在被邀请上台表演时有时会出现不配合或刻板行为,如不愿意和同伴一起表演,一定要拿绿色的丝巾等。

小毅艺术力的发展

⑤ 大运动和精细动作发展

精细动作能力较好,如能完成较小颗粒乐高的拼搭;大运动能力不足,体育课的配合度和听指令比较困难,有畏难情绪,如拍球时小毅的畏难情绪严重,常会带有哭腔地问"为什么球会跑?",甚至不愿意拍;跳绳课上也会乱甩,配合度低。

小毅大运动和精细动作的发展

评估结论:精细动作与同龄儿童相当,但大运动发展处于低幼儿童水平。

⑥ 生活能力发展

有一定的自理能力,如能够使用筷子夹取食物,能够自主穿、脱外套;能够进行刷牙和洗脸等自我清洁工作;能够使用饮水机接温水,能够表达如厕等生理需求等。但是做事时耐心不足。穿鞋袜和搓洗类的动作不标准。服务他人的意识不足,例如请小毅帮助比他年龄小的孩子搬椅子、盖被子,小毅都不愿意配合。看到随意摆放的玩教具或地上的垃圾,小毅不会主动整理归纳或将垃圾扔到垃圾桶,小毅常会将垃圾放到口袋中把玩。

小毅生活能力的发展

评估结论:生活自理能力稍低于同龄儿童水平,服务他人能力发展处于低幼水平。

(3) 班级融合课采用的形式与方法

① 采用的形式

小组课:小组课的目的是让小毅学会融入集体活动中,在活动中培养情绪管理能力、学习遵守行为规范和社交规则。小组课主要通过课堂常规、语言、认知、社交、生活、艺术、运动游戏等活动内容开展融合活动。小组课上课人数最多不超过6人,且需要融合的儿童最好只有1—2人,便于教师把主要精力用于辅助和关注需要融合的儿童。因此小组课能够帮助小毅在集体环境中学习与模仿、与其他孩子互动,发生情绪与行为问题时,教师可以及时引导和纠正,以提高小毅的情绪管理与行为控制能力、社交能力以及上述评估中发现的言语与语言发展、认知发展和艺术力发展落后等能力。

集体课:是参与人数多的活动形式。集体课是让小毅在康复中心训练过程中慢慢地参与其中,进一步提升他在集体环境中遵守行为规范、控制情绪以及在集体中向他人学习的能力。

② 采用的方法

绘本故事法:集体课上教师面向全体儿童使用绘声绘色的语言、表情加肢体动作,配之屏幕上展现故事画面的方式,讲述绘本故事,以提高小毅的语言听视理解力,使小毅在听视过程中产生故事发生的情绪变化和情感体验,学习情绪控制和集体课规则,从而能融入幼儿园的集体活动之中。

绘本故事法

戏剧表演法：根据故事或童话等文学作品内容和情节，让小毅和其他同伴一起运用语言、动作和表情扮演角色，如童话剧、歌舞剧、木偶剧等。其目的是使小毅通过扮演不同人物或动物的角色，理解他人的感受，学会站在他人的角度思考，学会为他人着想，减少负面情绪和不良行为发生。

戏剧表演法

音乐治疗法：集体课上通过儿童的视、听、触等感觉器官配合不同节奏的音乐完成有节律的音乐活动，如听音乐节拍，拍打自己的身体，或使用打击乐器进行演奏，听音乐舞动身体或做音乐互动游戏等。运用音乐治疗法引导小毅感受音律和节奏的美感，与教师或同伴建立友好的关系，在舒缓、美妙的音乐中抒发和释放情绪，在游戏中能够学会遵守音乐互动游戏规则等。

音乐治疗法

社情力提升法：这是一种专门针对社交和情绪管理有问题的儿童而使用的提升方法。幼儿园里，在康复中心专业教师的配合下，以小组课形式采用绘本故事引入、情景演绎和游戏竞赛等方式进行一系列以"冲突和商量"为主题的课程，引导小毅建立通过"商量"的方式解决问题和矛盾的意识，并学习理解他人的想法和需求，减少负面情绪发生和不当行为的出现。

社情力提升法

（4）小毅融合课一年后的变化

① 情绪与行为

小毅在日常生活和学习中发脾气时大喊大叫的情况有所改善，发脾气的次数逐渐减少，攻击性行为的次数也明显减少，躺地上哭闹的行为基本上没有再发生。

融合课一年后小毅情绪与行为的变化

② 社交能力

小毅听指令及理解他人眼神和肢体动作的能力得到提高，在小毅与他人发生矛盾有抬手打人或是举起东西砸的动作出现的时候，老师看到及时制止，小毅能够听老师的指令，停止打人的动作或砸东西的行为。与同伴相处时小毅能够学习老师的方式去关爱同伴，例如同伴哭了，小毅会帮忙拿纸巾并会劝慰同伴。

（3）言语与语言能力

小毅的语言理解和表达能力有所提高。能够根据图片内容简单回答老师的提问；对指令的理解力和执行力均有提高；日常交流语言丰富了，例如和

同伴发生矛盾时,能够用简单的语言表述事情经过;对于对与错也有了初步的认知及表达,小毅能够用语言表达"你错了"或"你这样是不对的",抬手打人的动作减少了。

④ 艺术表现力

小毅在音乐练习中的节奏感有所增强,能够根据音乐节奏,变换动作;绘画方面能够按照生活中熟悉的场景,画出简单的图像,例如十字路口、人行道、行人、红绿灯、建筑等;在被邀请上台表演时积极性提升,集体活动中的不配合行为和抗拒情绪有所减少;老师要求小毅拿取不同颜色的丝巾或坐其他颜色的椅子,小毅也能够同意并接受。

(5) 小结与反思

运用多种方法在幼儿园对小毅进行全面的融合教育支持后,小毅在语言、认知、社交、艺术、生活等方面的能力有了很大进步,特别是情绪管理能力,如行为规则意识提高很快。当然,小毅目前的情绪管理能力和行为自控力还没有达到较高水平,教师还要继续在融合活动中,引导他学会倾听、理解和包容他人,这确实需要一个较长的过程。从目前来看,在幼儿园教师和康复中心教师的通力合作下,为小毅精心设计的不同主题、内容和形式的融合课程,并创设的有助于改善小毅情绪管理和行为问题的环境,值得借鉴。

可见,幼儿园的融合教育能促进类似小毅这样的特需儿童的社会性发展,特别是情绪与行为问题的改善。对于普通儿童而言,在小组课和集体课上可以帮助他们理解平等、尊重、接纳和包容的思想。在与特需儿童的共同学习和相处中可以培养他们的善良、友爱和同理心等优秀品质。

(案例撰写教师:朱晓叶、张丹萍、王金瑾、刘娟)

【本章练习题】

1. 简述学前融合教育管理的内涵与特征。
2. 试述学前融合教育管理的原则、内容与过程。
3. 举例说明融合教育幼儿园园长的权力与责任。
4. 简述融合教育幼儿园班级管理的内容。
5. 举例说明在孤独症儿童和情绪与行为障碍儿童班级管理中教师要注意的问题。

第六章

学前融合教育与特殊需要儿童评估

教学目标

1. 师德养成目标

通过本章内容的教学,使学生掌握学前融合教育与特殊需要儿童评估的相关知识;充分理解学前融合教育评估的理论取向。深刻认识评估对融合教育和特殊需要儿童的目的和意义,从而有意识地培养自己的责任意识和提高师德修养。

2. 知识与能力目标

(1) 知识目标:通过教学,使学生理解学前融合教育评估的相关概念和特殊需要儿童评估的理论取向;掌握学前融合教育评估的原则;了解学前融合教育评估类型和特殊需要儿童评估的意义。

(2) 能力目标:通过教学,使学生掌握学前融合教育评估的实施过程和特殊需要儿童评估的方法。

3. 情感与意志目标

(1) 情感目标:通过教学,使学生深刻感受到学前融合教育评估在融合教育工作中的重要性;体会到评估者的素质、知识与能力对学前融合教育评估工作的意义。从而提升对学前融合教育评估意义的深刻认识和责任感。

(2) 意志目标:通过教学,使学生充分认识到学前融合教育评估者需要广博的知识、灵活的头脑和对特殊需要儿童充分的理解。立志要为学前融合教育和特殊需要儿童评估工作努力学习知识、提升能力水平。

教学重点与难点

1. 教学重点:学前融合教育评估的原则和实施过程;特殊需要儿童评估的方法

2. 教学难点:特殊需要儿童评估的理论取向

第一节 学前融合教育评估概述

教育质量的提升一直以来都是教育工作者不断追求的目标,更是教育理论与实践的出发点与立足点。随着我国学前融合教育实践与研究工作的不断发展,近年来融合教育质量评估备受关注。为了提高融合教育的质量、推动融合学校的创建,西方国家基于以发展为导向的评估,纷纷制定了各自的融合教育质量评估体系,力图通过评估的手段来促进融合教育质量的全面提高。[①] 随着教育质量评估的发展,人们对其认识也从一种单纯的评估活动,变为一种发展性的教育实践活动。

一、相关概念

(一)评估与评价

1. 评估

评估(Assessment)一般是指对某一机构或事物的价值或状态进行定量、定性的分析和审定的过程,即对评估对象所处状态或意义的判断或结论意见。这种判断或结论意见是建立在对评估对象的客观而全面分析的基础上,给相关部门或单位提供可靠的参考依据。评估主要依据当初设定的某种目标、标准、技术或方法,审核可能的信息,按照一定的程序,进行分析、研究的一种活动,并出具评估报告。

---

① 颜廷睿,关文军,邓猛.融合教育质量评估的理论探讨与框架建构[J].中国特殊教育,2016(9):3-9,18.

2. 评价

评价(Evaluation),简单地说就是对事或人物进行判断、分析后的结论,即通过观察、咨询和分析等方法对某一对象进行一系列的复合分析研究,从而确定对象的意义、价值或者状态。通过评价者对评价对象的各个方面,根据评价标准进行量化和非量化的测量过程,最终得出符合逻辑的结论。

3. 两者的关系

(1) 联系

评估与评价是同一个活动运行的组成部分,两者都是对活动的运行进行判断并得出结果的过程。

(2) 区别

① 评估与评价的作用不同

一般来说,任何活动都有活动方案的设计与活动方案的实施两个阶段。评估的作用在于在活动方案制定过程中通过对各种方案全面的分析,比较出它们各自的优劣,选出最佳方案,以作为此项活动的实施方案;评价的作用是通过对活动执行结果的全面分析,对活动做出准确的、恰如其分的判断,为下一步活动调整提供充足的理由。

② 评估与评价的性质不同

评估的对象是方案,具有预测的性质。因为评估依据的不是活动执行后已经出现的结果,而是以开展活动的各种相关条件的分析为依据。所以评估所作的分析,只能是对活动中可能出现的情况和可能取得的结果的一种预测;评价的对象是活动运行过程中已经出现的结果,其中包括最终结果和阶段性结果,具有总结的性质。因为评价依据的是活动执行后已经出现的结果,是依据这个客观现实对活动的正确与否,以及活动的效益和效力做出结论性的判断,总结经验教训。

③ 评估与评价的方式不同

评估是以逻辑证明的方式进行的,因此关于一项活动正确与否还不能得出肯定性的结论。它只是从客观存在的各种条件出发,运用逻辑的力量,对活动方案进行论证。逻辑论证虽然不能最终确定一项活动的正确与否,但是逻辑证明的方法是从实践中抽象出来的,它本身已经历过无数次实践的检验。因此,在活动评估过程中只要严格按照逻辑证明的规律来进行,得出的

结论还是具有一定的科学性的,但最终确定其正确与否还必须通过实践来检验;评价是通过实践检验的方式来进行的,是对实践结果进行评价。在评价过程中,由于一项活动的正确与否已经通过实践检验了,因此可以得出肯定性的结论。当然,对实践结果的评价也有一个客观、准确的标准,所以评价不能仅仅依靠少数人来进行,特别是对一些宏观上的重大活动,在进行评价时必须依靠广大群众,因为群众是社会实践的主体。

(二) 教育评估与教育评价

1. 教育评估

从复杂层面来说,教育评估是根据既定目的确定相应的目标,依据客观的价值标准,建立科学的指标体系,通过系统地收集信息和定性、定量分析,对教育系统的功效和工作状态做出评议和估价的过程。所获取的信息和资料为教育的科学决策提供重要依据。

从简单层面来说,教育评估是指使用测验和其他测量手段测量学生成就和行为,以便做出教育性决定的过程。从评估本身的作用可以看出,教育评估是根据一定的教育目标和标准通过系统地搜集学校及其他教育机构的各方面信息,准确地了解教育活动的实际情况,对学校办学水平和教育质量进行评议,为学校开展教育改革和教育管理部门改善宏观管理提供可靠的依据。

2. 教育评价

教育评价是指在一定教育价值观的指导下,依据确立的教育目标,通过使用一定的技术和方法,对所实施的各种教育活动、教育过程和教育结果进行科学判定的过程。从评价的作用可看出,教育评价的作用是多方面的。① 导向性作用,教育评价事关教育发展方向,有什么样的评价指挥棒,就有什么样的办学导向。② 诊断作用,是指对教育教学的运行情况以及学生的现状是否合乎教育的要求,是否符合新时代教育理念的落实而做出诊断。③ 鉴别作用,教育评价要运用标准,对评价对象的成果、效率做出判断。④ 激励作用,这是任何一种鉴别工作的必然结果。教育评价的结果,必然会使评价对象了解自己的实际水平,以此作为调整后续教育活动或行动的动因。

（三）融合教育评估与特需儿童教育评估

1. 融合教育评估

融合教育评估实际是对融合教育质量的评估。融合教育质量是指学校的融合教育水平与实现融合教育理念和学校发展融合教育目标的达成度。其中融合教育水平主要从两个方面来衡量：一是融合教育对象；二是融合教育工作的水平或状态。前者包括特需儿童在内的所有学生身心发展状态所达到的特定的教育标准或规格的程度。这是融合教育质量评估的核心内容，也是本章要重点介绍的内容；后者包括学校在实施融合教育中的基础设施、学校办学条件、教育管理制度与管理水平等各项工作的质量。这是保证融合教育顺利开展和提升质量水平的支持条件。融合教育质量评估是指评价主体依据融合教育基本理念与学校发展融合教育的目标，在特定质量观的指导下，采用科学的评估方式，对融合环境下特需儿童的发展以及融合教育过程的实施做出价值判断，以促进所有儿童的参与、减少对特需儿童的排斥，从而实现融合学校重构发展性活动。[①]

2. 特需儿童教育评估

特需儿童教育评估是融合教育质量评估的核心内容，是指采用各种测验和其他测量手段搜集与特需儿童教育有关的大量信息、资料，并通过对这些信息与资料的分析、解释、推测和判断，推断出特需儿童能力与成就的现状、优劣势、最近发展区存在问题及特殊需求，从而做出教育性决定的过程。[②] 一般来说，教育质量评估需要各种各样的评鉴、估计、评价以及判断的技术和程序。由于特需儿童类型多、表现复杂，所以对他们的教育评估要特别了解其独特需求，在评估过程中因他们的需求随时调整评估过程、方法和工具等。如盲童使用韦氏智力测验，就要删除图形、迷津测验题等。

[①] 颜廷睿,关文军,邓猛.融合教育质量评估的理论探讨与框架建构[J].中国特殊教育,2016(9):3-9,18.

[②] 王辉.特殊儿童教育诊断与评估:第 3 版[M].南京:南京大学出版社,2018:4.

拓展阅读

与评估相关的概念还有测量（Measurement）和测验（Test）。

"测量"是按照某种规律，用数据来描述观察到的现象，即对事物做出量化描述。教育中的测量是决定学生能力表现或成就水平的过程。而在特需儿童教育评估过程中它扮演着重要的角色。"测验"是用以测量个体的行为或作业的工具。它通常由许多经过适当安排的项目（如问题、任务等）构成，被试对这些项目的反应可以记分，分数被用于评估个体的情况。

"评估"可以说是一个上位概念，它包含"测量"和"测验"。对特需儿童的评估要使用测验工具，通过测量过程对特需儿童的个别化教育进行决策。如特殊教育教师要依赖许多形式的测验工具来测量特需儿童身心发展的现有水平或基础水平，一般包括智力水平、运动水平、社会功能水平和语言水平等。以此来制定特需儿童的个别化教育方案并开展针对性教育干预。

二、学前融合教育评估的意义

随着特殊教育与普通教育逐步走向融合，我国特需儿童的随班就读，已经对学前融合教育提出了新的要求。提高早期融合教育的质量为特需儿童进入下一个阶段的融合教育，起到奠基的作用。因此，学前融合教育评估的意义主要有以下几方面。

（一）促进幼儿园管理质量

特需儿童进入普通幼儿园就读，必然会给幼儿园的管理带来许多新问题。如管理者和教师的态度与认知度、家长和幼儿的接纳度、融合课堂活动的顺利开展以及普特儿童身心健康发展的保障等。这些问题的解决，可以在某种程度上通过改变评估方式和内容来解决。如在儿童评估方面幼儿园不能只看重特需儿童的认知能力水平，还应该关注他们参与班级活动的程度，从成长变化的角度全面评估，减轻教师的心理压力。如幼儿园在获得大量有关特需儿童及教学情况资料的基础上，建立教学管理的数据库；组织融合教育团队,定期分析这些数据和资料,发现融合教育课堂活动中存在的问题,为幼儿园的科学化管理提供依据。

(二) 激励教师的内生动力

融合幼儿园如果能有经常性的评估,有助于教师形成一种自我监督和激励的机制。通过评估,教师们会不断地反思自己在工作中的成败。从而对成功的做法产生更大的工作热情;对失败的方法,也会想办法解决问题。教育评估是一项非常专业化的活动,对融合教育的教师来说是一种挑战。因此,教师要积极地开展与参加融合教育的评估活动,通过这些活动,一方面提高自身的理论水平、科研能力和创新能力;另一方面激励自己在融合教育活动中进一步探索,提高学前融合教育工作的质量和水平。

(三) 提升融合班级的教学质量

就目前的国内融合教育教学的状况来说,由于多数幼儿园教师缺乏对特需儿童相关知识与教育康复技术的了解,其教学效果不尽如人意。因此,融合教育的评估就更显得意义重大。国际特殊教育专家指出:"在一个有效的教育体系中,应该站在发展的角度,以学生在课程上取得的进步对所有的学生进行评估。其目的是让教师能够了解学生,针对学生的不同需求提供相应的教育方法。"[①]通过评估,教师要了解儿童现有的能力水平、个性特征、行为习惯、障碍类型、学习需要、同伴关系、家长的教养态度、教养方式以及社区可利用的资源等,在此基础上通过多方协商的方式,制订融合教育活动的计划,并且在融合教育过程中,教师还要经常实施评估,以便了解每一个具体的活动内容、方式、方法、手段等产生了什么样的实际效果。从而教师可以根据评估的结果调整活动内容、节奏,改变活动方式和方法等,以达到最佳的活动效果。

(四) 实现个别化的教育目标

由于我国的融合教育开展较晚,其目的又是解决特需儿童的入园问题,

---

① 联合国教科文组织编.全纳教育共享手册[M].陈云英,杨希洁,赫尔实,译.北京:华夏出版社, 2004:45.

而在西方发达国家,融合教育开展得早,他们的目的是追求高质量的特殊教育,因此,我国的融合教育与西方的差距还是很明显的。近年来,随着我国特需儿童融合教育的普及,人们越来越重视特需儿童与普通儿童在同一个环境下生活和学习的质量。因材施教和个别化教育是提升质量的重要手段。对特需儿童实施个别化教育,是国际上的通用做法。只有对融合教育的儿童进行评估,才能做到对其实施有针对性的、科学的和有效的融合教育活动。

三、学前融合教育评估的类型

学前融合教育评估一般分为正式评估与非正式评估两类。正式评估是事先制定完整的评估方案,由专门的机构与人员按严格的程序和规范所进行的评估。非正式评估也称非标准化评估,是指对评估者、评估程序、评估方法、评估资料都未作严格要求而进行的局部的、分散的评估。非正式评估虽然结论不一定非常可靠、完整,但其形式灵活、简单易行,有广泛的适用性。

(一)正式评估

有方案、规范且完整的正式评估,一般与标准化测验或量表联系在一起,如智力测验、行为评定量表、综合成就测验等。这些正式评估手段可以提供一些非常有价值的信息。正式评估可以分为以下三种评估。

1. 筛查性评估

筛查性评估是正式评估的第一项评估,一般是对有疑似问题的儿童进行筛查,初步了解是否有特殊教育需要。如果筛查出"高危/异常儿童",家长和教师就要对他们进行密切的关注,并把他们转介到医院或专业康复机构做进一步的诊断性评估。

2. 诊断性评估

诊断性评估是在筛查性评估基础上,通过收集各种信息,确定特需儿童的训练项目、训练手段和训练目标等。在特殊教育中,诊断性评估的主要目的是了解儿童原有的身心发展水平、教育环境等,在此基础上确定儿童的特殊教育目标，制定符合儿童身心发展水平和教育需要的教育方案。因此，没有诊断性评估就没有融合教育的开始。

3. 终结性评估

终结性评估也称后置性评估，是用来评估某一融合教育阶段或全过程教育效果的评估，评价是否达到预定的融合教育目标。一般来说，融合教育的诊断性评估与终结性评估相互配合，即在终结性评估中包含着对是否达到预期教育目的的诊断和鉴定，在诊断性评估中所收集到的一些有关信息也是构成终结性评估指标体系的重要因素。

因此，诊断性评估又称为教育前评估，终结性评估又称为教育后评估。

（二）非正式评估

虽然正式评估获得的信息很有价值，但是在融合教育环境中它所带来的负面效应也是不能忽视的。由于测验的结果需要与团体中的普通儿童相互比较，特需儿童的表现容易被贴上标签，由此他们会成为集体或班级中的"边缘人"，所以国际上实施融合教育的国家越来越多地采用非正式的评估方式，将他们与自身相比较，综合考察周围环境对其的影响，从而更科学地评估融合环境下特需儿童的表现。非正式评估有以下几种评估方式。

1. 课程本位评估

课程本位评估是指通过直接观察和记录学生在某课程上的行为表现，来收集信息并做出教育决策的一系列过程。它把评价学生的行为表现与技能同学习的课程直接联系起来，儿童在某些能力上的表现不佳，说明了他的能力在具体课程领域尚未达到要求，教师掌握这些后，就可以做出针对该儿童的教学调整。因此，国外已越来越重视课程本位评估在教育实践，尤其是融合教育中的运用。目前，在阅读、拼写、书面表达、数学、科学等领域这种评估运用已较为完善。实质上，课程本位评估紧扣日常教学，以教学目标为评估目标，以评估结果调整教学策略。其优势是具体直观，操作性很强，非常适合特殊教育教师对特需儿童的评估。

拓展阅读[1]

课程本位评估的操作步骤,可以具体分为以下几步。首先,分析课程。教师要综合考虑国家、地区以及本校的课程标准来选择某一门课程分析的具体内容;同时根据学生个别化教育计划中的目标选择需要评估的技能。其次,根据课程目标和技能编制细目表。细目表是课程目标的下位目标和技能的细化。接着,编制试题。从当前所教授的课程知识中选择所需要的内容,编制成形式恰当的题目。以此反复施测。一般这个过程都是在2次正式的班级测试之间,在教师教授了部分课程之后,这样教师就能很容易地掌握学生最近的学习情况,检查教学的有效性。施测频率根据课程单元而有所差异,一般一周2次,每次3分钟左右,施测之后可以得到不同的成绩。并根据之前几次的施测结果编制学生行为表现进展图。最后,做出教育决策——继续或调整。

2. 真实性评估

真实性评估也称行为表现评估,是评价特需儿童在完成某项真实性任务时,掌握他们的能力水平的方法。如制作成长记录袋,这是真实性评估中很特殊的一种方式,通过一些选择性作品来证明学生所做过的和所能够做的。它常被用来证明学生学业成就的进步,评价教育活动的有效性。真实性评估的优势是强调参与的过程,而不仅仅是最后的结果,而且所评估的内容更全面,标准更多元,也更符合融合教育儿童的实际情况与发展需要。教师在操作时也比较便利,不需要太强的专业指导。因此,1992年美国国会技术评估部门把真实性评估定义为"用来评价学生所创造的答案或作品能否证明自己的知识或技能的方法"。[2]

---

[1] Margaret E., Mila B., et al. Applying in Inclusive Settings: Curriculum-based Assessment[J]. Teaching Exceptional Children, 1999, 32(1): 30-38.

[2] Kirk, Gallagher, Samuel A. Educating Exceptional Children [M]. Boston: Houghton Mifflin Company, 1989: 53.

拓展阅读

真实性评估不同于其他评估，有其自身的特点。第一，与传统测验强调客观性和精确性不同，真实性评估以建构性学习理论为基础，强调意义和对环境的熟悉程度，以学生真实作品的体现来衡量其成就。第二，它通过关注学生解决实际问题的能力，而不仅仅是关注课堂上的纸笔测试，来考察学生高级思维能力，如批判性和反思性思维的发展。第三，因为学生在解决实际问题时需要收集各方面的信息或做各方面的准备，因此评估可能持续一段较长的时间，视任务不同，评估时间从几分钟到一学期不等。第四，评估形式多样，可以是考试成绩或课堂表现，也可以是文体表演或社会活动，因此，评估形式是描述性和情境化的。不同的学生需要采用的评估方法也是不一样的。对于低年龄段随班就读的孩子来说，他们日常的学习和生活习惯较之学业成就也许更为重要，因此可以通过观察他们的行为表现来评价其适应和进步情况。对于中高年龄段的儿童，真实性任务的难度就更大，可以是一次课外观察小动物的实验，可以是参加一次小的文艺演出，当然也可以是做一道算术题，等等。

3. 动态性评估

动态性评估是指通过施测者的提示和反馈，使特需儿童在一系列难度和复杂性逐渐增加的测试中，行为表现发生改变，从而了解儿童学习潜能的过程。①

动态性评估以维果斯基（Vygotsky）的"最近发展区"、费厄斯坦因（Feuerstein）的"认知可塑性"以及斯腾伯格（Sternberg）的"三元智力"等为理论基础，旨在通过积极主动的教学提高儿童感知觉、思维、学习、问题解决等认知能力的一种认知测验。由于动态性评估考虑儿童的学习过程，看重儿童的学习潜能，能为教师提供更有价值的信息，受到教育心理学家的关注。在对融合教育儿童进行评估时，可以根据评估的内容和儿童的实际水平，给出不同

---

① Swanson, H. L., Lussier, M. C. A Selective Synthesis of the Experimental Literature on Dynamic Assessment[J]. Review of Educational Research, 2001, 71(2): 321-363.

的提示方案,如改变活动方式,提供更多的尝试次数,给出暗示或提示,等等,这样可以最大限度地调动他们的积极性和配合度。记分时可以用后测分数、累加前测与后测答对的题数、累加儿童答对不熟悉的题目所需的提示量与重复尝试的次数以决定其学习潜能、用项目反应理论更精确估算儿童的学习潜能等。这样评估的结果解释能够为教师提供更为丰富的信息,便于教师更好地了解掌握儿童的情况,从而更全面、真实地评价特需儿童。

拓展阅读[①]

动态性评估的"前测—教学—后测"的交互评估模式,是由教师或主试的辅助来提高儿童学习潜能的方式。前测和后测包括所要评估的目标领域,如果某个儿童前测成绩较差,在后测中有了明显提高,那么说明该儿童具有相当大的发展潜能;如果提高不明显,那么该儿童很可能就有学习困难或在掌握某些技能上有欠缺。教师的作用就是要在前测之后的教学或辅导中帮助儿童学会相应的策略来更好地理解任务,从而引导出更好的行为表现。因此,这也导致了它与传统静态评估的诸多区别:儿童的当前能力不是它所关心的,而是通过辅导和训练之后所能提高的水平,是最佳表现;教师可以给予学生指导、帮助和反馈,因此两者之间的关系是开放的、积极互动的;测验结果不与同伴团体相比,但可以看见学生的进步和变化或者知道需要改进的知识技能领域等。

4. 生态性评估

生态性评估是对特需儿童在其生活的家庭、学校、社区环境中的行为表现进行的评估,以利于融合教学目标的制定和教学策略的选择。生态性评估方法中比较简便易行的是采用生态评估表。融合教育教师可以自己编制生态评估表,这要求教师深入了解儿童的家庭情况、所在社区情况,也包括学校的各种信息,在家长、社区成员、同学、教师甚至其他人的协助下完成。把儿童在日常生活中所接触到的各种环境因素尽可能全面地罗列出来,如各种物

---

① 韦小满,余慧云.运用新的评估方式提高随班就读质量的初步设想——"融合教育"的视角[J].中国特殊教育,2006(9):3-9,18.

理环境和人为环境等等,挑选出那些对儿童的学习和行为影响最显著的因素加以标记,可以用来解释儿童的部分障碍或者可能成为学习中可利用的重要资源。

总之,以上四种非正式的评估方法是目前很多国家融合教育中广为运用的,它们有着诸多科学和有效之处。但是这些评估方法仅是从各自不同的侧面,科学地看待融合教育,没有哪一种具有绝对的优势。融合教育评估者要根据实际需要采用适宜的评估方法。

拓展阅读

生态性评估源于教育生态学理论。教育生态学着重围绕生态平衡、环境与适应、人群的分布与构成、人际关系等问题,试图建立合理的学校内外生态环境,提高教学效率,促进年轻一代健康成长。创始人为美国哥伦比亚大学师范学院院长克雷明(Remein)。早期研究始于20世纪40年代,美国堪萨斯大学心理学家巴克(Buck)和赖特(Wright),从社会的自然生态角度,探讨儿童行为的发生、发展特点与教育的关系问题,1951年出版了《一个男孩的一天》。生态性评估源于特殊教育的生态学模式,即残疾儿童不是孤立于社会环境之外的个体,而是处于家庭、学校、社区和社会等复杂生态系统中的儿童,他们的个体发展与周围环境相互制约、相互影响;而且各种适应不良或功能障碍不是单纯由儿童自身的原因(如智力问题、残疾问题等)所导致的,而是自身特征与各种环境因素复杂交互、共同作用的结果。[①]

四、学前融合教育评估的原则与实施过程

(一)原则

1. 目的性原则

教育评估是有目的的活动,需要确定了相应的评估目的后,才能选择有

---

① Kirk, Gallagher, Samuel A. Educating Exceptional Children [M]. Boston: Houghton Mifflin Company, 1989:162.

效和适当的方法。学前融合教育评估的目的是使教师了解融合教育儿童各方面的能力及发展水平,为教育决策提供准确的信息。不是为了给儿童贴标签。因此,在使用教育评估时要明确当下评估的目的是什么,为什么要为儿童进行评估。

2. 多渠道原则

多渠道原则是指教育评估标准的制定以及评估的过程应当尽可能搜集各个方面的信息,在获取到各种信息后才能进行分析和判断。广泛地、多渠道地搜集资料是特殊教育评估的一个重要特点。当然,多渠道不是不分主次,要赋予主要评估项目一定的权重,即重点进行信息的搜集,但也不能忽视非主要项目。只有从多条途径应用多种指标来广泛收集资料,才能准确地判断和解释儿童目前的心理发展状况及存在的问题。如评估者可以请心理测量专家、语言病理学家或听力学专家、教师、家长等共同参与对特需儿童的评估,收集并分析各个指标、各个领域的资料。

3. 灵活性原则

灵活性原则是指在学前融合教育评估过程中灵活运用多种方法根据评估的项目和需要获取多方信息。目前的评估方式和方法非常多,但是传统评估方法的作用也不可否认,因为对特需儿童的教育评估也需要了解在现阶段儿童比较稳定的状态是什么。在实际的评估中,最好是多种评估取向、评估方法相结合。收集评估资料的方法使用至今,还没有一种方法能够把特需儿童教育诊断与评估所需要的信息全部收集起来。目前常用的观察、访谈测验等方法都各有优劣。因此在特需儿童的教育评估中,根据评估的目的和具体要求,需要将各种方法灵活运用。

拓展阅读

学前融合教育评估者必须遵守职业道德,具体如下。

一、遵循评估的专业标准

评估专业标准是评估者应严格遵循的行业要求。如美国心理协会的联合委员会、美国教育研究协会以及全美教育测验委员会曾出版《教育心理测验标准》的专业标准。要求测验编制者遵循教育与心理测验的标准来编制测验,评估人员则要按照测验使用手册中的有关规定来实施测验。评估中所运用的其他方法和程序也必须达到专业标准。因此评估的专业标准是评估行业的"法",只有遵循了这个"法",才能使评估真正起到它应有的作用。

二、一切为被评估者负责

学前融合教育评估是带有诊断性和决策性意义的严肃工作,因此评估结果会产生特定的社会和教育行为效应。特别是对融合儿童所进行的评估,会运用其评估结果做有关决定,而决定又可能会影响到特需儿童的生活。所以评估者必须对其工作的行为后果负责。

三、认识自身,不断探索

每个评估者都不是全能者,学前融合教育评估,需要多领域的广博知识和多种评估手段。作为评估者不仅要认识到个人能力的局限性,也要认识到自己所学学科和专业的局限性。评估者要不断地学习和自我评估,了解自己评估中的不足,并特别要认清学前融合教育是一门新兴领域,目前未知的事物还有很多,方法技术还有相当多的局限,需要不断研究和探索。

四、保护被评估者的隐私

学前融合教育的评估主要面对的是学龄前儿童,他们正处于快速发展期。特别是对于一些轻度障碍儿童,通过有效的融合教育,很有可能会达到同龄儿童的水平。每个学前融合教育对象的家长都不愿意给孩子贴上标签,更不希望让不相干的人知道孩子的情况。为了保护他们的隐私,评估者应对被评估者的一切信息资料严格保密。只有在被评估者遇到危险时才能打破这项原则,不能随意把评估结果拿到非正式场合公开讨论。

(二)实施过程

学前融合教育的评估是一项严肃且需要分工合作的工作,需要多方人士参与评估。其评估的实施过程也是有步骤、有程序进行的。

1. 评估前的准备工作

评估前的准备工作非常重要,它在某种程度上决定了评估工作的成败。准备工作主要是做好两件事。

(1)了解评估对象、弄清评估目的

学前融合教育的评估内容广泛,评估者在评估前首先要做的工作是根据评估任务了解要评估的对象,如学前融合教育开展成效评估、学前融合教育课题研究成果评估、学前融合教育的特需儿童发展情况评估等。以后者为例,评估前要了解评估对象的年龄、障碍类型,如是智力落后、孤独症还是语言发展落后。了解的目的是要根据评估对象的年龄和障碍类型准备好恰当的评估工具和评估方法。如果评估对象是听障儿童,就要考虑使用手语或图片等视觉材料进行评估。了解评估对象后,就知晓了评估的目的。

明晰评估目的,即明确通过评估后想要得到什么结果,想要解决什么问题。不同的评估内容想要获得的结果或想要解决的问题是不同的。如针对特需儿童的评估,其目的主要有筛查、鉴别、制订个别化教育计划、进行教育评价等;针对幼儿园融合教育开展情况的评估,其目的是让教育主管部门了解幼儿园开展融合教育的进展及效果情况,以便进一步部署接下来的工作等。

(2) 制订评估计划

评估工作具有一定的评价性和定性性质,是为后续工作提供建设性意见的工作。无论是比较简单地针对一个项目的评估,如某类儿童参与融合教育形式的个体评估,还是幼儿园融合教育开展总体成效的复杂性教育评估,都应事先拟订一份评估计划。

评估计划的制订需要以下几个环节来完成。

第一步,确定评估的范围和项目。这是明确评估工作要开展的具体内容,如对孤独症儿童进行评估,其范围包括家族史、儿童生长发育史、孤独症儿童筛查、教育康复史、疾病诊疗史、智力测查适应行为评定、体格检查以及家庭和学校情况等。

第二步,选择信息收集方法和步骤。评估以广泛地收集评估对象的各种资料为基础。一般来说,资料收集的方法有很多,如观察法、访谈法、问卷调查法、实验法以及对评估对象的作品进行分析等方法。收集资料方法的选择要根据评估项目和每项指标的具体要求选择最适合的方法,如对特需儿童进行智力评估,最适合的方法就是智力测验。智力测验的工具也有很多,选择时要根据评估目的、评估对象的年龄和特点来选择,如3岁以下的儿童可以使用《0—3岁婴幼儿智力发展筛查》工具、3—6岁有语言的儿童可以使用我国《3—7岁儿童智力发展评估量表》、7岁以上儿童可以使用《韦氏智力测验》等。此外,如果要了解智力落后儿童的成长史,就需要访谈家长。这是这个环节要做出的计划。在这里要特别注意，为了使搜集资料工作能够有序进行，评估者要积极争取评估对象相关方的支持，如家长、教师、幼儿园园长和儿童就诊医生等，共同协商最后制定出一个相对合适的时间表。

第三步，确定各项评估人员。由于学前融合教育评估工作比较繁杂，所要资料多种多样，需要多人参与才能完成。因此，需要组成一个专业的评估小组来共同完成。评估小组的成员一定要经过筛选，符合专业人员的标准。

第四步，安排好评估的设施设备。这是评估计划工作的最后一步，需要在正式评估前做好物质上的准备，如评估要用到的各种工具器材、评估教室或场地等，保证评估工作在有序和利于评估的环境和条件下顺利开展。

2. 评估实施阶段

评估实施是评估工作开展的实际操作阶段，这个阶段的工作对评估工作的质量至关重要。以对特需儿童参与融合教育前的评估为例，本阶段主要有以下几个步骤。

第一步，面见儿童与家长。这一步是要与准备参与融合教育的特需儿童和家长见面，一方面通过初步的观察与交谈，了解要评估儿童的基本情况，包括社交能力、语言表达能力和行为能力等。另一方面，了解儿童家长的心态和对孩子问题的认知度以及对融合教育的态度等。这一步主要是由教育管理人员和普通教育教师来完成。

第二步，开始评估。这一步主要是由有资质的评估者，包括特殊教育工作者和相关专业人士来完成。主要就之前在计划中安排的评估范围与项目开展各项评估或测评工作。

第三步，整理测评资料。这一步主要是把在测评过程中得到的所有资料进行整理、归类，并进行核查，以防止漏掉关键和必要的信息。如果评估对象比较多，要进行编码归档。这是评估实施过程的最后一步，也是非常之关键的一步。

3. 得出结论阶段

评估工作的最后一个环节，就是要得出评估结论。这一环节需要评估组成员将每位评估对象的测评材料，在评估后的会议上进行分析综合与讨论，为评估儿童写出书面的评估意见和教育建议。具体做法如下。

第一步，进行综合评定。对评估对象所有资料进行分析，首先要剔除无效资料。因为有些资料虽然真实,但对于制订融合教育计划用处不大,如家庭成员的社会地位等,这些信息对特需儿童融合教育的开展意义不大,可以剔除,以免影响判断。其次,要把可靠的资料与需要证实补充的资料分开。有些用间接方式获得的资料,如访谈父母所获得的资料可能是有误的,在对资料进行综合之前必须明确哪些资料是准确的,哪些资料需要进一步证实。最后,根据评估结果,找出相互矛盾的原因。可以通过访谈记录中的细节、评估结果与观察结果的对照等找出其原因,分析哪一个更可靠,或重新验证。

第二步,得出结论。这是对评估结果下定论的环节。要求评估者运用专业知识和技术以及敏锐的洞察力,对资料进行分析、比较和解释,透过现象看本质。根据评估目的对评估对象的发展状况、存在的各种问题及需要的特殊支持等给出专业的书面结论。

第三步,提出建议。在评估结论得出后,评估者还要根据结论,提出被评估的特需儿童参与融合教育的建议,包括接受融合教育的时间、形式、注意事项等,并向融合幼儿园教师和儿童家长提出书面的融合教育建议,并指导教师为特需儿童制订个别化教育计划。

拓展阅读

一般来说书面评估报告的撰写,通常包括五个基本要素:① 基础资料,包括被评估者的姓名、性别、出生日期、身高、体重、日常的行为表现、母亲孕期的情况、出生时的情况、生长发育情况、家庭教育或早期教育情况、疾病诊疗史、家族史等;② 评估的项目与内容,主要包括要测评哪些项目,每个项目包括哪些内容等;③ 评估后的分析,主要是正式评估,如标准化测验结果和非正式评估,如对观察、访谈、问卷调查等有关资料进行分析与解释,并进行相互验证;④ 评估结论,是将评估后的所有相关信息进行汇总并得出评估结论;⑤ 提出建议,依据评估后的结论,提出有针对性的、易于实施与操作的建议,如接受融合教育的时间、形式与注意的问题等。

评估是一项有意义的工作,对于评估结果的使用要注意规范化,这有利于促进特需儿童身心得到最大限度的全面发展。评估可为教育行政部门的政策制定和实施、幼儿园融合教育的开展、家长的咨询与教育指导以及对特需儿童的研究等方面提供借鉴。特别是评估可以根据不同儿童的身心发展水平和教育需要，制订出个别化的教育计划。

第二节　特殊需要儿童评估概述

特需儿童评估对他们的康复及教育起着关键性作用。我国《特殊教育提升计划（2014—2016年）》和《第二期特殊教育提升计划（2017—2020年）》的相继出台，对我国特殊教育事业的发展起到了重要的指导和推进作用。《第二期特殊教育提升计划（2017—2020年）》提出的重点任务之一是提高特殊教育质量，提高残疾学生评估鉴定、入学安置、教育教学、康复训练的有效性。[①]可见，评估鉴定是其后继任务的重要前提。对特需儿童的评估不仅要全面安排，更要从多维度、多层面考虑，特别要从伦理学角度进行审视。

目前从我国特需儿童评估的总体情况来看，尽管经过几十年的发展，评估工具、方法和模式等方面均取得了较明显进步，但是仍存在评估工具陈旧、不规范，评估内容不全面，评估标准不统一，评估过程不合理等问题。这些问题可能导致一系列的后果：特需儿童可能被错误鉴定；安置不够合理；个别化教育计划的实施缺乏可靠的依据，教育质量无法有效监控；康复、医疗等多领域人员也无法共享信息、展开合作等。

一、特殊需要儿童评估的概念

特需儿童评估是指由专业人士、教师等人运用一定的技术、方法和工具，对特需儿童进行各种检查和测验，为制定个别化教育方案或教育康复方案提供科学依据的过程。主要采用医学、社会学、心理学以及教育等方面的检测

---

① 参见中华人民共和国教育部官网，《教育部等七部门关于印发〈第二期特殊教育提升计划（2017—2020年）〉的通知》。

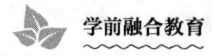

方法对儿童偏离常态的方面、性质、程度及其发展的可能性做出判定。要深入理解特需儿童评估的概念，就要弄懂以下问题。

第一，特需儿童的评估并非是诊断。一般来说，诊断是医院对特需儿童进行的障碍定性评价，即确定特需儿童为某种障碍类型、某种障碍程度。可以说，特需儿童评估是在医院诊断后开展的，在诊断给出鉴别结果后，特需儿童要入学或采取教育康复后所需要做的评估。并且对特需儿童的评估是在教育过程中需要一直持续循环进行的。

第二，特需儿童的评估并非一定由专家来做。特需儿童的评估是一项专业性工作，部分评估需要专业的工具来完成，比如智力测验、人格测验和情绪行为测验等。但是由于评估是全面性和过程性的，有些评估并不需要评估者一定要具有专业资格，也不需要借助专业的工具，如要了解特需儿童在教育康复过程中的日常进步情况，教师可以通过观察、访谈、自编评定量表和自编测验来完成。另外，还有一些评估是与儿童的生活环境、外显行为、学业能力有关的，这些评估通过教师对儿童的观察、访谈、日常学业能力的测验和分析就可以完成。

拓展阅读

英国教育部(UK Department for Education)于2011年3月组织发布了绿皮书《支持与期待：针对特殊教育需求与残疾儿童的咨询提案》，这将对英国特殊教育支持服务体系进行30年来的最大改革，并首次提出了"教育、医疗、社会保障需要评估"（简称为"新评估"）。首次提出对可能需要制订教育、医疗、社会保障计划的儿童和年轻人进行新的评估。新评估是指对特需儿童或年轻人开展的教育、医疗、社会保障需要的评估，其目的包括：确定是否需要为评估对象制订相应计划；确定被评估者具体的教育、医疗、社会保障需求是什么；提供何种服务才能满足这些需求等。此后，英国在2011年10月实施了特殊教育开拓者计划；2012年5月发布了《支持与期待：特殊教育需求与残障儿童的新方法——进展与下一步计划》；2013年6月开始建设特殊教育开拓者信息资源库，对新评估进行了有效的探索。

二、特殊需要儿童评估的意义

特需儿童评估并非对他们进行诊断或贴标签,而是对特需儿童各种能力水平进行全面了解和掌握,为接下来的教育和康复提供科学依据。对特需儿童的评估,是维护其受教育权利、保障其相关福利的基础和前提。

(一)有利于教师开展教育和康复工作

有针对性地开展教育和康复工作一定是在全面了解儿童之后才能开展的工作。因此,特需儿童的评估对教师来说是从事融合教育和教育康复工作中非常重要的基础性工作。只有了解儿童现有的知识和能力水平、个性特征、行为习惯、缺陷或不足,以及学习需要等,教师才能制订出相应的教学计划和教育康复方案。同时,教师了解了特需儿童评估的内容和标准后,便可对自己接触到的不同类型的特需儿童有更全面的认识,从而为特需儿童的发展提供一个更有利的环境。

(二)有利于家长配合教育和康复工作

许多国家立法把家长参与特需儿童教育确定为家长的基本权利和义务。根据法律,在特需儿童教育计划的制订和修改过程中,家长要提供全面的儿童信息,如产前、产中和产后的情况,成长经历情况等。家长以监护人的身份,在后续的教育和康复过程中,可以根据评估结果,从自己的角度提出意见和看法,并在后续的效果评价与总结过程中,更好地参与进来,共同设计修改下一阶段的教育计划。

(三)有利于儿童选择适合自身的教育

对特需儿童的评估,实际上最大的受益者是儿童。特需儿童的种类很多,且程度不同,加之其性格、家庭教育和基础疾病的不同,并不是所有的特需儿童都可以接受学前融合教育和教育康复。因此,对特需儿童的评估就是为儿童选择适合自身的教育和康复的重要依据。一般来说,特需儿童接受教育和康复是由家长和教育工作者一起确定的,其确定的依据主要是评估结果。特需儿童的评估是特需儿童在有限的条件下，获得最大化发展，以选择适合他们的最有效的教育和康复之路。

三、特殊需要儿童评估的理论取向

（一）伦理学视角的取向

特需儿童评估从确定儿童需要特殊教育，到 IEP 的制订和修订，以及 IEP 实施过程的评估等，无一不渗透着评估活动的痕迹。每次评估都是由承担各种工作的人来一起完成。因此，特需儿童评估必定要从伦理学视角正视评估问题。

1. 尊重特殊需要儿童

特需儿童首先是儿童，他们有被爱、被肯定、被尊重的心理需要。评估者应有的职业准则是要对评估的特需儿童持平等、善待和友好的态度，不论其家庭的贫富均一视同仁，要从内心体谅、尊重他们的人格。在评估过程中具体的做法是：① 根据不同特需儿童的需要，安排适合他们的物理环境，最大限度地减少环境中无关因素对他们的影响，如对疑似孤独症儿童，要减少噪音、强光的影响等。② 评估前要与特需儿童建立良好的关系。一般来说，当儿童进入一个新环境或者与一个生疏的人接触时常常不能充分地、自然地表现自己，可能会表现出拘谨、恐惧或者是过度兴奋，在这种情况下就开始评估，不能反映该儿童的实际情况。因此，评估者与儿童建立和谐的关系，营造良好的氛围，是实施评估前必须要做的工作。评估者可以利用一些时间与儿童玩耍，待儿童放松情绪后再进行测量。这样的评估有质量，能保证其可信度。

2. 确保家长知情同意

知情同意是指家长在了解决定参与评估所需的所有相关信息之后，表达同意儿童参加评估的意愿。因此，知情同意权由知情权和同意权两个密切相连的权利组成，知情权是同意权得以存在的前提和基础，同意权又是知情权的价值体现。"知情同意"是特需儿童评估实践中的一个重要的法律概念。一般来说，知情同意由书面的、签有姓名和日期的知情同意书证明。强调家长的知情同意权，是因为特需儿童都是未成年人，家长作为儿童的监护人要通过教育机构及其评估人员相应的告知，使之清楚了解孩子即将面临的评估

（如资料搜集方式、评估方法、评估意义等），让家长在权衡利弊后，对评估人员所拟订的评估方案做出同意或不同意的自主决定，从而维护特需儿童的切身利益。家长的知情同意在评估关系中发挥着两种不同的伦理作用：一是法律上的伦理作用，它为评估提供了合法的理由，没有这种同意的评估是不法行为；二是临床上的伦理作用，它能获得评估对象和家长的信任与合作，从而能够更准确地提供评估所需要的资料与信息。所以在对特需儿童进行评估之前必须征得家长的同意。[①] 随着特需儿童接受公平教育权利事业的推进，知情同意逐渐成为最受人关注的伦理原则之一。因此严格履行家长的知情同意权，也有利于评估人员的自我保护。

3. **严格遵守保密原则**

在特需儿童评估工作中，评估人员会获得评估对象大量的个人资料，如评估对象的一般医学检查资料、疾病史、相关心理测验信息以及家庭状况等，而这些信息都是被评估者的隐私。严格遵守保密原则不仅是对评估工作者职业操守的要求，更是对评估儿童及其家庭成员的尊重。因为隐私是一种与群体利益、公共利益无关，当事人不愿他人知道或他人不便知道的个人信息。法律规定隐私权也是人格权，指自然人享有的私人生活安宁与私人信息秘密依法受到保护，不被他人非法侵扰、知悉、搜集、利用和公开。隐私权的主体对他人在何种程度上可以介入自己的私生活，对自己是否向他人公开隐私以及公开的范围和程度等具有决定权。从严格意义上来说，评估者在评估前要知悉保密原则和保密制度，在精神上高度自觉地遵守保密要求；在评估后所有评估材料均应密封存档，只有专业人员通过一定的手续才可调用。并且在后续的研究中，也要严格遵循保密原则。

（二）障碍社会学视角取向

在社会学研究者看来，障碍绝非疾病的单一后果，障碍者身处的认知、价值、态度等都可能导致障碍个体经历障碍体验。世界卫生组织以此为视角，历经20多年的努力，于2001年修订完成了《国际功能、残疾和健康分类》（International Classification of Functioning, Disability and Health, ICF），于

---

① 赵华兰.伦理学视域下的特殊儿童评估[J].绥化学院,2011,31(6):19-21,51.

2007年又编制了《国际健康、功能与障碍分类系统——儿童青少年版》。这是兼顾考虑生理、心理、社会环境对个体功能状态的影响，基于"生理—心理—社会"模式提出的关于障碍的新型理论框架和分类体系，也是迄今为止世界上最有系统且结构最为完整的说明身心障碍的模型（见图 6-1）。

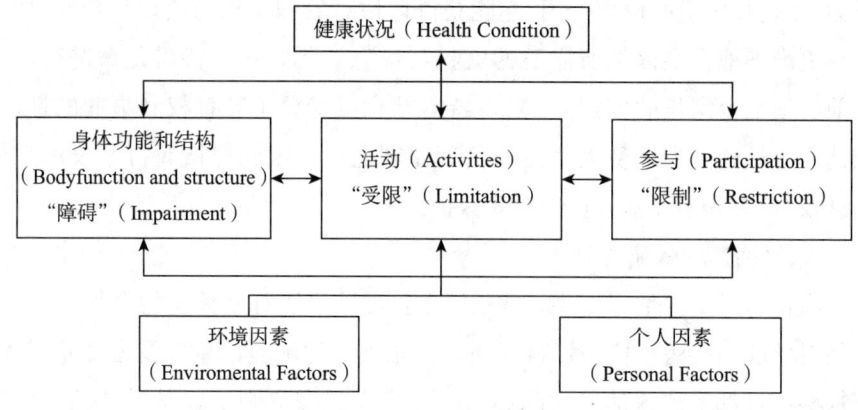

图 6-1　国际功能分类模式①

在"生理—心理—社会"模式之下，ICF 认为人的健康状况可以借由个体的功能状态和失能程度来指征。功能是身体功能与结构、活动及参与三成分的统称，分别代表身体、个人和社会三个层面。它定义的是个体与所处的情境性因素（环境和个人因素）之间发生交互作用的结果。该理念框架认为，影响到上述三方面状况的背景因素包含两方面，即环境因素和个人因素。环境因素构成影响个体的外部影响因素，包括物理环境、社会环境、角色、态度、价值、社会体制和服务等因素；个人因素则包括个人的年龄、性别、社会阶层、生活经历、主观愿望等因素。

ICF 的评估目的不是试图把儿童进行类别上的划分，也不是仅仅对儿童进行诊断，而是强调评估儿童的功能，并以自主性力量、以干预介入的方式来提高个体的功能，协助他们更广泛地参与社会，也同时考虑环境与个人因素可能造成的阻碍。

ICF 的评估内容不仅包含评估个体自身的结构功能和活动参与状态，更极

---

① 曹漱芹，金娅嫣．障碍社会学视角下的特殊儿童评估——ICF-CY 的应用和价值[J]．现代特殊教育，2015(2)：10-17．

力凸显评估环境要素。特别是针对环境因素的全面评估是 ICF 的重要创新。

拓展阅读

ICF-CY 编码系统[①]

ICF-CY 量表是以类似鸟巢结构的多层编码的方式来说明身体健康状态,共包含了四种成分(见图 6-2)。一是身体功能和结构,包括身体功能(用 b 码代指),包含精神功能、发声、发音及言语功能等共 8 个章节,以及身体结构,包含神经系统结构、眼、耳与相关部位的结构共 8 个章节;二是活动和参与(用 d 码代指),涵盖所有的生活领域,包括学习与知识的应用、一般的课题与要求等 9 个章节;三是环境因素(用 e 码代指),包括生活用品与用具等 5 个章节;四是个人因素,包括年龄、性别、生活经历、社会阶层等与个体相关的背景因素。目前对这一成分未进行分类,使用者在使用时可结合这些因素。在每个章节,码号均是从第一层到第四层,越往下编码越细。例如,码号 b7650 代表的就是第 7 章"动作功能"(二位码)下"不随意动作功能"(三位码)中的"肌肉不随意收缩"(四位码)。

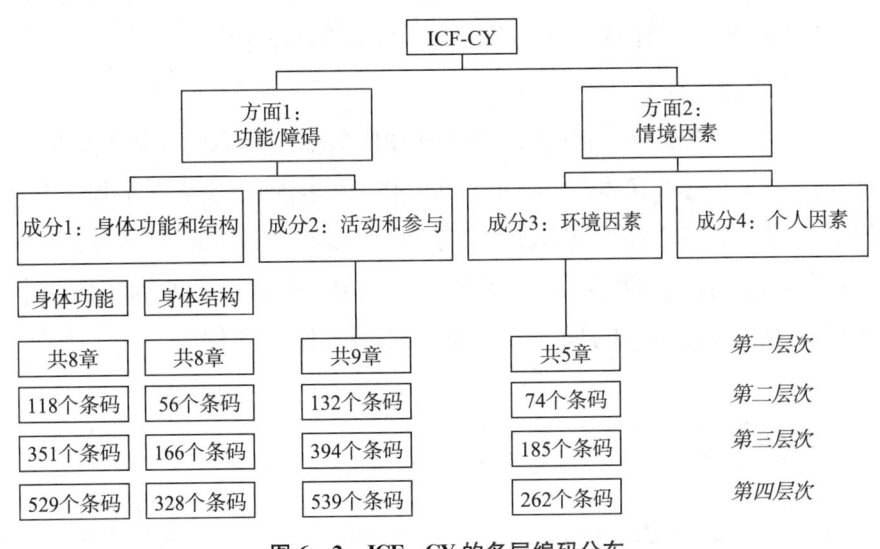

图 6-2 ICF-CY 的多层编码分布

---

① Threats T. T. Application of the World Health Organization (WHO) ICF and ICF-CY to Communication Disability [J]. Revista de Logopedia, Foniatriay Audiologia, 2010, 30(1): 34-47.

所以,ICF-CY 以"生理—心理—社会"模型为精神宗旨,目前是国际通用的描述和测量健康的理论框架与实践策略,必将对我国特需儿童评估工作的推进产生重大的促进作用。

1. 完善理论框架

我国特需儿童评估长期以来缺乏全面而完善的理论框架,特别是许多评估工具制定时缺乏对环境因素的重视。ICF-CY 依据"生理—心理—社会"模型而编制,适用于各种类型的特需儿童,并且力求将评估与教育紧密结合,这符合我国当前特殊教育发展的整体趋势。因此,ICF-CY 的理念为我国建立更为科学的评估框架提供了理论参照。

2. 指导实践操作

ICF-CY 包含的评估内容全面,且又能够通过连续聚焦的方法灵活选择适用于某类或某个儿童的代码,因此能够补充当前特需儿童工具的不足,使得评估内容更加适切。ICF-CY 的使用能够将团队评估、多元评估、正向评估等方法自然融入,使得评估更能揭示儿童的真实状况。ICF-CY 不主张对儿童进行分类,而指向为障碍者提供支持,这使得评估很好地避免了"标签效应"。值得指出的是,ICF-CY 并非要替代当前的心理或教育评估工具,而是在使用其他评估工具的基础上对评估的内容和方法给予完善和补充。[①]

3. 实现通用标准

当前我国特需儿童评估还没有纳入法律体系,这也导致了评估在操作上缺乏完整而统一的标准和体系。而 ICF-CY 作为一种国际通用的障碍评估工具,我们可以借鉴其核心理念,在医疗、教育、民政、残联等不同部门之间的合作搭建起平台,促进评估的内容、流程、标准、原则和程序等规范化,也为各领域进一步共享评估信息、展开国际间的对比、交流和合作提供了条件。

拓展阅读

在20世纪西方主流价值观以及我国传统观念中,不仅对身心障碍有一种

---

① 曹漱芹,金妲嫣. 障碍社会学视角下的特殊儿童评估——ICF-CY 的应用和价值[J]. 现代特殊教育,2015(2):10-17.

悲天悯人的人道主义情怀，也有着将残等同于废，等同于需要"被养"，是社会负担的看法。ICF是伴随着学界对"身心障碍"这一概念的深刻认识和积极反省孕育而生。障碍社会学认为，身心障碍其实是个人与其所处社会及环境互动的产物。纳吉（Nagi）认为，最重要的不是损伤的部位或器官，不同的文化、角色、环境对个人的影响往往要超过损伤本身的影响，所以障碍与社会环境密切相连。巴尔内斯（Barners）、奥利弗（Oliver）及巴顿（Barton）指出，所谓社会模式的障碍并不否认功能损伤在身心障碍者生命经验中的显著性，而是着重在生理的损伤之外，各种经济、政治、社会建构的阻碍。在障碍社会学推动下，人们对障碍的理解从医学模型走向医疗—社会模型。20世纪后期，人们对身心障碍概念的理解进一步演进，由以往医疗—社会二元论，朝向生理、心理、社会环境兼顾的互动模型发展。互动模型认为，障碍经验不仅仅只是看个人的疾病状态，还要看这样的状态如何动态地影响个人的各种角色功能，而个别化的支持、个人幸福感的提升以及个人能力、适应力的提升都将给个体的障碍体验带来积极影响。这样的理解促使人们对障碍的理解进一步转向"生理—心理—社会"模型，并致力于为障碍者提供更多的心理、社会支持以减轻障碍程度。

四、特殊需要儿童评估的方法

目前，我国特需儿童评估体系仍旧处于一种缺乏整合、管理无序的状态。既缺乏工具的系统性、全面性和完善性，更在评估方法上没有一个比较完备的系统操作体系。往往是"头疼诊头""脚跛看脚"，无法精准和全面地进行评估，从而也影响了评估后的教育和康复。本节简要介绍ICF使用的团队合作、连续聚焦、多元方法、正向评估等。

（一）团队合作

ICF-CY重视通过多专业和跨专业间的合作方式来收集与讨论特需儿童的状况，团队合作的评估方法是其实现评估目标的重要手段。

总体来说，ICF-CY的评估系统包括身体结构、身体功能和环境因素等方面。其中身体结构，有赖于医疗卫生系统专业人员的观察和评估；身体功能的评估,依赖教育、心理、康复领域人员的合作;环境因素的评估由教育、心理、社工等领域的人员一起完成。

评估团队的组成是动态的,要根据儿童年龄、障碍性质等进行调整。团队合作评估后,要由评估团队负责人组织评估团队成员,对评估的结果进行协商和研讨,最后达成一致性评估结果。

（二）连续聚焦

一直以来,我国对特需儿童的评估方法基本都是单一式操作,其弊端不言而喻。如图6-2所示,ICF-CY包含的条码数目庞大,其涵盖的内容很多,适用于各类特需儿童。

由于ICF-CY涉及的评估内容数量多,在针对个案的评估时,要灵活选择一定数量、适合个案的条码进行。为此,自ICF-CY被各国接受后,研究者们纷纷针对不同障碍类型的儿童编制出更简单、更具操作性、更核心的ICF-CY检核表,便于评估时操作。例如,鲁内（Rune）和西蒙森（Simeonsson）根据孤独症谱系障碍儿童的特征,就ICF-CY的编码系统对可适用的项目进行了选择性匹配,找到了适宜评估孤独症症状的码号（见表6-1）。[①]

表6-1　基于ICF维度和编码的孤独症谱系障碍/
广泛性发展障碍的功能性特征

障碍/迟缓	ICF编码
社会性交往	d710-729 人际互动
交流	d3-329 交流
呆板	d235 管理自身行为
重复、刻板行为模式	b147 心理动作功能
智力水平	b120 认知功能
注意	b140 注意功能

---

① Lollar,D. J. ,Simeonsson,R. J. Diagnosis to Function：Classification for Children and Youths[J]. Journal Developmental and Behavioral Pediatrics,2005,26(4)：323-330.

拓展阅读

连续聚焦方法最常用的是德尔菲法。德尔菲法，也称专家调查法。1946年由美国兰德公司创始实行，其本质上是一种反馈匿名函询法，其大致流程是在对所要预测的问题征得专家的意见之后，进行整理、归纳、统计，再匿名反馈给各专家，再次征求意见，再集中、再反馈，直至得到一致的意见。该方法广泛地应用于商业、军事、教育、卫生保健等领域。它有三个明显区别于其他专家预测方法的特点，即匿名性、多次反馈、小组的统计回答。

目前好几项研究均采用德尔菲法对某特需儿童进行开放式编码，进而进行旋涡式地连续聚焦，得出适用于该儿童的核心码号。旋涡式地连续聚焦使得最后的检核表码号能够比较精确地反映儿童的状况，也可以确保特需儿童的评估信息有效、一致而充分。[①]

（三）多元方法

ICF-CY的理念本身就具有包容性，对评估的具体方法同样如此，这也是ICF-CY发布后很快受到各国人士的广泛关注和使用的重要原因之一。例如，ICF-CY既认定测验法（如各类心理行为量表）和实验法等定量的评估方法，也倡导使用观察法、访谈法和儿童成长记录袋法等定性的方法。ICF-CY评估，要求限定值的给定力求准确可靠。为了避免判定的主观性，使得判定趋于精确，除了需要长时间观察记录外，还需要结合测量、观察、访谈、检核表和分析儿童作品档案等多种方法来综合进行。[②]

（四）正向评估

最新的关于身心障碍的理解包含了四个重要特征：功能限制、个人幸福感、个别化支持和个人的能力与适应能力。基于这样的理论背景，在ICF-

---

[①] 曹漱芹，金姹嫣.障碍社会学视角下的特殊儿童评估——ICF-CY的应用和价值[J].现代特殊教育,2015(2):10-17.

[②] 曹漱芹，金姹嫣.障碍社会学视角下的特殊儿童评估——ICF-CY的应用和价值[J].现代特殊教育,2015(2):10-17.

CY中,许多类别和项目均使用中性词汇,目的在于让评估者能够客观地评价每个维度的积极和消极方面,避免歧视效应。例如,用健康状况替代疾病、失调;用活动替代"残疾",并把残疾状态称为"活动受限";用参与代替障碍,并把障碍称为"参与限制"。在环境因素中,更是直接从正反两方面来评估环境状态。关注环境中的优势因素,是一种鼓励障碍个体进行自决、支持对障碍个体给予尊重的优势视角。①

【本章练习题】

1. 简述学前融合教育评估与特需儿童评估的意义。
2. 试述学前融合教育评估原则与实施过程。
3. 举例说明学前融合教育评估的类型。
4. 简述特需儿童评估的理论取向。
5. 试述特需儿童评估的方法。

---

① 曹漱芹,金姹嫣.障碍社会学视角下的特殊儿童评估——ICF-CY 的应用和价值[J].现代特殊教育,2015(2):10-17.